반려동물과 함께하는 **향기**와 **에너지 치유**

저자 **장윤정**

목차

💚 서문 6

🌿 1장
아로마테라피 기초 이해하기   8

1.1 향기로 떠나는 치유 여행 : 아로마테라피의 세계로   9
1.2 아로마테라피의 역사 : 고대에서 현대까지   11
1.3 반려동물과 아로마테라피 : 치유의 발전 과정과 연구 사례   14
1.4 아로마테라피의 힘 : 사람과 반려동물의 삶에 스며들다   19
1.5 후각의 비밀 : 사람과 반려동물이 느끼는 향기의 차이   24
1.6 아로마테라피의 원리와 과학적 기반   32

🌿 2장
아로마테라피의 재료와 사용법   37

2.1 에센셜 오일의 주요 성분과 효능   38
2.2 에센셜 오일이 인체에 미치는 효과와 작용   44
2.3 에센셜 오일 20선 : 향기와 효능의 모든 것   48
2.4 하이드로졸 (Hydrosol)   116
2.5 식물성 오일 (Vegetable Oil, Carrier Oil)   121
2.6 아로마테라피 활용법 : 반려동물과 함께하는 다양한 적용 방법   135
2.7 안전한 아로마테라피 사용을 위한 핵심 가이드   140

3장

반려동물의 생리학   143

3.1 반려동물의 감각 체계와 향기 인식   144
3.2 반려동물의 후각과 신경계의 관계 :
    감정과 기억을 조절하는 후각   149
3.3 반려동물의 피부 구조와 특징   154
3.4 반려동물의 간과 신장 : 해독 작용과 에센셜 오일 대사   160
3.5 반려동물의 심혈관 및 소화기 시스템과 아로마테라피의 관계   166
3.6 반려동물의 면역 체계와 스트레스 반응   170
3.7 반려동물의 생리학을 고려한 아로마테라피 안전 가이드   176

4장

반려동물별 아로마테라피 활용법   180

4.1 반려견을 위한 아로미테라피 : 삶의 질을 높이는 방법   181
4.2 고양이를 위한 아로마테라피 : 섬세하고 안전한 접근법   185
4.3 소형 동물을 위한 아로마테라피 : 작은 생명에 스며드는 치유   189
4.4 조류와 파충류를 위한 아로마테라피 :
    특별한 반려동물을 위한 치유   193

5장

레이키와 반려동물 레이키의 이해   198

5.1 에너지 치유의 시작 : 레이키의 세계로   199
5.2 레이키의 역사와 철학 : 치유의 뿌리 탐구   204

5.3 레이키의 원리와 에너지 흐름 이해하기　　　　　　　209
5.4 생명력 에너지 (Ki) : 레이키와의 조화로운 연결　　　218
5.5 레이키의 기초 테크닉 : 심볼과 치유 방법　　　　　　223
5.6 자기 치유와 타인 치유의 실천법 : 레이키 완벽 가이드　232
5.7 반려동물과 레이키 : 에너지로 연결된 치유의 기초　　247
5.8 반려견을 위한 레이키 치유법　　　　　　　　　　　254
5.9 반려묘를 위한 레이키 치유법　　　　　　　　　　　259
5.10 작은 반려동물을 위한 레이키 치유 가이드　　　　　264
5.11 레이키 치유 시 주요 유의사항　　　　　　　　　　269

6장
반려동물과 함께하는
아로마테라피와 레이키 실전　　　　　　　　273

6.1 아로마테라피와 레이키 :
　　　반려동물과 함께하는 조화로운 치유법　　　　　　274
6.2 반려동물을 위한 아로마테라피와 레이키의 실전 적용법　278
6.3 아로마테라피와 레이키를 활용한 반려동물 치유 사례　283
6.4 반려동물 맞춤형 아로마테라피와 레이키 세션 구성법　288

7장
펫로스 증후군(Pet Loss Syndrome)의 치유 여정　293

7.1 펫로스 증후군의 정의와 본질 : 상실의 아픔 이해하기　294
7.2 펫로스 증후군의 원인 : 유대감의 상실과 그 여파　　　299

7.3 보호자를 위한 대처와 관리 방법   304

7.4 펫로스 증후군과 아로마테라피 & 레이키 활용법   310

7.5 펫로스 증후군 대상 아로마테라피 & 레이키 적용 사례   315

8장

아로마테라피와 레이키 Q&A   321

8.1 아로마테라피 기초와 사용법   322

8.2 에센셜 오일의 희석 비율과 사용법   325

8.3 아로마테라피의 효과와 사례   328

8.4 아로마테라피와 레이키 병행 사용   332

8.5 펫로스 증후군을 위한 아로마테라피와 레이키   334

8.6 기타 자주 묻는 질문   337

별첨자료 : 반려동물 아로마테라피 가이드 및 치유 기록지   339

A 반려동물 아로마테라피 제품 안전 테스트 가이느   340

B 아로마테라피 & 레이키 치유 기록지 작성 가이드   346

C 작성 가이드   349

D 반려동물 추억 기록지 작성 가이드   353

E 기타 기록지   357

에필로그   360

참고문헌   362

서문

반려동물과 함께하는 치유의 시간 :
향기와 에너지의 문을 열며

 오늘날 반려동물은 애완동물의 의미를 훨씬 초월하여, 우리의 삶 속 깊이 자리한 소중한 가족입니다. 1인 가구의 증가와 고령화, 그리고 빠르게 변화하는 현대 사회에서 반려동물은 보호자에게 감정적 위안을 제공하며, 일상에 안정감을 더해 줍니다.

 반려동물과 보호자는 언어 없이도 서로를 이해하고 교감할 수 있습니다. 반려동물은 보호자의 감정을 섬세하게 감지하며, 따뜻한 손길과 목소리를 통해 사랑을 느낍니다. 이러한 유대는 보호자와 반려동물 모두에게 삶의 의미를 더해 주며, 서로에게 치유와 평온을 선사합니다.

 이 책에서는 반려동물과 보호자가 함께 신체적, 정서적 건강을 돌볼 수 있는 두 가지 자연 치유법을 소개합니다. 바로 아로마테라피(Aromatherapy)와 레이키(Reiki) 입니다.

 아로마테라피는 식물에서 추출한 에센셜 오일을 활용하여 신체와 감정의 균형을 유지하도록 돕는 자연 치유법입니다. 라벤더, 카모마일, 프랑킨센스 같은 에센셜 오일은 반려동물의 스트레스를 완화하고 면역력을 높이며, 불안을 줄이는 데 도움을 줍니다. 예를 들어, 라벤더는 반려견의 긴장을 해소하고 심박 수를 안정시키는 데 효과적이며, 카모마일은 반려묘의 스트레스를 줄이고 편안한 상태를 유도합니다.

레이키는 일본에서 기원한 치유법으로, 손을 통해 에너지를 전달하여 신체와 마음의 조화를 이루도록 돕습니다. 보호자가 전하는 따뜻한 에너지는 반려동물에게 안정과 회복의 힘을 선사하며, 보호자 역시 이를 통해 치유와 평온함을 경험할 수 있습니다.

이 책은 반려동물의 건강과 행복을 바라는 보호자들을 위해 쓰였습니다. 아로마테라피와 레이키를 안전하고 효과적으로 활용하는 방법을 안내하며, 반려동물과의 삶을 더욱 풍요롭게 만드는 데 도움을 드리고자 합니다.

책을 읽으며 반려동물과 함께한 소중한 순간들을 떠올려 보고, **새로운** 치유의 방법을 발견해 보세요. 아로마테라피와 레이키는 **반려동물과 함께** 하는 일상에 따뜻한 변화를 가져다줄 것입니다.

이 책이 반려동물과 함께하는 소중한 순간들의 든든한 길잡이가 되기를 바랍니다.

지금,
반려동물과 함께 치유를 시작해 보세요.

1장

아로마테라피 기초 이해하기

Aromatherapy

1.1 향기로 떠나는 치유 여행 : 아로마테라피의 세계로

　아로마테라피(Aromatherapy)는 마치 자연이 건네는 다정한 속삭임과 같습니다. 식물의 꽃, 잎, 줄기, 뿌리, 그리고 과일 껍질에서 추출된 에센셜 오일(Essential Oil)은 단순한 향기가 아니라, 자연의 생명력과 치유의 에너지를 담고 있습니다. 눈에 보이지 않는 이 작은 방울들이 우리의 몸과 마음에 깊은 영향을 미칩니다.

　라벤더 오일은 하루를 마무리하는 순간에 포근한 안식을 선사합니다. 페퍼민트 오일은 지친 아침을 깨우는 상쾌한 바람처럼 활력을 불어넣으며, 시트러스 계열의 오일은 우울한 마음을 밝히는 따뜻한 햇살과 같습니다. 유칼립투스와 티트리 오일은 우리의 건강을 지키는 든든한 존재가 되어 줍니다. 각 에센셜 오일이 지닌 고유한 특성은 우리의 일상에 긍정적인 변화를 불러일으킵니다.

　아로마테라피는 우리 몸에 두 가지 경로로 작용합니다.

　첫 번째는 피부를 통한 흡수입니다. 캐리어 오일에 희석한 에센셜 오일을 피부에 바르면, 그 성분이 피부를 통해 흡수되어 몸속 깊은 곳까지 작용합니다.

　두 번째는 향기를 통한 전달입니다. 아로마 확산기나 스프레이를 활용하면 공기 중에 퍼진 에센셜 오일의 분자가 후각을 통해 뇌로 전달됩니다. 특히 대뇌변연계는 감정을 조절하고 자율신경계를 관리하는 역할을 하므로,

향기는 일시적인 기분 변화 그 이상으로 더 깊은 치유 효과를 가져올 수 있습니다.

아로마테라피는 특별한 날에만 즐기는 것이 아닙니다. 오히려 일상 속에서 자연이 주는 선물을 활용하는 방법입니다. 아로마 목욕으로 하루의 피로를 풀고, 룸 스프레이로 공간을 채우며, 아로마 확산기로 나만의 향기를 만들어 보세요. 향기를 맡는 것만으로도 삶은 더욱 풍요로워지고, 소중한 순간들로 가득 차게 될 것입니다.

자연이 전하는 향기와 에너지를 통해 새로운 변화를 시작해 보세요. 작은 실천이 우리의 일상을 어떻게 바꿀지 모릅니다.

1.2 아로마테라피의 역사 : 고대에서 현대까지

향기는 마치 시간을 잇는 다리와 같습니다. 익숙한 향기가 코끝을 스칠 때, 우리는 무심코 잊고 있던 기억 속으로 돌아가게 됩니다. 어머니의 품에서 맡았던 따뜻한 향, 여행 중 스친 꽃내음, 혹은 소중한 사람과 함께한 어느 여름날의 순간까지. 향기는 후각으로만 느끼는 것이 아니라, 우리 마음 깊은 곳에 자리 잡은 추억을 되살리며 삶을 더욱 풍성하게 만듭니다.

향기는 인류 역사에서 감각적인 즐거움을 넘어서는 치유와 연결의 도구로 사용되었습니다. 아로마테라피는 이러한 향의 힘을 바탕으로 오랜 세월 동안 다양한 문화와 문명 속에서 발전해 왔습니다. 그 기원과 변화의 흐름을 따라가 보겠습니다.

1 고대 이집트 : 신성한 향기의 시작

아로마테라피의 기원은 고대 이집트에서 시작됩니다. 약 5000년 전, 이집트인들은 향기로운 식물을 종교의식, 의약, 화장품, 그리고 미라 제작에 활용했습니다. 프랑킨센스(Frankincense)와 몰약(Myrrh)은 신성한 의식의 중심이 되었으며, 시신을 보존하는 방부제로도 사용되었습니다.

태양이 내리쬐는 사막 한가운데, 신전 가득 퍼지는 프랑킨센스의 향기를 떠올려 보세요. 신과 사람을 연결하는 신성한 향은 오늘날까지도 아로마테라피에서 중요한 역할을 하고 있습니다.

2 고대 그리스와 로마 : 의학과 향기의 만남

고대 그리스에서는 아로마테라피가 보다 체계적인 방식으로 연구되었습니다. 의학의 아버지라 불리는 히포크라테스(Hippocrates)는 타임 오일이 전염병 예방과 치료에 효과적이라고 강조하며, 향기로운 식물을 활용한 건강 관리법을 적극적으로 권장했습니다.

로마 시대에 이르러 귀족들은 목욕 문화를 즐기며 장미, 라벤더, 베르가못 오일을 활용해 피로를 풀고 신체 건강을 증진했습니다. 대형 목욕탕에서 오일 마사지를 받으며 치유와 휴식을 경험하는 모습은 현대 스파 문화의 기초가 되었습니다. 향기로운 물이 가득한 공간에서 몸과 마음이 회복되는 순간을 상상해 보세요.

3 중세 유럽 : 흑사병과 허브의 역할

중세 유럽에서는 흑사병이 유행하며 허브와 에센셜 오일이 질병 예방과 치유에 중요한 역할을 했습니다. 로즈메리, 라벤더, 타임, 세이지는 공기 정화와 방역 목적으로 널리 사용되었습니다.

수도원에서는 허브 정원을 가꾸며 약초의 치유 효과를 연구하고 이를 기록으로 남겼습니다. 수도복을 입은 수도사들이 라벤더와 로즈메리를 손수 수확하여 질병으로 고통받는 사람들을 위해 약재를 준비하는 모습은 오늘날 아로마테라피의 중요한 기반이 되었습니다.

4 근대와 현대의 발전 : 과학적 아로마테라피의 탄생

20세기에 들어서면서 아로마테라피는 과학적 연구를 통해 더욱 체계화되었습니다. 프랑스 화학자 르네 모리스 가트포세(Rene-Maurice Gattefosse)는 실수로 라벤더 오일을 화상 부위에 사용한 후, 놀라운 치유 효과를 경험하며 '아로마테라피'라는 용어를 처음 사용했습니다.

제2차 세계대전 당시, 프랑스 군의관 장 발네(Jean Valnet)는 에센셜 오일을 부상자 치료에 활용하여 그 효과를 입증했습니다. 이후 스트레스 완화, 항균 작용, 면역력 증진 등 에센셜 오일의 효능이 과학적으로 밝혀지면서 아로마테라피는 단순한 민간요법이 아닌 현대적인 자연 치유법으로 자리 잡았습니다.

오늘날 우리는 고대에서 전해진 전통적인 오일부터 현대적으로 연구된 블렌딩 오일까지, 다양한 형태의 아로마테라피를 경험할 수 있습니다.

아로마테라피는 오랜 세월을 거쳐 현대의 우리 곁에 도달했습니다. 고대의 지혜와 현대 과학이 어우러진 이 향의 세계는 우리의 삶을 더욱 풍요롭게 만드는 데 중요한 역할을 하고 있습니다.

아로마테라피는 사람뿐만 아니라 반려동물의 건강과 정서적 안정에도 폭넓게 적용되고 있습니다. 반려동물이 보호자와 깊은 유대감을 형성하는 존재로 자리 잡으면서, 그들의 스트레스와 불안을 완화하는 자연 치유법에 대한 관심도 높아지고 있습니다. 그렇다면, 반려동물을 위한 아로마테라피는 어떻게 연구되고 활용되어 왔을까요?

1.3 반려동물과 아로마테라피 : 치유의 발전 과정과 연구 사례

    사람과 반려동물은 오랜 세월을 함께하며 서로에게 정서적 안정과 치유를 주는 존재였습니다. 보호자가 반려동물에게 사랑과 보살핌을 주듯, 반려동물 역시 보호자의 감정을 민감하게 감지하며 위로를 건넵니다. 이러한 교감이 깊어지면서 반려동물의 정서적 건강을 돌보는 방법에 대한 관심이 높아졌으며, 자연 치유법 중 하나로 아로마테라피가 주목받기 시작했습니다.

    반려동물이 스트레스, 불안, 환경 변화로 인해 심리적·신체적 문제를 겪는 사례가 증가하면서, 자연 치유법에 대한 연구와 활용이 활발해졌습니다. 이에 따라 아로마테라피 역시 반려동물 건강 관리의 한 분야로 자리 잡게 되었습니다.

    오늘날 반려동물을 위한 아로마테라피는 향기 치료에서 벗어나, 과학적 연구와 실용적 적용을 바탕으로 지속적으로 발전하고 있습니다. 이 장에서는 반려동물과 아로마테라피의 발전 과정과 연구 사례를 살펴보겠습니다.

1 반려동물 아로마테라피의 도입과 초기 연구

    반려동물을 위한 아로마테라피가 본격적으로 연구되기 시작한 것은 20세기 후반부터입니다. 사람을 대상으로 한 아로마테라피의 효과가 주목받으면서, 자연스럽게 반려동물에게도 적용할 가능성이 논의되기 시작했습니다. 특히, 스트레스 완화, 행동 교정, 피부 질환 관리 등에서 긍정적인 영향을 미칠 수 있다는 점이 연구자들의 관심을 끌었습니다.

1980~1990년대에는 유럽과 미국의 수의학 연구진이 반려동물의 행동 치료와 정서적 안정에 향기가 미치는 영향을 실험적으로 분석하기 시작했습니다. 초기 연구는 주로 다음과 같은 두 가지 핵심 분야에 집중되었습니다.

- 라벤더와 카모마일이 반려동물의 스트레스를 줄이는 효과
- 티트리 오일의 항균 작용과 피부 질환 치료 가능성

이러한 연구를 바탕으로 1990년대 후반부터 영국과 미국의 일부 동물병원에서는 아로마테라피를 실험적으로 활용하기 시작했습니다. 특히, 분리 불안이 있는 개나 예민한 성향을 가진 고양이에게 라벤더와 카모마일 오일이 정서적 안정을 유도하는 데 도움을 줄 수 있음이 관찰되면서, 반려동물과 아로마테라피의 관계에 대한 연구가 점차 활발해졌습니다.

초기 연구들은 반려동물에게 아로마테라피가 미치는 긍정적인 영향을 확인하는 데 초점을 맞추었으며, 이를 바탕으로 보다 체계적인 과학적 검증이 이루어지기 시작했습니다.

2 과학적 연구와 수의학적 적용 사례

아로마테라피가 반려동물에게 미치는 영향을 평가한 연구 결과들이 점차 축적되고 있습니다.

- *Journal of the American Veterinary Medical Association* (2006년) : 동물병원 대기실에서 라벤더 오일을 확산했을 때 개의 불안 수준이 유

의미하게 감소한 것으로 보고되었습니다.

- *University of Belfast 연구* (2018년) : 라벤더와 카모마일이 유기견 보호소에서 보호 중인 개들의 심박 수를 안정시키고 불안 행동을 감소시키는 데 도움이 된다는 연구 결과가 발표되었습니다.
- *Veterinary Dermatology Journal* (2021년) : 프랑킨센스 오일과 칼렌듈라 오일이 개와 고양이의 피부 염증을 완화하는 데 도움을 줄 수 있음을 시사하는 연구가 있습니다.

이러한 연구들은 반려동물에게 아로마테라피가 미치는 효과를 과학적으로 뒷받침하며, 이를 활용한 수의학적 접근이 확대되고 있음을 보여줍니다.

또한, 아로마테라피는 반려동물의 정서적 안정과 스트레스 해소에 도움을 줄 수 있습니다. 예를 들어, 라벤더 오일은 진정 효과가 있어 반려동물의 불안을 완화하는 데 유용합니다. 그러나 모든 에센셜 오일이 반려동물에게 안전한 것은 아니므로, 사용 전에 반드시 전문가와 상담하고, 적절한 희석과 용량을 준수해야 합니다.

아로마테라피는 반려동물의 건강과 복지에 긍정적인 영향을 미칠 수 있으며, 이를 위한 지속적인 연구와 안전한 적용이 중요합니다.

3 현대 수의학과 반려동물 아로마테라피의 활용

반려동물과 아로마테라피를 접목한 다양한 프로그램이 개발되면서, 동물병원과 보호소뿐만 아니라 가정에서도 자연 치유법으로 활용하는 사례가 늘어나고 있습니다. 최근 연구들은 아로마테라피가 반려동물의 스트레스를 완화하고 정서적 안정을 도울 뿐만 아니라, 보호자와의 유대감 형성에도 긍정적인 영향을 미친다는 점을 강조하고 있습니다. 이러한 변화 속에서 반려동물을 위한 아로마테라피는 보다 체계적이고 전문적인 접근이 요구되는 분야로 자리 잡아가고 있습니다.

🪴 반려동물 행동 교정과 스트레스 완화

반려동물의 행동 문제는 보호자들에게 큰 고민거리이며, 특히 분리불안이나 환경 변화에 대한 예민한 반응은 많은 동물들에게서 관찰됩니다. 이에 따라 일부 동물병원과 보호소에서는 라벤더와 카모마일 같은 진정 효과가 있는 아로마를 활용하여 환경을 조성하고, 반려동물들의 긴장을 완화하는 프로그램을 도입하고 있습니다.

예를 들어, 유기견 보호소에서는 라벤더 오일을 확산했을 때 개들의 심박 수가 안정되고 불안 행동이 감소하는 연구 결과가 발표된 바 있습니다. 이는 보호소에 머무는 동안 느끼는 스트레스를 줄이는 데 도움을 줄 수 있으며, 입양 후 새로운 환경에 적응하는 과정에서도 긍정직인 영향을 미칠 수 있음을 시사합니다.

🪴 자연치유 기반의 동물 건강 관리

아로마테라피는 단순히 향을 맡는 것에 그치지 않고, 신체 건강에도 영향을 줄 수 있습니다. 이에 따라 미국과 유럽 일부 동물병원에서는 아로마테라피와 마사지 요법을 결합한 프로그램을 운영하며, 반려동물의 회복과 건강 증진을 돕는 시도를 하고 있습니다.

예를 들어, 관절염이나 근육 긴장으로 인해 불편함을 겪는 노령견에게 따뜻한 캐리어 오일에 희석한 프랑킨센스나 진저 오일을 활용한 부드러운 마사지 요법을 적용하면, 혈액 순환이 촉진되고 통증이 완화될 수 있습니다.

🌱 보호자와 반려동물의 유대감 강화

아로마테라피는 반려동물의 건강을 돌보는 도구일 뿐만 아니라, 보호자와의 관계를 더욱 돈독하게 만드는 역할도 합니다. 보호자가 직접 반려동물에게 아로마 오일을 활용한 마사지나 향기 요법을 적용하면서, 자연스럽게 교감을 나누고 신뢰를 쌓는 시간이 될 수 있기 때문입니다.

4 반려동물과 함께하는 아로마테라피의 새로운 가능성

반려동물을 위한 아로마테라피는 행동 교정, 스트레스 완화, 피부 건강 관리, 보호자와의 유대감 형성 등 다양한 측면에서 활용되며 점차 그 역할을 확대하고 있습니다.

그러나 반려동물의 생리적 특성과 후각의 예민함을 고려할 때, 모든 에센셜 오일이 안전한 것은 아니므로 신중한 접근이 필요합니다. 특히, 고양이의 경우 특정 오일이 체내 대사 과정에서 해로운 영향을 미칠 수 있으므로, 반려동물 전용 제품을 선택하거나, 희석 비율을 철저히 준수하는 것이 중요합니다.

향기는 감각 이상의 역할을 하며 신체와 감정에 영향을 미치는 중요한 요소입니다. 이를 통해 반려동물과 보호자가 더욱 건강하고 안정적인 생활을 이어갈 수 있도록, 앞으로도 더욱 많은 연구와 실용적인 가이드가 마련될 것으로 기대됩니다.

1.4 아로마테라피의 힘 : 사람과 반려동물의 삶에 스며들다

아로마테라피는 사람과 반려동물 모두에게 신체적, 정신적, 정서적 안정을 제공하는 자연 치유법입니다. 에센셜 오일의 향기는 후각을 통해 뇌로 전달되어 심리적 상태와 신체 기능에 긍정적인 영향을 미칩니다. 이를 통해 스트레스 해소, 불안 완화, 면역력 향상 등의 다양한 효과를 기대할 수 있습니다.

이제, 아로마테라피가 사람과 반려동물에게 각각 어떤 영향을 미치는지 살펴보겠습니다.

1 사람에게 미치는 영향

🪴 심리적 안정과 기분 전환

라벤더 향이 방 안을 은은하게 채우는 순간, 그 향기만으로도 마음이 편안해지는 경험을 해본 적이 있나요? 아로마테라피는 이처럼 감정을 어루만지고, 일상의 긴장을 부드럽게 풀어주는 자연스러운 치유의 도구입니다.

라벤더와 카모마일 같은 진정 효과가 있는 에센셜 오일은 긴장을 완화하고 평온함을 선사하며 불안을 줄이는 데 도움을 줍니다. 소설 『작별하지 않는다』(한강, 2016)에서는 특정한 냄새가 강한 감정을 불러일으킬 수 있음을 보여줍니다. 사랑했던 사람과 함께 있던 공간의 향기, 혹은 잊을 수 없는 순간에 맡았던 냄새는 마음 깊이 새겨져 기억과 감정을 되살리는 역할을 합니다.

실제 연구에서도 라벤더 오일이 신경계를 안정시키고 코르티솔 수치를 낮춰 스트레스를 완화하는 데 효과적이라는 결과가 보고되었습니다. 하루를 마무리하며 라벤더 오일을 활용한 간단한 마사지를 하거나, 카모마일 차를 마시며 향을 즐기는 것만으로도 깊은 안정감을 느낄 수 있습니다.

🪴 집중력 향상과 피로 회복

아침마다 커피 대신 페퍼민트 오일의 상쾌한 향으로 하루를 시작하면 어떨까요?

페퍼민트와 로즈마리 오일은 집중력을 높이고 피로를 회복하는 데 도움을 줍니다. *International Journal of Neuroscience* (2003)에 발표된 연구에서는 로즈마리 오일이 기억력과 주의력을 높이는 데 효과적이며, 페퍼민트 오일이 정신을 맑게 하고 피로를 덜어준다고 보고되었습니다.

중요한 업무나 학습을 앞두고 로즈마리 오일을 확산기에 활용하거나, 페퍼민트 오일을 손목에 살짝 발라 흡입하면 즉각적인 활력을 느낄 수 있습니다. 이 오일들은 뇌의 각성 수준을 높이고 혈액 순환을 촉진하여 산소 공급을 증가시키는 역할을 합니다.

🪴 스트레스와 불안 완화

긴장과 스트레스를 완화하는 데 있어 라벤더 오일은 매우 효과적인 선택이 될 수 있습니다.

Evidence-Based Complementary and Alternative Medicine (2012)

저널에서는 라벤더 향이 대학생들의 스트레스 호르몬 수치를 유의미하게 감소시킨다는 연구 결과를 발표했습니다. 중요한 발표나 시험을 앞두고 라벤더 향을 흡입하면 심리적 안정감과 함께 긍정적인 마음 상태를 유지하는 데 도움을 받을 수 있습니다.

라벤더 오일은 숙면을 유도하여 피로를 해소하고 면역력을 강화하는 역할도 합니다. 긴 하루를 마무리하며 라벤더 향과 함께 깊은 휴식을 취하는 습관은 몸과 마음의 건강을 지키는 데 유용한 방법이 될 것입니다.

2 반려동물에게 미치는 영향

반려동물도 사람과 마찬가지로 환경 변화, 소음, 보호자의 부재 등으로 인해 스트레스와 불안을 느낄 수 있습니다. 이러한 상황에서 아로마테라피는 보호자와 반려동물 모두에게 심리적 안정과 편안함을 제공하는 데 도움을 줄 수 있습니다.

🪴 심리적 안정과 스트레스 완화

예민한 반려동물이 낯선 환경에서 불안감을 느낄 때, 라벤더 오일은 진정 효과를 발휘할 수 있습니다.

은은한 라벤더 향이 방안에 퍼지면 반려동물의 후각을 통해 뇌로 전달되어 신경계를 안정시키는 역할을 합니다. 이때 보호자가 반려동물 곁에 함께 있어 준다면, 반려동물은 라벤더 향과 보호자의 존재를 긍정적으로 연관 짓게 됩니다. 이러한 경험은 반려동물에게 심리적 안정감을 제공할 뿐만 아니라, 보호자와 반려동물 간의 유대감을 더욱 강화하는 데 도움을 줍니다.

🌱 **행동 조절**

카모마일 오일은 과잉 행동을 보이는 반려동물을 진정시키는 데 유용합니다.

새로운 환경에 적응하지 못하고 초조해하는 고양이나 과도하게 흥분한 반려견에게 카모마일 오일을 활용하면 안정감을 찾는 데 도움을 줄 수 있습니다. 카모마일 향은 대뇌변연계를 자극하여 신경계를 진정시키고, 과도한 흥분 상태를 완화하는 역할을 합니다. 확산기를 활용해 방안에 카모마일 향을 퍼뜨리면 반려동물은 정서적 균형을 회복하고 보다 편안한 상태를 유지할 수 있습니다.

🌱 **휴식과 수면 촉진**

밤잠을 설치는 반려동물에게도 아로마테라피는 자연스러운 수면 유도제가 될 수 있습니다.

라벤더 오일은 반려동물뿐 아니라 보호자에게도 편안한 휴식과 숙면을 선사합니다. 밤에 라벤더 오일을 희석해 확산기에 활용하거나, 라벤더 하이드로졸을 방 안에 가볍게 뿌려주면 반려동물은 더 쉽게 잠들고 깊은 휴식을 취할 수 있습니다. 이는 반려동물이 건강한 생활 리듬을 유지하는 데 도움을 줄 뿐 아니라, 보호자와 함께하는 평화로운 시간을 만들어줍니다.

3 향기와 심리적 기억의 연관성

향기는 후각을 통해 인식되지만, 기억과 감정을 불러일으키는 힘을 지니고 있습니다.

영화 『콜 미 바이 유어 네임(Call Me By Your Name)』에서 여름날의 복숭아 향은 주인공 엘리오에게 첫사랑의 설렘과 그리움을 떠올리게 합니다. 소설 『노르웨이의 숲』(무라카미 하루키, 1987)에서는 주인공 와타나베가 숲속의 풀과 나무 냄새를 통해 어린 시절의 추억과 잃어버린 친구를 떠올립니다.

향기는 후각적 자극이 아니라, 깊은 감정과 연결된 기억의 문을 열어줍니다. 특정 향기는 마음속 깊이 잠들어 있던 추억을 깨우고, 심리적 안정과 정서적 회복을 돕습니다.

아로마테라피는 이러한 심리적 기억의 힘을 활용해, 삶에 평온과 치유를 더하는 자연스러운 도구로 자리 잡고 있습니다.

1.5 후각의 비밀 : 사람과 반려동물이 느끼는 향기의 차이

후각은 세상을 바라보는 또 다른 창과 같습니다. 우리는 향기를 통해 특정한 순간, 장소, 또는 감정을 생생하게 떠올릴 수 있습니다. 어린 시절의 집에서 맡았던 익숙한 향기, 소중한 이와 함께 보낸 날의 은은한 향수, 혹은 여행지에서 경험한 독특한 냄새는 우리의 기억 속 깊이 자리 잡고 있습니다.

하지만 후각은 기억을 환기하는 것 이상의 역할을 하며, 사람과 반려동물이 세상을 이해하고 적응하는 데 중요한 기능을 합니다. 후각은 감정, 기억, 그리고 신체 반응과 밀접하게 연결되어 있으며, 특히 반려동물에게는 생존을 위한 필수적인 감각 중 하나입니다.

아로마테라피를 효과적으로 활용하기 위해서는 사람과 반려동물이 향기를 어떻게 인식하고 처리하는지, 그 차이를 이해하는 것이 필수적입니다. 이 특별한 감각이 각자에게 어떤 영향을 미치는지 살펴보며, 향기가 우리의 삶에 가져다주는 놀라운 힘을 탐구해 보겠습니다.

1 사람의 후각

사람의 후각은 세상을 이해하고 기억하는 데 중요한 감각입니다. 우리는 약 400종류의 후각 수용체를 가지고 있으며, 이 수용체들은 약 500만 개의 후각 수용체 세포에 분포되어 있습니다. 각 수용체는 특정 향기 분자와 결합하여 이를 전기 신호로 변환합니다. 변환된 신호는 후각 신경을 따라 대뇌변연계로 전달되며, 감정과 기억을 담당하는 뇌 영역에서 해석됩니다.

대뇌변연계는 감정, 기억, 호르몬 분비, 자율신경계를 조절하는 역할을 합니다. 이로 인해 향기는 감정을 섬세하게 변화시키고, 오랫동안 잊고 있던 기억을 생생하게 떠올리는 데 강한 영향을 미칠 수 있습니다.

🪴 후각과 기억의 연결

마르셀 프루스트의 소설 『잃어버린 시간을 찾아서』(1913)에서는 주인공이 홍차에 적신 마들렌 향을 맡는 순간, 어린 시절 고향에서 마들렌을 먹던 기억이 선명하게 떠오르는 장면이 등장합니다. 단순한 맛이나 향이 아니라, 그때의 공기, 분위기, 감정까지도 생생하게 되살아나면서 과거의 경험이 현재와 맞닿는 듯한 느낌을 받습니다. 이는 후각이 감정과 기억을 강하게 자극하는 역할을 한다는 것을 보여주는 대표적인 사례로 자주 인용됩니다.

향기는 특정한 순간을 떠올리게 할 뿐만 아니라, 당시의 감정까지도 함께 불러일으킵니다. 어떤 향을 맡으면 그 순간의 기쁨, 설렘, 따뜻함뿐만 아니라 때로는 아련한 그리움이나 슬픔까지도 되살아날 수 있습니다. 후각은 냄새를 인식하는 역할을 할 뿐만 아니라, 기억과 감정을 밀접하게 연결하는 중요한 감각입니다.

🪴 후각과 감정의 과학적 근거

후각의 힘은 문학적 상징에만 머물지 않습니다. *Northumbria University* (2008년) 연구에 따르면, 페퍼민트 향은 집중력과 인지 능력을 높이는 데 효과적인 것으로 나타났습니다. 연구 참가자들이 페퍼민트 향을 흡입한 후 수행한 집중력 테스트에서 더 높은 점수를 기록한 사실은 아로마테라피가 기분을 전환하는 데 그치지 않고, 인지적 성과 향상에도 긍정적인 영향을 미칠 수 있음을 보여줍니다.

Evidence-Based Complementary and Alternative Medicine (2012년) 저널에서는 라벤더 향이 신경계를 안정시키고 스트레스 호르몬인 코르티솔(cortisol) 수치를 낮추는 데 도움이 된다는 연구 결과를 발표했습니다.

향기는 심리적 반응뿐만 아니라 신체적인 변화도 유도할 수 있습니다. 특정 향은 심박 수를 낮추고 혈압을 안정시키는 데 영향을 주는 등 생리적 조절기능을 갖고 있습니다.

2 반려동물의 후각

반려동물의 후각은 사람보다 훨씬 민감하며, 냄새를 감지하는 방식도 다릅니다. 특히 개와 고양이는 발달된 후각 체계를 통해 환경을 탐색하고, 보호자의 감정을 읽으며, 위험을 감지합니다.

개의 후각 : 정밀한 감지 능력

개의 코에는 약 2~3억 개의 후각 수용체가 있어 사람보다 약 40~60배 더 민감한 후각을 자랑합니다. 또한, 개의 뇌에서 후각을 담당하는 후각 피질(olfactory cortex)이 차지하는 비율은 약 10%로, 이는 사람보다 약 5배 더 높은 비중을 차지합니다. 이러한 특성 덕분에 개는 냄새의 미세한 차이를 감지하고 이를 오랫동안 기억할 수 있습니다.

이러한 뛰어난 후각 능력 덕분에 개는 보호자의 감정 상태를 파악하거나 위험을 감지하는 역할을 할 수 있습니다. 예를 들어, 개는 마약 탐지, 재난 구조, 그리고 특정 질병 감지와 같은 분야에서 중요한 역할을 합니다. 특히, 일부 개들은 암세포를 탐지할 정도로 정밀한 후각 능력을 갖추고 있으며, 최근에는 전자기기에서 발생하는 화학물질 TPPO(Triphenylphosphine Oxide, 전자 부품 제조 과정에서 생성되는 잔류 화합물)를 감지하는 훈련을 받아 디지털 범죄 수사에서 전자기기 탐지견으로 활약하고 있습니다.

🪴 고양이의 후각 : 세밀함과 독특한 감지 방식

고양이 역시 약 8천만~1억 개의 후각 수용체를 보유하고 있으며, 강아지보다는 덜 민감하지만 사람보다는 20배 이상 정밀한 후각 능력을 가지고 있습니다. 특히, 고양이는 야콥슨 기관(Jacobson's Organ)을 활용하여 페로몬과 같은 화학 신호를 감지할 수 있습니다.

고양이가 특정한 표정을 지으며 입을 살짝 벌리고 혀를 내미는 '플레밍 반응(Flehmen Response)'을 본 적이 있나요? 이는 야콥슨 기관을 통해 냄새를 분석하는 과정입니다. 이 반응을 통해 고양이는 주변 환경의 변화를 감지하거나, 특정 냄새에 대한 정보를 수집하여 감정을 조절하고 의사결정을 내리는 데 활용합니다.

3 아로마테라피와 후각의 시너지

후각이 사람과 반려동물에게 미치는 영향은 아로마테라피의 효과를 결정하는 중요한 요소입니다. 향기는 후각을 통해 심리와 신체에 작용하며, 이를 활용한 아로마테라피는 감정 조절, 스트레스 완화, 집중력 향상 등에 도움을 줄 수 있습니다. 다만, 사람과 반려동물은 후각의 민감도와 향에 대한 반응 방식이 다르므로, 안전한 적용을 위해 세심한 고려가 필요합니다.

🌱 사람에게 미치는 영향

사람은 후각을 통해 감정을 조절하고 기억을 형성하며, 특정 향기가 신체적 반응을 유도하기도 합니다. 아로마테라피는 이러한 후각의 특성을 활용하여 심리적 안정, 집중력 향상, 스트레스 완화 등의 긍정적인 영향을 제공합니다.

라벤더 오일은 대표적으로 신경계를 안정시키는 효과가 있어 불안과 긴장을 완화하는 데 도움을 줍니다. 연구에 따르면, 라벤더 향은 스트레스 호르몬인 코르티솔 수치를 낮추고 신경계를 진정시키는 작용을 합니다. 이러한 효과는 명상이나 숙면을 돕는 데 유용하게 활용될 수 있습니다.

페퍼민트와 로즈마리 오일은 정신을 맑게 하고 인지 기능을 활성화하는 데 기여합니다. 집중력을 높이는 데 효과적이며, 학습이나 업무 중 활용하면 주의력을 유지하는 데 도움이 됩니다. 실제 연구에서도 페퍼민트 향이 기억력과 반응 속도를 향상시키는 것으로 나타났습니다.

스트레스와 피로가 쌓인 상태에서는 시트러스 계열 오일이 기분 전환에 유용합니다. 레몬, 오렌지, 베르가못 같은 오일은 뇌의 도파민과 세로토닌 분비를 촉진하여 활력을 주며, 기분을 밝게 하는 효과를 제공합니다.

아로마테라피는 향기를 통해 감정과 신체 상태를 조절하며, 일상에서 활력을 더하는 자연 치유법으로 활용될 수 있습니다.

🪴 반려동물에게 미치는 영향

반려동물 역시 향기를 통해 환경을 인식하고 감정을 조절합니다. 다만, 사람보다 훨씬 예민한 후각을 가지고 있어 특정 향에 강하게 반응할 수 있으며, 일부 오일은 반려동물에게 부정적인 영향을 미칠 수도 있습니다. 따라서 반려동물을 위한 아로마테라피는 신중한 접근이 필요합니다.

라벤더 오일은 개의 불안을 완화하고 긴장을 풀어주는 효과가 있습니다. 보호자가 라벤더 향이 은은하게 퍼지는 공간에서 반려동물과 함께 시간을 보내면, 반려동물은 향을 통해 안정감을 느끼며 편안한 상태를 유지할 수 있습니다.

카모마일 오일은 과잉 행동을 보이는 반려동물에게 도움이 될 수 있습니다. 새로운 환경에 적응하지 못하거나 예민한 반응을 보이는 반려동물에게 카모마일 향을 확산시키면 신경계를 진정시키고 정서적 균형을 회복하는 데 효과적입니다.

라벤더 오일은 숙면을 돕는 작용도 합니다. 보호자가 숙면을 취할 때 반려동물이 함께 안정된 환경에서 쉬도록 돕기 위해, 저농도로 희석된 라벤더 오일을 활용하면 숙면을 유도하는 데 도움이 될 수 있습니다. 그러나 반려동물마다 반응이 다를 수 있으므로, 향을 적용한 후 반려동물의 반응을 주의 깊게 살피는 것이 중요합니다.

🪴 반려동물에게 아로마테라피 적용 시 주의사항

반려동물의 후각은 사람보다 훨씬 민감하므로, 아로마테라피를 적용할 때는 반드시 세심하고 신중한 사용이 요구됩니다. 사용 방법이 적절하지 않을 경우, 반려동물에게 스트레스를 유발하거나 건강에 부정적인 영향을 줄 수 있습니다.

먼저, 에센셜 오일은 반드시 저농도로 희석하여 사용해야 합니다. 고농도 오일은 자극적일 수 있으므로, 충분히 희석한 후 천천히 적용 범위를 넓혀가는 것이 바람직합니다. 확산기를 사용할 경우에도 향의 강도를 조절하여 반려동물이 불편함을 느끼지 않도록 주의해야 합니다.

다음으로, 반려동물에게 잠재적으로 독성이 있는 오일은 반드시 피해야 합니다. 티트리, 유칼립투스, 시나몬, 클로브 등의 오일은 개와 고양이에게 해로울 수 있으므로 사용을 삼가야 합니다. 특히, 고양이는 특정 오일을 대사하는 능력이 부족하기 때문에 더욱 주의해야 합니다.

또한, 환기가 잘되는 공간에서 사용하고 반려동물의 반응을 세심하게 살펴야 합니다. 반려동물이 향을 맡은 후 기침을 하거나 불안한 반응을 보이거나, 공간을 피하려는 모습을 보인다면 즉시 사용을 중단해야 합니다. 반려동물이 머무르는 공간에 직접 오일을 분사하는 것은 피하고, 공기 중에 자연스럽게 확산되도록 하는 것이 바람직합니다.

아로마테라피는 사람과 반려동물 모두에게 긍정적인 영향을 줄 수 있지만, 올바른 적용 방식과 환경을 고려해야 합니다. 적절한 오일을 선택하고, 반려동물의 반응을 살펴가며 활용하면 보다 안전하고 효과적인 자연 치유법이 될 수 있습니다.

4 후각의 중요성과 아로마테라피의 가치

　향기는 냄새를 구별하는 역할에 머무르지 않고, 감정과 기억을 형성하고 조절하는 데 중요한 역할을 합니다. 후각의 특성을 이해하고 아로마테라피를 적절히 활용하면, 사람과 반려동물 모두에게 정서적 안정과 건강을 제공할 수 있습니다.

　세심하게 적용된 아로마테라피는 삶의 질을 향상시키고, 사람과 반려동물 간의 유대감을 더욱 깊어지게 할 것입니다.

1.6 아로마테라피의 원리와 과학적 기반

어느 날 문득 스며드는 라벤더 향이 마음을 차분하게 만든 경험이 있으신가요? 아로마테라피는 우리의 일상에 자연스럽게 녹아들어 감정을 조절하고 신체에 활력을 불어넣는 데 도움을 주는 자연 치유법입니다. 이 방법은 에센셜 오일의 향기와 화학적 성분이 신체와 마음에 미치는 다양한 작용을 바탕으로 합니다. 아로마테라피가 어떻게 작용하는지 그 원리를 함께 살펴보겠습니다.

1 후각과 뇌의 상호작용

향기가 인식되는 과정은 코 속의 후각 수용체가 향기 분자를 감지하면서 시작됩니다. 감지된 정보는 전기 신호로 변환되어 뇌로 전달되며, 특히 감정과 기억을 담당하는 대뇌변연계에서 해석됩니다. 이러한 과정 덕분에 특정한 향기는 우리의 기분을 변화시키고 심리에 직접적인 영향을 미칠 수 있습니다.

예를 들어, 라벤더 오일의 주요 성분인 리날룰(Linalool)은 편도체를 안정시키고 불안감을 줄이는 효과가 있습니다. 또한, 비가 내린 후 흙에서 나는 독특한 페트리코어(Petrichor) 향은 흙 속의 지오스민(Geosmin)과 식물성 오일이 빗물과 반응해 만들어지는 것으로, 어린 시절의 추억을 떠올리게 하며 감정을 환기하는 역할을 합니다.

향기와 뇌의 밀접한 관계는 감정 조절뿐만 아니라 스트레스 해소와 심리적 회복에도 긍정적인 영향을 줍니다. 아로마테라피는 이러한 작용을 활용하여 우리의 감각을 자극하고 신체의 균형을 돕는 역할을 합니다.

2 피부 흡수와 혈류로의 전달

아로마테라피는 에센셜 오일이 피부를 통해 흡수된다는 점에서 독특한 특징을 가집니다. 에센셜 오일은 지용성이며, 분자 크기가 작아 피부 장벽을 통과한 후 진피층에 도달하고, 혈류를 따라 전신으로 퍼질 수 있습니다.

예를 들어, 티트리 오일의 주요 성분인 테르피넨-4-올(Terpinen-4-ol)은 피부 염증을 완화하고 감염을 예방하는 데 효과적인 것으로 알려져 있으며, 여드름과 피부염 개선에도 활용됩니다. 라벤더 오일은 피부 재생을 돕고, 화상이나 작은 상처의 회복을 촉진하는 데 유용하며, 카모마일 오일은 피부 진정 작용과 함께 가려움증을 완화하는 데 도움을 줍니다.

아로마 목욕이나 마사지를 통해 에센셜 오일을 사용하면, 피부를 통해 흡수된 활성 성분이 혈액 순환을 촉진하고 긴장을 풀어주는 데 도움이 됩니다. 특히, 유칼립투스 오일은 혈류 개선과 근육 이완에 효과적이며, 프랑킨센스 오일은 피부 탄력 유지와 노화 방지에 기여할 수 있습니다. 이러한 작용을 통해 면역력 증진에도 긍정적인 영향을 미칠 수 있습니다.

3 자율신경계와의 상호작용

아로마테라피는 교감신경과 부교감신경의 균형을 조절하여 신체와 정신의 안정에 기여합니다. 로즈마리 오일은 교감신경계를 활성화하여 집중력을 높이고 정신을 맑게 하는 효과가 있습니다. 중요한 업무를 앞두거나 아침에 활력을 얻고 싶을 때 활용하면 좋습니다.

반면, 로만 카모마일 오일은 부교감신경계를 자극하여 긴장을 풀고 심리적 안정감을 제공합니다. 하루를 마무리할 때 로만 카모마일 오일을 사용하면 몸과 마음을 편안하게 이완시키는 데 도움이 됩니다.

아로마테라피는 자율신경계를 조절하며, 일상 속에서 신체와 정신의 균형을 유지하는 데 도움을 줄 수 있습니다.

4 에센셜 오일의 화학 성분과 작용 메커니즘

에센셜 오일은 각각 특정한 화학 성분을 포함하고 있으며, 이러한 성분들이 신체에 다양한 생리적 반응을 유도합니다.

화학 성분	포함된 오일	주요 작용
리날룰(Linalool)	라벤더, 카모마일	신경 안정, 항염 효과
멘톨(Menthol)	페퍼민트	근육 이완, 두통 완화
시트랄(Citral)	레몬그라스, 감귤류	항균, 항산화 작용

이 화학 성분들은 에센셜 오일의 고유한 효능을 결정하며, 신체와 정서적 균형을 유지하는 데 중요한 역할을 합니다.

5 정서적 및 신체적 반응

아로마테라피는 후각 자극과 피부 흡수를 통해 정서적 안정과 신체적 회복을 동시에 제공합니다. *Journal of Alternative and Complementary Medicine* (2015년)에 발표된 연구에서는 라벤더 오일이 심박 수와 혈압을 낮추고 스트레스를 감소시키는 효과가 있음이 보고되었습니다. 이는 자율 신경계를 안정화하고 몸과 마음의 균형을 회복하는 데 기여합니다.

또한, 페퍼민트 오일은 근육의 긴장을 완화하고 두통을 줄이는 데 효과가 있으며, 유칼립투스 오일은 호흡기 건강을 돕고 감기 증상을 완화하는 데 유용합니다. 이러한 작용은 아로마테라피가 기분 전환을 위한 향기 활용을 넘어, 건강과 웰빙을 위한 실질적인 도움을 줄 수 있음을 시사합니다.

6 아로마테라피의 과학적 기반과 실생활 적용

아로마테라피는 오랜 전통을 바탕으로 발전해 왔지만, 현대 과학의 연구를 통해 그 효과가 더욱 입증되고 있습니다. 향기가 뇌와 신체에 미치는 영향을 활용하여, 우리는 일상에서 보다 건강하고 균형 잡힌 생활을 할 수 있습니다.

- 집중력을 높이고 싶을 때 → 로즈마리, 페퍼민트 오일
- 긴장을 풀고 숙면을 취하고 싶을 때 → 라벤더, 카모마일 오일
- 면역력을 강화하고 싶을 때 → 유칼립투스, 티트리 오일

상황에 맞게 적절한 에센셜 오일을 선택하고 활용하면, 아로마테라피는 향을 통한 심리적 안정뿐만 아니라, 신체와 정신 건강을 돌보는 실질적인

자연 치유법으로 활용될 수 있습니다.

향기를 통한 변화가 여러분의 삶을 더욱 풍요롭게 만들어 줄 것입니다. 아로마테라피를 활용하여 신체와 마음의 균형을 찾는 새로운 습관을 만들어 보세요.

2장

아로마테라피의 재료와 사용법

Aromatherapy

2.1 에센셜 오일의 주요 성분과 효능

　에센셜 오일은 아로마테라피에서 가장 중요한 재료 중 하나로, 식물의 꽃, 잎, 줄기, 가지, 열매, 껍질, 수지 등에서 추출한 농축된 자연의 선물입니다. 각 오일은 식물의 독특한 특성을 담고 있으며, 추출 방법과 환경에 따라 품질과 향이 달라집니다.

　에센셜 오일을 얻는 대표적인 방법으로는 증기 증류법, 압착법, 용매 추출법, 초임계 추출법 등이 있으며, 이를 통해 식물이 생성하는 다양한 화학 성분이 농축됩니다. 하나의 오일에는 60~100여 개 이상의 천연 화합물이 포함되어 있으며, 이 성분들이 각각의 향과 효능, 사용 방법 및 주의사항을 결정합니다.

　또한, 같은 식물에서 추출된 오일이라도 기후, 토양, 재배 환경, 추출 방식에 따라 성분 조성이 달라질 수 있습니다. 이러한 미세한 차이는 각 에센셜 오일의 향과 효능에 영향을 주며, 이를 이해하는 것은 올바른 선택과 효과적인 활용을 위한 중요한 과정입니다. 대부분의 에센셜 오일은 두세 가지 주요 성분이 다량 포함되어 있으며, 단독으로 사용하기보다는 다른 오일과 블렌딩하거나 캐리어 오일, 물, 알코올 등에 희석하여 사용하는 것이 더욱 안전하고 효과적입니다.

1 천연 화학 성분과 그 특징

에센셜 오일을 구성하는 다양한 화학 성분은 각기 다른 특성과 효능을 가지고 있습니다. 이 성분들은 향뿐만 아니라 신체와 감정에 긍정적인 영향을 미치며, 적절한 조합을 통해 더 효과적인 활용이 가능합니다.

테르펜 (Terpenes)

테르펜은 항염, 항균, 면역력 강화 효과를 제공합니다.

- 리모넨 (Limonene) : 레몬 오일에 함유된 성분으로, 상쾌하고 밝은 향이 특징입니다. 스트레스 완화와 기분 개선에 도움을 줍니다.

에스터 (Esters)

에스터는 진정 효과와 항염 작용으로 심리적 긴장을 완화합니다.

- 리나릴 아세테이트 (Linalyl Acetate) : 라벤더, 로만 카모마일 오일에 풍부하며, 긴장 완화와 숙면을 돕습니다.

케톤 (Ketones)

케톤은 세포 재생을 촉진하고 집중력을 높이는 데 기여합니다.

- 캄퍼 (Camphor) : 로즈마리 오일의 주요 성분으로, 정신적 피로를 해소하고 활력을 제공합니다.

알코올 (Alcohols)

알코올 성분은 강력한 항균, 항바이러스 효과를 지니며, 피부 치유와 염증 완화에도 유용합니다.

- 테르피넨-4-올 (Terpinen-4-ol) : 티트리 오일에 포함된 성분으로, 피부 트러블 완화와 면역력 강화에 효과적입니다.

알데하이드 (Aldehydes)

알데하이드는 진정 작용과 감정 안정 효과를 제공합니다.

- 시트랄 (Citral) : 레몬그라스 오일에 함유된 성분으로, 상쾌한 향이 특징이며 피로 회복에 도움을 줍니다.

페놀 (Phenols)

페놀은 강력한 항산화 및 항균 작용을 합니다.

- 티몰 (Thymol), 카르바크롤 (Carvacrol) : 타임 오일과 오레가노 오일에서 발견되는 성분으로, 면역력을 높이고 감염 예방에 효과적입니다. 다만 강한 자극이 있을 수 있어 반드시 희석 후 사용해야 합니다.

옥사이드 (Oxides)

옥사이드는 호흡기 건강을 지원하며, 기도를 깨끗하게 유지하는 데 도움을 줍니다.

- 1,8-시네올 (1,8-Cineole) : 유칼립투스 오일의 주요 성분으로, 감기나 비염과 같은 호흡기 증상을 완화하는 데 유용합니다.

에터 (Ethers)

에터는 소화 기능을 지원하고 복부 긴장 완화에 효과적입니다.

- 메틸차비콜 (Methyl Chavicol) : 타라곤 오일에서 발견되는 성분으로, 소화 불량과 복부 팽만감 완화에 도움을 줍니다.

락톤 (Lactones)

락톤은 점액을 묽게 하여 기도를 편안하게 하고, 호흡기 건강을 돕는 데 사용될 수 있습니다.

- 테트라하이드로푸란-락톤 (Tetrahydrofuran lactones) : 일부 식물성 오일에 포함되며, 목의 이물감 해소와 원활한 호흡에 도움을 줄 수 있습니다.

쿠마린 (Coumarins)

쿠마린은 혈액 순환을 촉진하고 항응고 작용을 하며, 일부 감귤류 오일에 함유되어 있습니다.

이 성분은 자외선 민감성을 유발할 수 있으므로, 피부에 바른 후에는 햇빛 노출을 피하는 것이 좋습니다.

이러한 성분들은 에센셜 오일의 특성을 결정하며, 적절한 선택과 조합을 통해 신체적·정서적 건강을 관리하는 데 효과적으로 활용할 수 있습니다.

2 에센셜 오일의 향과 효능을 결정짓는 요소

에센셜 오일의 향은 감각적인 즐거움을 제공할 뿐만 아니라, 심리적 안정과 신체 건강을 돕는 중요한 역할을 합니다. 각각의 성분이 조화를 이루며 어우러져 하나의 향을 형성하는 과정은 마치 오케스트라와 같습니다.

예를 들어, 감귤류 오일에 풍부한 리모넨(Limonene) 성분은 상쾌한 향과 함께 활력을 제공하며, 라벤더 오일의 에스터(Ester) 성분은 신경을 진정시키고 긴장을 완화하는 데 효과적입니다.

에센셜 오일의 향과 효능은 성분의 종류와 비율에 따라 달라집니다. 각각의 특성을 고려한 오일 선택과 블렌딩이 중요하며, 이를 적절히 활용하면 더욱 균형 잡힌 효과를 기대할 수 있습니다.

3. 에센셜 오일 추출 과정이 품질에 미치는 영향

에센셜 오일의 품질은 추출 방법에 따라 크게 달라집니다.

증기 증류법

에센셜 오일 추출에 가장 널리 사용되는 전통적인 방식입니다. 식물에 증기를 통과시켜 향과 유효 성분을 끌어낸 뒤 냉각 과정을 통해 오일과 수분을 분리합니다. 라벤더, 로즈마리, 페퍼민트 등 다양한 허브와 꽃에서 안정적인 품질의 오일을 얻을 수 있습니다.

압착법

감귤류 과일의 껍질에서 오일을 추출할 때 사용되는 방식입니다. 열을 가하지 않고 기계적으로 눌러 짜내기 때문에 향이 손상되지 않으며, 레몬, 오렌지, 베르가못 등 신선하고 상쾌한 향을 지닌 오일에 적합합니다.

용매 추출법

열과 압력에 약한 섬세한 꽃에서 오일을 얻을 때 사용되는 방식입니다. 자스민, 로즈, 바닐라 등에서 고유의 향을 풍부하게 보존할 수 있으며, 이 과정에서 앱솔루트(absolute) 형태의 오일이 생성되기도 합니다.

초임계 추출법

이산화탄소를 특정 온도와 압력에서 사용해 식물 성분을 추출하는 고급 방식입니다. 향과 성분의 손실이 적어 높은 순도와 품질을 유지할 수 있으며, 섬세한 오일의 정제된 향과 성분을 얻는 데 적합합니다.

4 자연에서 온 치유의 가치

에센셜 오일의 화학 성분과 추출 과정은 자연이 선물한 향과 성분을 효과적으로 보존하기 위한 과정입니다. 환경 조건과 추출 방식에 따라 각 오일의 특성이 달라지며, 이를 잘 이해하고 활용하면 건강과 생활에 유용하게 적용할 수 있습니다.

향기를 활용하여 신체적·정서적 균형을 유지하고, 자신에게 적합한 에센셜 오일을 선택하여 생활 속에서 활용해 보세요.

2.2 에센셜 오일이 인체에 미치는 효과와 작용

향기는 감각 자극이 아니라, 우리의 감정과 신체에 깊이 영향을 미치는 중요한 요소입니다. 에센셜 오일은 식물이 생존을 위해 생성하는 천연 화합물의 집합체이며, 이 작은 분자들은 심리적 안정, 신체적 회복, 면역력 강화 등에 도움을 줄 수 있습니다.

향기는 기억과 감정과도 밀접한 관련이 있으며, 특정 향을 맡았을 때 과거의 경험이 떠오르는 것은 이러한 작용과 연관이 있습니다. 아로마테라피는 이러한 자연적 원리를 활용하여 몸과 마음의 균형을 돕는 방법으로 활용됩니다.

1 심리적 효과 : 향기로 마음을 어루만지다

에센셜 오일의 미세 분자는 후각 신경을 통해 뇌로 전달되며, 이 과정에서 자율신경계와 호르몬 분비를 조절해 심리적 안정과 감정 변화를 유도합니다.

(라벤더 오일)

라벤더 오일은 심리적 안정 효과를 대표하는 오일입니다. 주요 성분인 리날룰과 리나릴 아세테이트는 스트레스 호르몬인 코르티솔 수치를 낮추고 신경계를 진정시키는 데 도움을 줍니다. 2012년 *Evidence-Based Complementary and Alternative Medicine*에 발표된 연구에 따르면, 라벤더 향을 흡입한 대학생들의 코르티솔 수치가 유의미하게 감소한 것으로 나타났습니다. 이 연구는 시험 기간 중 스트레스가 높은 환경에서도 라벤더 오일이 심리적 안정을 도울 수 있음을 시사합니다.

⌜감귤류 오일⌝

레몬, 오렌지, 자몽 오일 등에 포함된 리모넨은 세로토닌 분비를 촉진하여 기분을 긍정적으로 조절하는 역할을 합니다.

2013년 *Journal of Functional Foods*에 따르면, 감귤류 오일은 스트레스 완화와 기분 안정에 효과적이라는 연구 결과가 발표되었습니다. 아침에 감귤류 오일을 활용하면 하루를 활기차게 시작하는 데 도움이 됩니다.

⌜로즈마리 오일⌝

로즈마리 오일은 집중력 향상과 기억력 강화에 유용한 오일입니다.

2012년 *Therapeutic Advances in Psychopharmacology*에 발표된 연구에서는 로즈마리 향을 흡입한 실험군이 인시 테스트에서 더 높은 성과를 보였으며, 주요 성분인 1,8-시네올(1,8-Cineole)이 신경 전달 물질을 활성화하여 사고력을 지원하는 것으로 나타났습니다.

2 신체적 효과 : 자연의 손길로 몸을 치유하다

에센셜 오일은 심리적 안정뿐 아니라 신체적 건강을 증진하는 데도 유용합니다.

(티트리 오일)

티트리 오일은 항균 및 항염 작용으로 피부 건강에 도움을 줍니다.

2017년 *Journal of Dermatological Treatment* 연구에서는 티트리 오일이 여드름 염증을 줄이고 미생물 활동을 억제하는 효과가 확인되었습니다. 또한, 2019년 *Clinical Microbiology Reviews*에서는 티트리 오일이 다양한 병원성 세균과 진균을 억제하는 능력을 보이며 감염 예방에도 유용하다는 결과를 발표했습니다.

(유칼립투스 오일)

유칼립투스 오일은 호흡기 건강을 돕는 대표적인 오일입니다. 주요 성분인 1,8-시네올은 점액을 분해하고 기도를 맑게 하여 감기, 비염, 천식 등의 증상을 완화하는 데 도움을 줍니다.

2013년 *Respiratory Medicine* 연구에서는 유칼립투스 오일이 급성 비염 환자의 호흡 곤란을 완화하는 효과가 있음이 확인되었습니다. 또한, 2020년 *Journal of Applied Microbiology*에서는 유칼립투스 오일이 특정 박테리아와 바이러스의 성장을 억제하는 데 효과적이라는 연구 결과를 발표했습니다.

(페퍼민트 오일)

페퍼민트 오일은 근육통과 두통 완화에 도움을 줍니다. 주요 성분인 멘톨은 냉각 효과를 제공하며, 근육을 이완시키고 통증을 줄이는 작용을 합니다. 2015년 *Pain Management Nursing* 저널에 따르면, 페퍼민트 오일은 근육통과 두통 완화에 유용하게 활용될 수 있음을 확인하였습니다.

3 향기와 건강의 조화

　에센셜 오일은 향기를 통한 심리적 안정뿐만 아니라, 신체적 건강에도 도움을 줄 수 있는 자연 치유법입니다. 아로마테라피는 이러한 오일의 효능을 활용하여 몸과 마음의 균형을 찾는 데 도움을 줍니다.

　현대 생활 속에서 에센셜 오일은 자연에서 온 치유 도구로 자리 잡고 있으며, 일상 속에서 손쉽게 활용할 수 있습니다. 작은 변화만으로도 우리의 삶에 긍정적인 영향을 줄 수 있습니다. 생활 속에서 자신에게 맞는 에센셜 오일을 찾아 건강과 균형을 유지하는 방법을 경험해 보시길 바랍니다.

2.3 에센셜 오일 20선 : 향기와 효능의 모든 것

아로마테라피는 사람과 반려동물 모두에게 심리적 안정과 신체적 회복을 돕는 자연에서 유래한 치유법입니다. 그러나 반려동물은 사람보다 후각이 훨씬 예민하고, 특정 화학 성분에 민감하게 반응하기 때문에 안전한 사용법을 반드시 준수해야 합니다.

에센셜 오일은 올바르게 활용하면 반려동물의 정서적 안정과 건강 관리에 도움이 될 수 있지만, 적절하지 않은 오일을 사용할 경우 오히려 스트레스를 유발하거나 건강에 해로울 수 있습니다. 따라서 신중한 선택과 올바른 사용법이 필요합니다.

이번 장에서는 총 20가지의 에센셜 오일을 선정하여, 각각의 특징과 효능, 그리고 사람과 반려동물에게 적합한 활용 방법을 소개합니다. 예를 들어, 라벤더 에센셜 오일은 부드러운 플로럴 향으로 반려동물의 긴장을 완화하고, 숙면을 유도하는 데 도움을 줄 수 있습니다.

지금부터 자연이 선사한 치유의 힘을 탐구하며, 반려동물과 함께 건강한 일상을 만들어가는 방법을 살펴보겠습니다.

1 그레이프푸르 에센셜 오일 (Grapefruit Essential Oil)

학명: *Citrus paradisi*

"상쾌한 시작의 향기"

아침 햇살이 창문을 통해 방 안으로 스며드는 순간, 싱그러운 그레이프푸르의 향기가 공기 중에 퍼진다고 상상해 보세요. 자연이 선사하는 활력의 메시지처럼, 이 상큼한 향은 하루를 새로운 에너지로 가득 채워줍니다.

18세기 바베이도스에서 처음 발견된 그레이프푸르은 상큼한 향과 건강 증진 효과로 사랑받으며, 아로마테라피와 미용 분야에서 널리 활용되고 있습니다. 오늘날에도 스트레스 해소, 기분 전환, 신체 정화 효과로 많은 이들에게 활력을 제공하며, 일상 속 활력을 돕는 중요한 에센셜 오일 중 하나입니다.

🌱 에센셜 오일의 특징과 주요 성분

그레이프푸르 에센셜 오일은 주로 과피에서 냉압착법으로 추출되며, 달콤하고 상큼한 시트러스 향을 지닌 톱 노트 오일입니다. 이 향은 공기를 정화하고 기분을 밝게 만드는 데 도움을 줍니다.

- 리모넨 (Limonene) : 항염·항균 작용이 있어 신체 정화에 도움을 줍니다.
- 미르센 (Myrcene) : 항산화 작용을 하며, 진정 효과를 제공합니다.
- 리날룰 (Linalool) : 심리적 안정감을 유도하고 불안을 완화하는 데 기여합니다.

🪴 사람과 반려동물을 위한 활용법

(사람에게)

① 목욕 : 피로 회복과 활력 증진

따뜻한 물 200L(일반 욕조 기준)에 소금 1큰술, 보드카 1큰술, 그레이프프룻 오일 3~5방울을 섞어 사용하면 몸의 피로를 풀고 상쾌한 기분을 선사합니다. (오일을 직접 물에 넣지 말고 소금이나 보드카에 먼저 희석한 후 물에 넣어야 오일이 잘 섞입니다.)

② 천연 클렌저 만들기

물 100mL, 알코올 10mL, 그레이프프룻 오일 10방울을 섞어 천연 다용도 클렌저로 활용하면 집 안을 깨끗하고 상큼한 향기로 채울 수 있습니다.

③ 두피 관리

샴푸에 그레이프프룻 오일 1~2방울을 섞어 사용하면 두피를 정화하고 유분을 조절하는 데 도움이 됩니다.

(반려동물에게)

① 강아지 : 스트레스 완화

아로마 확산기에 1~2방울을 넣어 향을 은은하게 확산시키면 강아지의 긴장을 풀어주고 안정감을 줄 수 있습니다. 다만, 환기가 충분한 공간에서만 사용해야 하며, 강아지가 향을 거부하는 경우 즉시 중단해야 합니다.

② 고양이 및 소형 동물 : 사용 금지

고양이, 새, 햄스터 등의 반려동물은 리모넨 성분을 체내에서 효과적으로 배출하지 못하기 때문에 그레이프프룻 오일을 사용하는 것이 위험할 수 있습니다. 간접적인 노출도 피하는 것이 좋습니다.

🪴 사용 시 주의사항

(광독성 주의)

그레이프룻 오일은 광독성(Phototoxicity)을 유발할 수 있으므로, 피부에 바른 후 직사광선을 피해야 합니다. 사용 후 최소 12시간 동안 햇빛 노출을 삼가야 합니다.

(반려동물 사용 시 환기 필수)

반려동물과 함께 사용할 경우, 반드시 환기가 잘되는 공간에서 활용해야 하며, 반려동물이 원할 때 쉽게 벗어날 수 있는 환경을 조성해야 합니다.

(강아지 사용 시 희석 필수)

반려견에게 사용할 때는 캐리어 오일(예: 코코넛 오일)에 희석하여 소량만 적용해야 합니다. 직접적인 피부 접촉보다는 주변 환경에 은은하게 확산하는 것이 더 안전한 방법입니다.

🪴 상쾌함과 치유를 선사하는 자연의 선물

그레이프룻 에센셜 오일은 기분을 상쾌하게 전환하고 신체의 활력을 돕는 자연의 선물입니다. 사람에게는 피로 회복과 정서적 안정을 제공하며, 강아지에게는 스트레스 완화 효과를 기대할 수 있습니다.

그러나 광독성, 반려동물 사용 시 주의사항을 철저히 지키는 것이 중요합니다. 적절한 활용법을 익혀 그레이프룻의 상큼한 향을 안전하고 효과적으로 즐겨보세요.

2 네롤리 에센셜 오일 (Neroli Essential Oil)

학명: *Citrus aurantium var. amara*

"플로럴 향으로 마음을 다독이는
네롤리 오일"

17세기 이탈리아 네롤라 (Nerola)의 공작부인 안나 마리아 드 라 트레무아유(Anna Maria de la Tremoille)가 사랑한 향기, 네롤리. 그녀는 쓴 오렌지 나무(Citrus aurantium)의 꽃에서 추출한 이 오일을 즐겨 사용하며, 우아함의 상징으로 자리매김했습니다. 이후, 그녀의 칭호인 '네롤라'에서 유래한 '네롤리'라는 이름이 붙었으며, 달콤하면서도 우아한 플로럴 향기로 많은 사람들의 마음을 사로잡았습니다. 오늘날까지도 네롤리 오일은 자연 치유의 대표적인 오일로 사랑받고 있습니다.

네롤리 오일의 향은 지중해의 따뜻한 햇살 속에 핀 꽃처럼 부드럽고 상쾌하며, 긴장을 풀고 심신을 안정시키는 효과를 제공합니다.

에센셜 오일의 특징과 주요 성분

네롤리 오일은 쓴 오렌지 나무의 꽃에서 증기 증류법으로 추출되며, 부드러운 플로럴 계열의 향이 특징입니다. 미들 노트로서 지속력이 뛰어나며, 공간을 차분하고 아늑한 분위기로 만들어줍니다.

- 리날룰 (Linalool) : 신경을 진정시키고 불안을 완화하는 효과가 있습니다.
- 리모넨 (Limonene) : 기분을 전환시키고 항균 작용으로 공기를 정화하는 데 도

움을 줍니다.

- 제라니올 (Geraniol) : 심리적 안정감을 유도하며, 항염 작용으로 신체 균형을 돕습니다.
- 네롤 (Nerol) : 신경 진정 및 항균 효과로 스트레스 완화에 기여합니다.

사람과 반려동물을 위한 활용법

(사람에게)

① 목욕 : 심신 안정과 피부 보습

따뜻한 물 200L(일반 욕조 기준)에 소금 1큰술, 보드카 1큰술, 네롤리 오일 3~5방울을 넣어 사용하면 심신 안정과 피부 보습 효과를 동시에 얻을 수 있습니다.

② 아로마 확산기사용 : 긴장 완화와 안정감 제공

아로마 확산기에 3~4방울을 떨어뜨리면 부드러운 플로럴 향이 긴장을 풀고 차분한 분위기를 조성합니다. 바쁜 하루를 마치고 집에 돌아왔을 때 시용하면 특히 효과적입니다.

③ 마사지 : 피로 해소와 심신 안정

캐리어 오일(호호바 오일, 스위트 아몬드 오일 등) 10mL에 네롤리 오일 2~3방울을 희석해 목이나 어깨를 부드럽게 마사지하면 피로 해소와 심리적 안정을 돕습니다.

④ 천연 미스트

정제수 100mL, 네롤리 오일 5방울, 알코올(보드카) 10mL를 섞어 천연 아로마 미스트로 활용하면 피부 진정과 상쾌한 향을 즐길 수 있습니다.

(반려동물에게)

① 강아지 : 스트레스 완화

아로마 확산기를 통해 은은하게 향을 확산시키면 강아지의 과잉 행동과 긴장 완화에 도움을 줄 수 있습니다. 다만, 향이 너무 강하지 않도록 조절해야 하며, 초기에는 반려견의 반응을 관찰하는 것이 중요합니다.

② 고양이 : 사용 시 주의 필요

네롤리 오일은 고양이에게 비교적 안전한 오일로 알려져 있지만, 후각이 매우 예민하기 때문에 소량만 사용해야 합니다. 고양이의 반응을 면밀히 살펴야 하며, 호흡기 이상이나 알레르기 반응이 나타나면 즉시 사용을 중단해야 합니다.

🌱 사용 시 주의사항

(고양이 사용 시 신중한 접근 필요)

고양이의 후각은 매우 예민하므로 과한 노출을 피하고, 향이 약하게 확산되도록 조절해야 합니다. 또한, 고양이가 불편해하는 반응을 보일 경우 즉시 사용을 중단합니다.

(아로마 확산기 활용 시 환기 필수)

반려동물과 함께 사용할 경우, 반드시 환기가 잘되는 공간에서 활용해야 하며, 반려동물이 원할 때 쉽게 벗어날 수 있는 환경을 조성해야 합니다.

(고농도 사용 금지)

에센셜 오일은 농도가 매우 진하기 때문에 피부에 직접 사용하지 않으며, 반드시 희석 후 사용해야 합니다.

> 임산부 및 영유아 사용 시 주의

네롤리 오일은 심신 안정 효과가 뛰어나지만, 임산부나 3세 이하 영유아에게 사용하기 전에는 반드시 전문가와 상담하는 것이 좋습니다.

🪴 플로럴 향으로 선사하는 치유의 순간

네롤리 에센셜 오일은 달콤하고 우아한 플로럴 향을 지니며, 심리적 안정과 정서적 치유에 도움을 줍니다. 사람에게는 하루의 스트레스를 해소하고 마음의 평화를 찾는 데 유용하며, 반려동물에게는 불안을 완화하고 편안한 환경을 조성하는 데 도움을 줄 수 있습니다.

다만, 반려동물의 예민한 후각을 고려하여 신중하게 사용하는 것이 중요합니다. 적절한 사용법을 숙지하고 네롤리 오일의 향기를 활용하면, 사람과 반려동물 모두에게 따뜻한 위로와 여유를 전할 수 있습니다.

3 라벤더 에센셜 오일 (Lavender Essential Oil)

학명: *Lavandula angustifolia*

"마음을 어루만지는 자연의 치유력"

고대 로마의 목욕탕에서 피어오르던 라벤더의 은은한 향은 현대까지 이어져 많은 이들에게 평온과 안정을 선사하고 있습니다. 로마인들은 청결과 휴식을 위해 라벤더를 사용했으며, 중세 유럽에서는 마음의 불안을 진정시키고 불면증을 완화하는 약초로 애용했습니다.

라벤더는 종교의식에서도 정화와 치유의 도구로 활용되었으며, 그 부드럽고 상쾌한 향기는 마음을 위로하는 힘을 지니고 있습니다. 오늘날에도 라벤더 에센셜 오일은 스트레스 해소와 심신 안정을 돕는 대표적인 자연 치유제로 널리 사용되고 있습니다.

🪴 에센셜 오일의 특징과 주요 성분

라벤더 에센셜 오일은 꽃에서 증기 증류법으로 추출되며, 부드럽고 상쾌한 플로럴 향을 지닌 미들 노트 오일입니다. 이 향은 공간을 정화하고 마음에 평온을 선사합니다.

- 리날룰 (Linalool) : 신경을 진정시키고 항균 효과를 제공하며 스트레스 완화에 도움을 줍니다.
- 리나릴 아세테이트 (Linalyl Acetate) : 진정 작용과 항염 효과로 긴장을 풀어주고 심신의 안정을 돕습니다.
- 베타-카리오필렌 (Beta-Caryophyllene) : 면역력 증진 및 항염 작용으로 신체 균형을 유지합니다.

🪴 사람과 반려동물을 위한 활용법

(사람에게)

① 숙면 유도

자기 전 아로마 확산기에 2~3방울을 떨어뜨리면 은은한 향이 방 안을 감싸며 긴장을 풀고 숙면을 돕습니다. 베개 커버에 1방울을 묻혀 사용하는 것도 좋은 방법입니다.

② 목욕 : 심신 안정과 숙면 유도

따뜻한 목욕물 200L(일반 욕조 기준)에 소금 1큰술, 보드카 1큰술, 라벤더 오일 3~4방울을 섞어 사용하면 몸을 감싸는 부드러운 향이 하루의 피로와 스트레스를 해소하는 데 도움이 됩니다.

③ 마사지 : 근육 이완과 심신 안정

캐리어 오일(호호바 오일, 스위트 아몬드 오일 등) 10mL에 라벤더 오일 2~3방울을 희석해 목이나 어깨를 마사지하면 근육통 완화와 심리적 안정을 제공합니다.

④ 천연 룸 스프레이 : 공간의 편안함과 휴식 분위기 조성

정제수 100mL, 라벤더 오일 5방울, 알코올(보드카) 10mL를 섞어 천연 룸 스프레이로 활용하면 침실이나 거실에서 라벤더 향을 편안하게 즐길 수 있습니다.

[반려동물에게]

① 강아지 : 스트레스 완화

라벤더 오일은 강아지에게 비교적 안전하며, 스트레스와 불안 완화에 도움을 줄 수 있습니다. 아로마 확산기에 1~2방울을 사용하면 안정적인 환경을 조성하는 데 유용합니다. 캐리어 오일(코코넛 오일, 호호바 오일 등)에 희석(10mL당 1방울)하여 귀 뒤쪽이나 목덜미에 소량 발라주면 심신 안정 효과를 기대할 수 있습니다.

② 고양이 : 사용 시 대사 특성에 따른 주의 필요

라벤더 오일은 고양이에게도 비교적 안전한 오일로 알려져 있지만, 고양이는 특정 향기 성분을 분해하는 간 해독 효소가 부족하므로, 사용 시 더욱 신중해야 합니다. 아로마 확산기에 1방울 정도만 사용하며, 고양이의

행동과 반응을 주의 깊게 관찰해야 합니다. 피부에 직접 바르거나 고농도로 사용하는 것은 피하고, 반드시 저농도로 희석해 간접적으로 사용하는 것이 권장됩니다.

🌱 사용 시 주의사항

아로마 확산기 활용 : 환기 필수

환기가 잘되는 공간에서 소량만 사용하며, 반려동물이 불편해할 경우 자유롭게 이동할 수 있는 환경을 조성해야 합니다.

반려동물 사용 시 희석 필수

강아지와 고양이에게 사용할 때는 반드시 희석하여 사용하고, 반려동물의 반응을 지속적으로 관찰해야 합니다.

피부 도포 시 패치 테스트 필수

라벤더 오일을 피부에 사용할 경우, 캐리어 오일에 희석 후 소량을 손목이나 팔꿈치 안쪽에 발라 패치 테스트를 진행한 후 사용하는 것이 안전합니다.

임산부 및 영유아 사용 시 주의

라벤더 오일은 비교적 부드러운 오일이지만, 임산부나 3세 이하 영유아에게 사용하기 전에는 전문가와 상담 후 적용하는 것이 좋습니다.

🌱 자연이 주는 평온한 위로, 라벤더의 치유력

라벤더 에센셜 오일은 고대부터 현대까지 사람과 동물의 삶에 평온과 안정을 선사하는 자연의 선물입니다. 사람에게는 숙면과 긴장 완화를, 반려동물에게는 스트레스 해소와 안정감을 제공합니다. 그러나 반려동물의 예민한 반응을 고려해 적절하고 신중하게 사용하는 것이 중요합니다. 라벤더의 은

은은한 향으로 당신과 반려동물의 일상에 따뜻한 휴식과 평화를 더해보세요.

4 레몬그라스 에센셜 오일 (Lemongrass Essential Oil)

학명: *Cymbopogon citratus*

"신선함과 치유의 조화, 레몬그라스의 상쾌한 향기"

레몬그라스의 향기는 따뜻한 들판을 가로지르는 산들바람처럼 상쾌하고 활력을 불어넣습니다. 고대 인도의 아유르베다(Ayurveda)에서는 레몬그라스를 소화 촉진과 염증 완화를 위한 약재로 사용했으며, 동남아시아에서는 요리의 풍미를 더하는 중요한 향신료로 자리 잡았습니다.

오늘날 레몬그라스는 아로마테라피와 피부 관리, 천연 방충제 등 다양한 용도로 활용되며, 신선한 향기와 치유의 힘을 통해 우리의 일상에 건강과 활력을 전하는 자연의 선물로 사랑받고 있습니다.

🌱 에센셜 오일의 특징과 주요 성분

레몬그라스 에센셜 오일은 잎과 줄기에서 증기 증류법으로 추출되며, 레몬 향과 유사한 상쾌한 톱 노트가 특징입니다. 이 향기는 정신을 맑게 하고 몸에 활력을 불어넣는 데 유용합니다.

- 시트랄 (Citral) : 항균 및 항염 작용으로 신체 방어력을 높이고 염증을 완화합니다.
- 제라니올 (Geraniol) : 항산화 효과로 세포를 보호하고 피부 건강을 증진합니다.

🍋 리모넨 (Limonene) : 기분 전환과 항산화 작용으로 활력을 제공합니다.

사람과 반려동물을 위한 활용법

(사람에게)

① 공기 정화 및 활력 충전

아로마 확산기에 레몬그라스 오일 2~3방울을 떨어뜨리면 상쾌한 향이 공간을 채우며 공기를 정화하고, 기분을 밝게 하는 데 도움을 줍니다.

② 목욕 : 피로 회복과 근육 이완

따뜻한 목욕물 200L(일반 욕조 기준)에 소금 1큰술, 보드카 1큰술, 레몬그라스 오일 3~4방울을 섞어 사용하면 근육 긴장을 완화하고 피로를 해소하는 효과를 얻을 수 있습니다.

③ 마사지 : 근육 이완과 통증 완화

운동 후 캐리어 오일(코코넛 오일, 스위트 아몬드 오일 등) 10mL에 레몬그라스 오일 2방울을 희석하여 근육 마사지를 하면 통증과 피로 회복을 돕습니다.

④ 천연 방충제

정제수 100mL, 알코올(보드카) 10mL, 레몬그라스 오일 5방울을 섞어 천연 모기 퇴치 스프레이로 사용할 수 있습니다.

(반려동물에게)

① 강아지 : 해충 방지 및 심신 안정

레몬그라스 오일은 희석하여 사용할 경우 해충 퇴치에 도움이 될 수 있습니다. 산책 후 캐리어 오일 10mL에 레몬그라스 오일 1방울을 희석해 손에 덜어 털을 가볍게 쓰다듬는 방식으로 소량 도포하면, 진드기나 벼룩 예방에 활용할 수 있습니다. 직접 뿌리는 방식은 강아지에게 자극이 될 수 있으므로 피하며, 강아지가 불편해하거나 거부 반응을 보일 경우 즉시 사용을 중단해야 합니다.

② 고양이 : 사용 금지

레몬그라스 오일은 고양이에게 독성을 유발할 수 있습니다. 주요 성분인 시트랄은 고양이의 간에서 해독되지 않으므로, 고양이가 있는 환경에서는 절대 사용하지 않는 것이 안전합니다. 아로마 확산기 사용도 피해야 하며, 고양이가 닿을 수 있는 곳에 오일을 두지 않도록 주의해야 합니다.

🪴 사용 시 주의사항

아로마 확산기 사용 : 환기 필수

환기가 잘 되는 공간에서 소량만 사용하며, 반려동물이 자유롭게 이동할 수 있도록 해야 합니다.

강아지에게 적용 시 : 희석 필수

반드시 캐리어 오일에 희석 후 소량만 사용하고, 사용 중 강아지의 반응을 면밀히 관찰하세요.

고양이 환경 : 사용 금지

레몬그라스 오일은 고양이에게 치명적일 수 있으므로, 사용을 삼가는 것이 좋습니다.

피부 사용 시 : 패치 테스트 필수

레몬그라스 오일을 피부에 직접 사용하기 전에는 캐리어 오일에 희석한 후 패치 테스트를 진행해야 합니다.

임산부 및 어린이 사용 시 주의

자극적인 성분이 포함되어 있어, 임산부와 6세 이하 어린이에게 사용 시 전문가와 상담 후 적용하는 것이 좋습니다.

🪴 신선한 향기로 전하는 자연의 활력

레몬그라스 에센셜 오일은 상쾌하고 활력을 주는 향기로 사람에게 에너지와 건강을 선사하며, 강아지의 해충 퇴치와 스트레스 완화에도 도움을 줄 수 있습니다. 그러나 고양이와 함께 사용하는 경우 독성이 있을 수 있으므로 반드시 주의가 필요합니다.

자연이 선사하는 신선한 향기를 올바르게 활용하여 일상 속에서 활력을 충전하고 건강한 삶을 누려보세요. 레몬그라스 오일은 당신의 하루를 더욱 활기차고 상쾌하게 만들어 줄 것입니다.

5 로즈 에센셜 오일 (Rose Essential Oil)

학명: *Rosa damascena / Rosa centifolia*

"달콤한 장미 향기 속에서 느껴지는 고귀한 치유의 힘"

고대 페르시아 왕궁에서는 장미의 달콤하고 풍부한 향기가 궁전의 공기를 채우며 사람들의 마음을 어루만졌다고 전해집니다. 왕족과 귀족들은 이 귀한 향기를 감정 치유와 피부 관리에 사용하며, 장미는 고귀함과 치유의 상징으로 자리 잡았습니다.

특히, 불가리아의 카잔락 계곡은 세계적인 로즈 오일 생산지로 유명하며, 오늘날에도 전통적인 추출 기법을 통해 그 명성을 이어가고 있습니다. 장미 향은 마치 따뜻한 위로의 손길처럼 우리의 마음과 몸에 평온함을 선사합니다.

🪴 에센셜 오일의 특징과 주요 성분

로즈 에센셜 오일은 꽃잎에서 수증기 증류법 또는 용매 추출법으로 추출됩니다. 약 1kg의 장미 꽃잎에서 단 1g의 오일이 추출될 정도로 귀하고 섬세한 과정이 필요합니다. 풍부하고 달콤한 플로럴 향이 특징이며, 공간에 우아함과 안락함을 더하는 미들 노트로 작용합니다.

- 시트로넬롤 (Citronellol) : 항균 및 항염 작용으로 향의 지속성을 높입니다.
- 제라니올 (Geraniol) : 진정 작용과 항균 효과로 피부 개선과 감정 안정에 기여합니다.
- 네롤 (Nerol) : 신경 안정과 항산화 효과를 제공하며, 장미 특유의 향을 강화합니다.
- 페닐에틸 알코올 (Phenylethyl Alcohol) : 보습과 항균 효과를 가지고 있으며, 장미 향의 핵심 성분입니다.

🪴 사람과 반려동물을 위한 활용법

사람에게

① 스트레스 완화

아로마 확산기에 로즈 오일 2~3방울을 떨어뜨리면 달콤한 향이 방안에 퍼져 긴장과 불안을 해소하고 심리적 안정을 제공합니다.

② 목욕 : 피로 해소와 감정 안정

따뜻한 목욕물 200L(일반 욕조 기준)에 소금 1큰술, 보드카 1큰술, 로즈 오일 3방울을 추가하면 온몸의 피로를 녹이고 마음의 평온을 선사합니다.

③ 피부 관리 : 보습과 탄력 강화

캐리어 오일(호호바 오일, 스위트 아몬드 오일 등) 10mL에 로즈 오일 1~2방울을 희석해 피부에 바르면 보습과 피부 재생을 도우며, 주름 개선에도 효과적입니다.

④ 감정 치유와 우울감 완화

로즈 오일은 심리적 안정 효과가 뛰어나, 손수건에 1방울 떨어뜨려 향을 맡거나, 천연 향수로 사용하면 감정 회복과 심리적 균형을 돕습니다.

(반려동물에게)

① 강아지 : 분리불안 및 스트레스 완화

아로마 확산기를 통해 은은하게 향을 확산시키면 강아지의 분리불안이나 새로운 환경에 대한 스트레스를 완화할 수 있습니다. 반드시 소량만 사용하며, 강아지가 불편한 반응을 보이지 않는지 주의 깊게 관찰해야 합니다.

② 고양이 : 사용 시 주의

로즈 오일은 고양이에게 비교적 안전한 오일로 알려져 있으나, 개체에 따라 반응이 다를 수 있습니다. 사용 전 반드시 소량으로 테스트하고, 호흡기 문제나 피부 발진 등의 이상 반응이 나타나면 즉시 사용을 중단해야 합니다.

🌱 사용 시 주의사항

[아로마 확산기 활용 : 환기 필수]

반려동물과 함께 사용할 때는 반드시 환기가 잘되는 환경에서 은은한 향기로 사용합니다.

[강아지와 고양이 사용 시 주의]

고양이는 특정 성분에 민감할 수 있으므로 반응을 관찰하며, 강아지에게는 반드시 희석해 소량만 사용해야 합니다.

[피부 도포 시 : 패치 테스트 필수]

알레르기 반응 여부를 사전에 테스트하며, 캐리어 오일에 충분히 희석한 뒤 사용합니다.

[임산부 및 어린이 사용 시 주의]

로즈 오일은 강한 활성 성분을 포함하고 있으므로, 임산부와 6세 이하 어린이는 사용 전 전문가와 상담 후 적용하는 것이 좋습니다

🌱 고귀함과 평온함을 선사하는 장미의 힘

로즈 에센셜 오일은 고대부터 현대에 이르기까지 감정 치유와 피부 개선에 널리 사용된 자연의 선물입니다. 사람에게는 스트레스를 완화하고 심리적 안정을 제공하며, 강아지에게는 안정감을 선사할 수 있습니다. 다만, 고양이에게 사용할 때는 주의가 필요하며, 항상 적절한 사용법을 따르는 것이 중요합니다. 장미의 풍부하고 고귀한 향기로 일상에 따뜻한 평온함과 우아함을 더해보세요.

6 로즈마리 에센셜 오일 (Rosemary Essential Oil)

학명: *Rosmarinus officinalis*

"기억의 풀, 로즈마리의 향기로
깨우는 활력"

고대 그리스에서는 학생들이 시험 준비 중 로즈마리 잎을 머리에 두르며 기억력과 집중력을 높였다고 전해집니다. 이 신비로운 허브는 중세 유럽에서도 약재와 공기 정화제로 활용되었으며, 로즈마리의 맑은 향은 신체와 정신을 깨우는 자연의 선물로 사랑받아 왔습니다.

현대에 이르러 로즈마리 에센셜 오일은 인지 기능 강화, 스트레스 완화, 항산화 효과로 더욱 주목받고 있습니다.

🌱 에센셜 오일의 특징과 주요 성분

로즈마리 에센셜 오일은 잎과 꽃에서 증기 증류법으로 추출됩니다. 신선한 허브 향과 약간의 캠퍼 향이 어우러진 톱 노트와 미들 노트의 특징을 함께 지니며, 맑은 정신과 활력을 제공합니다.

- 1,8-시네올 (1,8-Cineole) : 호흡기 건강을 지원하며 항균, 항염 효과를 제공합니다.
- 캠퍼 (Camphor) : 근육 이완과 통증 완화에 효과적입니다.
- 알파-피넨 (Alpha-Pinene) : 면역력 증진과 항염 작용을 돕습니다.

🌱 사람과 반려동물을 위한 활용법

(사람에게)

① 기억력과 집중력 강화

아로마 확산기에 로즈마리 오일 2~3방울을 떨어뜨리면 신경계가 활성화되어 업무나 학습 시 집중력을 높이는 데 도움을 줍니다.

② 목욕 : 근육 이완과 피로 회복

따뜻한 목욕물 200L(일반 욕조 기준)에 소금 1큰술, 보드카 1큰술, 로즈마리 오일 3방울을 추가하면 피로를 완화하고 활력을 회복하는 데 도움을 줍니다.

③ 마사지 : 운동 후 근육 이완과 피로 회복

운동 후 캐리어 오일(호호바 오일, 스위트 아몬드 오일 등) 10mL에 로즈마리 오일 2방울을 희석해 근육을 마사지하면 긴장된 몸을 풀어주고 피로를 완화하는 효과를 제공합니다.

④ 두피 케어 : 두피 건강 강화와 모발 성장 촉진

샴푸에 로즈마리 오일을 1~2방울 섞어 사용하면 두피 건강을 개선하고 모발 성장 촉진에 도움을 줄 수 있습니다.

(반려동물에게)

① 강아지 : 피부 건강 및 해충 방지

로즈마리 오일은 강아지의 피부 건강을 돕고 해충을 방지하는 효과가 있습니다. 아로마 확산기에 1~2방울 사용하면 강아지의 긴장을 완화하고 불안감을 덜어줄 수 있습니다. 캐리어 오일 10mL에 로즈마리 오일 1방울을 희석해 귀 뒤쪽이나 목덜미에 소량 바르면 진드기와 벼룩 예방에도 도움이 될 수 있습니다. 사용 중 강아지가 불편한 반응을 보이지 않는지 주의 깊게 관찰해야 합니다.

② 고양이 : 사용 금지

로즈마리 오일에 포함된 캠퍼 성분은 고양이에게 독성을 유발할 수 있으므로, 절대 사용하지 않아야 합니다. 고양이가 있는 공간에서는 로즈마리 오일을 확산하지 않는 것이 안전합니다. 고양이에게 적합한 다른 에센셜 오일을 선택하는 것이 중요합니다.

🪴 사용 시 주의사항

(아로마 확산기사용 : 환기 필수)

반려동물과 함께 사용할 경우, 반드시 환기가 잘되는 환경에서 소량만 사용하며, 반려동물이 불편해하는 기색이 있으면 즉시 중단해야 합니다.

(강아지 사용 시 : 희석 필수)

반드시 캐리어 오일에 희석한 후 소량만 사용하고, 사용 후 반려견의 상태를 면밀히 관찰해야 합니다.

(고양이 사용 금지)

고양이는 로즈마리 오일의 특정 성분(캠퍼, 1,8-시네올 등)을 해독하지 못하므로 절대 사용해서는 안 됩니다.

(피부 도포 시 : 패치 테스트 필수)

피부에 직접 사용할 경우 알레르기 반응 여부를 테스트한 후 사용해야 합니다.

(임산부 및 고혈압 환자 사용주의)

로즈마리 오일은 혈압을 상승시킬 가능성이 있으므로, 임산부 및 고혈압이 있는 사람은 사용 전 전문가와 상담이 필요합니다.

🌱 **활력을 깨우는 자연의 선물, 로즈마리**

로즈마리 에센셜 오일은 맑고 신선한 허브 향으로 집중력 향상, 근육 이완, 스트레스 완화의 효과를 제공합니다. 사람에게는 기억력 증진, 두피 건강 개선, 근육 이완 등의 효능을 제공하며, 강아지에게는 피부 건강과 해충 방지 효과를 기대할 수 있습니다.

그러나 고양이에게는 독성 위험이 있으므로 사용을 피해야 하며, 반려동물이 머무는 공간에서는 안전성을 고려한 환경 조성이 필요합니다. 로즈마리의 신선한 향기로 하루를 깨우고 활력을 되찾아 보세요.

7 마조람 스위트 에센셜 오일 (Marjoram Sweet Essential Oil)

학명: *Origanum majorana*

"따뜻한 허브 향기로 감싸는 행복의 상징, 마조람"

고대 그리스와 로마에서는 스위트 마조람을 사랑과 행복의 상징으로 여겼습니다. 신혼부부에게 마조람 화환을 씌우며 평온과 행복을 기원했던 전통이 이를 잘 보여줍니다.

중세 유럽에서는 신경 안정과 소화 개선에, 이집트에서는 통증 완화와 염증 관리에 널리 활용되었습니다. 오늘날 마조람 스위트 에센셜 오일은 따뜻하고 스파이시한 허브 향으로 몸과 마음을 진정시키며, 근육 이완과 통증 완화에 유용한 자연 치유제로 자리 잡았습니다.

🌱 에센셜 오일의 특징과 주요 성분

마조람 오일은 잎과 꽃에서 증기 증류법으로 추출됩니다. 따뜻하고 스파이시한 허브 향이 특징이며, 미들 노트로 작용해 긴장을 풀고 심신의 안정에 기여합니다.

- ❀ 테르피넨-4-올 (Terpinen-4-ol) : 항균 및 항염 작용으로 면역력을 강화합니다.
- ❀ 시네올 (Cineole) : 기도를 확장하고 항균 효과를 제공합니다.
- ❀ 리날룰 (Linalool) : 진정 효과와 항불안 작용으로 심리적 안정감을 돕습니다.

🌱 사람과 반려동물을 위한 활용법

사람에게

① 심리적 안정과 긴장 해소

아로마 확산기에 마조람 오일 2~3방울을 떨어뜨리면 스트레스를 줄이고 마음의 평화를 제공합니다.

② 목욕 : 근육 이완 및 피로 회복

따뜻한 목욕물 200L(일반 욕조 기준)에 소금 1큰술, 보드카 1큰술, 마조람 오일 3방울을 추가하면 근육 긴장을 풀고 편안한 휴식을 제공합니다.

③ 근육 마사지 : 운동 후 피로 해소와 근육 이완

운동 후 캐리어 오일 10mL(스위트 아몬드 오일, 호호바 오일 등)에 마조람 오일 2방울을 희석해 목과 어깨, 피로한 근육을 마사지하면 긴장을 완화하는 데 도움이 됩니다.

④ 숙면을 위한 베개 향수

베개 모서리에 마조람 오일 1방울을 떨어뜨리면 부드러운 허브 향이 숙면을 유도합니다.

(반려동물에게)

① 강아지 : 스트레스 완화와 근육 이완

마조람 오일은 강아지의 스트레스를 줄이고 긴장을 완화하는 데 도움을 줄 수 있습니다. 아로마 확산기를 통해 은은하게 확산하면 불안을 완화하고 편안한 분위기를 조성할 수 있습니다. 캐리어 오일 10mL에 마조람 오일 1방울을 희석해 강아지의 피부를 부드럽게 마사지하면 긴장 완화와 혈액 순환 촉진에 도움이 될 수 있습니다. 단, 사용 중 강아지의 반응을 주의 깊게 관찰해야 합니다.

② 고양이 : 사용 금지

마조람 오일은 고양이에게 독성이 있을 가능성이 높아 사용하지 않는 것이 가장 안전합니다. 고양이가 있는 공간에서는 캐모마일, 라벤더 등 비교적 안전성이 확인된 오일을 대체 오일로 선택하는 것이 좋습니다. 다만, 이러한 오일도 개체마다 반응이 다를 수 있으므로, 사용 전 반드시 희석하여 신중하게 적용하고 고양이의 반응을 세심하게 관찰해야 합니다.

🪴 사용 시 주의사항

(아로마 확산기사용 : 환기 필수)

반려동물과 함께 사용할 경우, 반드시 환기가 잘되는 환경에서 소량만 사용하며, 반려동물이 불편해하는 기색이 있으면 즉시 중단해야 합니다.

(강아지 사용 시 : 희석 필수)

반드시 캐리어 오일에 희석한 후 소량만 사용하고, 사용 후 반려견의 상태를 면밀히 관찰해야 합니다.

> 고양이 사용 금지

고양이는 마조람 오일의 특정 성분을 해독하지 못할 가능성이 높아 절대 사용해서는 안 됩니다.

> 피부 도포 시 : 패치 테스트 필수

피부에 직접 사용할 경우 알레르기 반응 여부를 테스트한 후 사용해야 합니다.

> 임산부 및 저혈압 환자 사용주의

마조람 오일은 혈압을 낮출 수 있어 저혈압 환자나 임산부는 사용 전 전문가와 상담하는 것이 필요합니다.

🌱 행복과 평온을 선사하는 자연의 치유제

마조람 스위트 에센셜 오일은 고대부터 사랑과 평온의 상징으로 여겨져 왔습니다. 사람에게는 심리적 안정, 숙면 유도, 근육 이완 등의 효능을 제공하며, 강아지에게는 스트레스 완화와 편안한 분위기 조성에 도움을 줄 수 있습니다. 그러나 고양이에게는 특정 성분에 대한 해독 능력이 부족해 독성이 나타날 수 있으므로, 사용하지 않는 것이 안전합니다. 반려동물에게 적용할 경우 반드시 희석 후 신중하게 사용해야 합니다. 마조람 오일의 따뜻하고 스파이시한 향기로 일상에 평온함과 안정을 더해보세요.

8 버가못 에센셜 오일 (Bergamot Essential Oil)

학명: *Citrus bergamia*

"신선함과 행복의 향기, 버가못"

17세기 유럽에서 버가못은 귀족들의 사랑을 받으며 향수와 의학적인 용도로 널리 사용되었습니다. 이탈리아 칼라브리아 지역에서 대규모로 생산되기 시작한 버가못은 얼그레이 차의 주성분으로 세계적으로 유명해졌습니다. 밝고 달콤한 시트러스 향은 스트레스를 완화하고 기분을 전환시키는 데 유용하며, 아로마테라피와 고급 향수의 핵심 성분으로 자리 잡았습니다.

🪴 에센셜 오일의 특징과 주요 성분

버가못 오일은 과피(껍질)에서 냉압착법으로 추출됩니다. 상큼한 시트러스 계열의 톱 노트로, 심리적 안정과 공기 정화에 도움을 주며 밝고 활기찬 에너지를 제공합니다.

- 리모넨 (Limonene) : 기분 전환과 항균 효과로 심리적 안정과 청결 유지에 도움을 줍니다.
- 리날릴 아세테이트 (Linalyl Acetate) : 진정 작용과 항염 효과로 감정 안정과 피부 진정을 지원합니다.
- 리날룰 (Linalool) : 스트레스 완화와 항균 작용으로 심리적 안정감을 제공합니다.

🌱 사람과 반려동물을 위한 활용법

(사람에게)

① 아로마 확산기로 기분 전환

아로마 확산기에 버가못 오일 2~3방울을 떨어뜨리면 공기가 맑아지고 스트레스 해소에 도움을 줍니다. 업무 중 사용하면 집중력을 높이고 기분을 환기하는 데 유용합니다.

② 목욕 : 심신 진정 및 피로 회복

따뜻한 물 200L(일반 욕조 기준)에 소금 1큰술, 보드카 1큰술, 버가못 오일 3방울을 추가하면 하루의 피로를 풀고 마음의 안정을 유도합니다.

③ 스킨케어 : 트러블 완화 및 유분 조절

캐리어 오일 10mL(호호바 오일, 스위트 아몬드 오일 등)에 버가못 오일 1~2방울을 희석해 사용하면 피부 진정 및 유분 균형을 맞추는 데 효과적입니다. 단, 감광성이 강하므로 사용 후 12시간 이내 자외선 노출을 피하는 것이 중요합니다.

(반려동물에게)

① 강아지 : 스트레스 완화와 안정적인 환경 조성

버가못 오일은 강아지의 스트레스 완화에 도움을 줄 수 있습니다. 아로마 확산기를 통해 은은하게 향을 퍼뜨리면 불안감 해소에 효과적입니다. 사용 중 강아지의 반응을 면밀히 관찰하며, 향이 강할 경우 즉시 중단해야 합니다.

② 고양이 : 사용 금지

버가못 오일은 고양이에게 독성이 있을 가능성이 높으므로 절대 사용하지 않아야 합니다. 고양이가 있는 공간에서는 아로마 확산기를 통한 노출도 피하는 것이 바람직합니다.

🌱 사용 시 주의사항

(아로마 확산기 활용 : 환기 필수)

반려동물과 함께 사용할 경우, 반드시 환기가 잘되는 환경에서 소량만 사용하며, 반려동물이 불편해하는 기색이 있으면 즉시 중단해야 합니다.

(강아지 사용 시 : 희석 필수)

반드시 캐리어 오일에 희석한 후 소량만 사용하고, 사용 후 반려견의 상태를 면밀히 관찰해야 합니다.

(고양이 사용 금지)

고양이는 버가못 오일의 특정 성분을 해독하지 못할 가능성이 높아 절대 사용해서는 안 됩니다.

(피부 도포 시 : 감광성 주의)

버가못 오일은 자외선에 노출되면 피부 자극이 발생할 수 있어 사용 후 최소 12시간 동안 햇빛을 피하는 것이 중요합니다.

🌱 상쾌함과 행복을 선사하는 자연의 향기

버가못 에센셜 오일은 신선하고 달콤한 시트러스 향으로 스트레스와 우울감을 해소하고, 마음에 밝은 에너지를 불어넣는 데 도움을 줍니다. 사람에게는 피부 건강과 심리적 안정감을 제공하며, 강아지에게는 적절히 사용했을 때 안정된 환경을 조성하는 데 도움이 될 수 있습니다. 그러나 고양이에게는 독성이 있을 가능성이 높아 사용을 피해야 하며, 감광성으로 인해 피부에 사용할 경우 자외선 차단이 필수적입니다. 버가못의 향기로 일상에 신선한 행복과 생기를 더해보세요.

9 샌달우드 에센셜 오일 (Sandalwood Essential Oil)

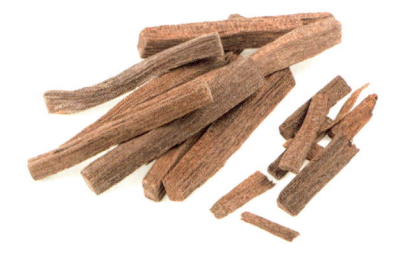

학명: *Santalum album*

"평온과 명상의 상징, 샌달우드"

고요한 숲속에서 퍼지는 따뜻한 나무 향, 샌달우드는 수천 년 동안 신성함과 평온함의 상징으로 여겨졌습니다. 고대 인도에서는 신과의 교감을 돕는 신성한 나무로 귀히 여겨졌으며, 고대 이집트에서는 의식과 향료 제작에 사용되었습니다. 중국과 티베트에서는 정서적 치유와 내면의 안정을 위한 도구로 활용되었고, 명상과 심리적 균형을 찾는 데 없어서는 안 될 존재로 자리 잡았습니다.

🪴 에센셜 오일의 특징과 주요 성분

샌달우드 오일은 나무 줄기에서 증기 증류법으로 추출되며, 깊고 부드러운 우디(Woody) 향이 특징적인 베이스 노트로 작용하여 긴장을 해소하고 마음의 균형을 유지하는 데 효과적입니다.

- 알파-산탈롤 (α-Santalol) : 심신 안정 및 진정 효과를 제공합니다.
- 베타-산탈롤 (β-Santalol) : 항염 및 항균 작용으로 염증 완화와 감염 예방을 돕습니다.
- 알파-베르베놀 (α-Bisabolol) : 피부 재생과 진정 효과로 민감한 피부 관리에 유용합니다.

🪴 사람과 반려동물을 위한 활용법

(사람에게)

① 명상 보조 : 깊은 내면의 평온함

아로마 확산기에 샌달우드 오일 2~3방울을 떨어뜨리면 공간을 차분하게 만들고 깊은 명상 상태를 유도합니다. 요가나 수련할 때 활용하면 마음의 안정을 유지하는 데 도움이 됩니다.

② 마사지 : 긴장 완화 및 감정 안정

캐리어 오일(호호바 오일, 스위트 아몬드 오일) 10mL에 샌달우드 오일 2방울을 희석하여 어깨나 목을 부드럽게 마사지하면 스트레스 해소와 피로 완화에 효과적입니다.

③ 피부 관리 : 보습과 진정 효과

건조하거나 민감한 피부에 캐리어 오일 10mL에 샌달우드 오일 1~2방울을 희석하여 도포하면 보습과 피부 진정 효과를 기대할 수 있습니다.

(반려동물에게)

① 강아지 : 스트레스 완화와 편안한 환경 소성

적절히 희석된 샌달우드 오일을 아로마 확산기를 통해 은은하게 확산시키면 강아지의 불안 해소와 안정감 제공에 도움을 줍니다. 하지만, 향이 너무 강하면 반려견이 불편해할 수 있으므로 소량만 사용하는 것이 좋습니다.

② 고양이 : 사용 금지

샌달우드 오일은 고양이에게 독성을 유발할 수 있는 성분이 포함되어 있으므로, 고양이가 있는 환경에서는 절대 사용하지 않는 것이 안전합니다.

🪴 사용 시 주의사항

강아지 사용 시 : 희석 및 소량 사용 필수

반드시 캐리어 오일에 희석한 후 사용하며, 강아지의 반응을 주의 깊게 관찰해야 합니다.

고양이 : 절대 사용 금지

고양이는 샌달우드 오일의 특정 성분을 효과적으로 대사하지 못해 간과 신장에 부담을 줄 수 있으므로, 직접적인 사용뿐만 아니라 간접적인 노출도 피해야 합니다. 고양이가 있는 공간에서 사용해야 할 경우, 반드시 충분한 환기 후 잔향이 남지 않도록 조치해야 합니다.

사람 : 피부 도포 시 패치 테스트 필수

샌달우드 오일은 일반적으로 피부 친화적인 오일이지만, 민감한 피부를 가진 경우 소량을 먼저 테스트한 후 사용하는 것이 안전합니다.

🪴 평온과 치유의 향기, 샌달우드

샌달우드 에센셜 오일은 마음을 진정시키고 깊은 명상 상태를 유도하는 자연의 선물입니다. 사람에게는 감정 안정과 피부 건강을 강아지에게는 차분한 환경을 조성하는 데 도움을 줍니다. 하지만 고양이에게는 독성이 있을 수 있어 사용에 각별한 주의가 필요합니다. 샌달우드의 따뜻한 향기로 내면의 균형과 평온을 찾아보세요

10 시더우드 아틀라스 에센셜 오일
(Cedarwood Atlas Essential Oil)

학명: *Cedrus atlantica*

"아틀라스 산맥의 고요함을 담은
시더우드 아틀라스"

북아프리카의 아틀라스 산맥에서 자생하는 아틀라스 시더 나무는 고요하고 안정적인 에너지를 상징합니다. 고대 이집트에서는 미라를 보존하는 방부제로, 중세 유럽에서는 심신 안정과 해충 방지에 사용되었습니다. 이 나무에서 추출한 시더우드 아틀라스 오일은 따뜻하고 흙 내음이 깃든 우디한 향기로, 현대에도 정서적 균형과 심리적 안정을 돕는 자연 치유제로 사랑받고 있습니다.

🪴 에센셜 오일의 특징과 주요 성분

시더우드 아틀라스 에센셜 오일은 나무의 목재에서 증류법으로 추출되며, 베이스 노트로 부드럽고 깊이 있는 우디 향이 특징입니다. 긴장을 완화하고 마음을 차분하게 하는 효과를 가집니다.

- 세드롤 (Cedrol) : 진정 작용과 항균 효과로 긴장 완화와 감염 예방에 도움을 줍니다.
- 세드렌 (Cedrene) : 피부 진정과 염증 완화를 지원합니다.
- 투욥신 (Thujopsene) : 항균 및 항염 작용을 하여 감염 예방에 도움을 줄 수 있습니다.
- 알파-히말라첸 (Alpha-Himalachene) : 항산화 효과로 면역 체계를 강화합니다.

🪴 사람과 반려동물을 위한 활용법

(사람에게)

① 아로마 확산기 사용 : 심신 안정과 숙면 유도

시더우드 아틀라스 오일 2~3방울을 아로마 확산기에 사용하면 방 안을 따뜻한 우디 향으로 채우며 긴장을 해소하고 편안한 분위기를 조성할 수 있습니다.

② 마사지 : 근육 이완 및 스트레스 완화

캐리어 오일 10mL에 시더우드 아틀라스 오일 2방울을 희석하여 목과 어깨를 마사지하면 신체 긴장을 해소하고 스트레스를 줄이는 데 도움이 됩니다.

③ 목욕 : 깊은 휴식과 심리적 안정감 제공

따뜻한 목욕물에 시더우드 오일 3~4방울을 소금 또는 보드카에 희석 후 첨가하면 몸과 마음을 진정시키고 깊은 휴식을 돕습니다.

(반려동물에게)

① 강아지 : 불안감 완화 및 해충 방지

아로마 확산기에 1~2방울을 떨어뜨려 은은하게 향을 확산시키면 강아지의 긴장을 풀어주고 편안한 환경을 조성할 수 있습니다. 캐리어 오일 10mL에 시더우드 오일 1방울을 희석해 강아지 털에 소량 도포하면 벼룩과 해충 방지 효과를 기대할 수 있습니다.

② 고양이 : 사용 금지

시더우드 오일은 고양이의 간에서 효과적으로 대사되지 않는 성분을 포함하고 있어, 독성을 유발할 가능성이 있습니다. 특히, 세드롤과 일부 세스퀴테르펜 계열 성분이 고양이의 건강에 부담을 줄 수 있습니다. 고양이가 있는 공간에서는 사용을 피하는 것이 안전합니다.

🪴 사용 시 주의사항

(강아지 사용 시 : 희석 후 소량 사용 필수)

반드시 캐리어 오일에 희석한 후 사용하며, 반려견의 반응을 주의 깊게 관찰해야 합니다.

(고양이 : 절대 사용 금지)

고양이에게 해로울 수 있으므로, 직접적인 사용뿐만 아니라 간접적 노출도 피해야 합니다. 고양이가 있는 공간에서 사용해야 할 경우, 반드시 충분한 환기 후 잔향이 남지 않도록 조치해야 합니다.

(사람 : 피부 도포 시 패치 테스트 필수)

시더우드 오일은 일반적으로 피부 친화적인 오일이지만, 민감한 피부를 가진 경우 소량을 먼저 테스트한 후 사용하는 것이 안전합니다.

🪴 내면의 평온을 선사하는 시더우드 아틀라스

시더우드 아틀라스 에센셜 오일은 부드럽고 깊이 있는 우디 향으로 심리적 안정과 신체적 건강을 제공하는 자연의 선물입니다. 사람에게는 긴장 완화와 스트레스 해소, 강아지에게는 편안한 환경 조성 및 해충 방지에 유용합니다. 그러나 고양이에게는 독성이 있을 수 있으므로 사용에 각별한 주의가 필요합니다. 시더우드 아틀라스의 따뜻한 향기로 일상에 안정과 조화를 더해보세요.

11 시트로넬라 오일 (Citronella Oil)

학명: *Cymbopogon nardus* / *Cymbopogon winterianus*

"자연의 방패, 시트로넬라 오일"

열대 아시아 지역에서 자생하는 시트로넬라는 오랫동안 곤충 퇴치와 감염 예방을 위한 자연 방어막 역할을 해왔습니다. 고대 문명에서는 감염 예방과 정화 효과로 활용되었으며, 현대에는 친환경 해충 방지제와 아로마테라피 제품으로 널리 사용되고 있습니다.

시트로넬라 오일의 상쾌한 시트러스 향은 곤충을 효과적으로 쫓아낼 뿐만 아니라, 심리적 안정감도 선사하여 야외 활동과 실내 환경 개선에 효과를 발휘합니다.

🪴 에센셜 오일의 특징과 주요 성분

시트로넬라 오일은 잎과 줄기에서 증류법으로 추출되며, 상큼하고 약간 쌉싸름한 시트러스 향이 특징입니다. 이 오일은 미들 노트로 분류되며, 공기 정화와 곤충 퇴치 효과로 잘 알려져 있습니다.

- 시트로넬랄 (Citronellal) : 곤충 퇴치와 항염 작용으로 염증 완화 및 피부 자극을 진정시킵니다.
- 제라니올 (Geraniol) : 플로럴 향을 더하며, 항균 및 항산화 효과로 피부와 환경을 보호합니다.

🌸 리모넨 (Limonene) : 심리적 안정과 스트레스 완화 효과를 제공하며, 환경 정화에도 기여합니다.

🪴 사람과 반려동물을 위한 활용법

(사람에게)

① 아로마 확산기사용 : 공기 정화 및 해충 방지

시트로넬라 오일 2~3방울을 아로마 확산기에 사용하면 실내 공기를 신선하게 정화하고 해충을 예방하는 효과를 제공합니다.

② 해충 방지 스프레이 : 야외 활동 필수템

에탄올 30mL 또는 보드카 30mL에 시트로넬라 오일 10방울을 넣어 희석한 후, 물 70mL를 추가하여 스프레이 병에 담아 흔들어 사용하면 천연 해충 기피제로 활용할 수 있습니다. 피부나 옷에 가볍게 뿌려 야외 활동 중 모기와 해충으로부터 보호하세요.

③ 야외 활동 시 간편한 활용법

손수건이나 팔찌에 1~2방울 떨어뜨려 개인용 해충 방지 도구로 사용할 수 있습니다.

(반려동물에게)

① 강아지 : 해충 퇴치 및 환경 보호

벼룩 및 해충 방지를 위해 희석한 시트로넬라 오일을 아로마 확산기를 이용해 은은하게 퍼뜨려 사용합니다. 강아지가 자주 머무르는 공간(방석, 이동장 주변)에 희석한 오일을 소량 스프레이하면 벼룩 퇴치에 도움을 줄 수 있습니다. 피부에는 직접 바르지 않는 것이 안전합니다.

② 고양이 : 사용 금지

시트로넬라 오일은 고양이의 간에서 해독되지 않으며, 독성을 유발할 수 있으므로 절대 사용하지 않아야 합니다. 고양이가 있는 환경에서는 시트로넬라 오일을 확산하거나 스프레이하는 것도 피하는 것이 좋습니다.

🌱 사용 시 주의사항

강아지 : 반드시 희석 후 소량 사용

캐리어 오일이나 물과 희석한 후 사용하며, 강아지의 반응을 면밀히 관찰합니다.

고양이 : 절대 사용 금지

고양이가 있는 공간에서 사용하지 않거나, 환기가 충분한 곳에서 제한적으로 사용해야 합니다.

일반 주의 : 적절한 환기 필수

공기 순환이 잘되는 곳에서 사용하며, 사람이나 반려동물에게 이상 반응 (호흡 곤란, 피부 자극 등)이 나타나면 즉시 사용을 중단하고 전문가와 상담하세요.

🌱 해충 걱정을 덜어주는 자연의 향기

시트로넬라 에센셜 오일은 자연 친화적인 해충 방지 효과를 제공하며, 사람과 강아지에게 공기 정화와 해충 차단 효과를 동시에 선사합니다. 강아지에게는 적절히 희석해 사용하면 긍정적인 효과를 얻을 수 있지만, 고양이에게는 독성이 있을 수 있으므로 사용을 피하는 것이 가장 안전합니다. 자연이 선사하는 깨끗한 향기로 가족과 반려동물을 건강하고 안전하게 보호해보세요.

12 오렌지 스위트 에센셜 오일 (Orange Sweet Essential Oil)

학명: *Citrus sinensis*

"달콤한 햇살,
오렌지 스위트 오일"

오렌지 스위트 오일은 밝고 따뜻한 햇살을 닮은 상큼한 향기로 많은 이들의 사랑을 받아 왔습니다. 약 4,500년 전 중국에서 재배되기 시작한 오렌지는 오랜 세월 동안 건강과 활력을 위한 과일로 여겨졌습니다. 유럽과 중동에서는 풍요와 번영의 상징으로 여겨졌으며, 현대에 이르러 심리적 안정 효과와 상쾌한 향 덕분에 아로마테라피에서 빼놓을 수 없는 오일로 자리 잡았습니다.

에센셜 오일의 특징과 주요 성분

오렌지 스위트 오일은 과피에서 냉압착법으로 추출되며, 탑 노트로 달콤하고 상쾌한 시트러스 향이 특징입니다. 이 향은 기분 전환과 심리적 안정감을 선사하며, 공기 정화 및 항균 효과도 뛰어납니다.

- 리모넨 (Limonene) : 기분 전환과 스트레스 완화에 도움을 주며, 항염 및 항균 작용을 제공합니다.
- 미르센 (Myrcene) : 진정 효과로 불안감을 해소하고 심리적 안정을 돕습니다.
- 리날룰 (Linalool) : 심리적 안정감과 항불안 작용을 통해 감정을 균형 있게 유지합니다.
- 시트랄 (Citral) : 항균 및 항염 특성으로 피부 건강을 개선하고 감염을 예방합니다.

🪴 사람과 반려동물을 위한 활용법

(사람에게)

① 아로마 확산기사용 : 스트레스 해소와 활력 충전

아로마 확산기에 오렌지 스위트 오일 2~3방울을 떨어뜨려 밝고 기분 좋은 분위기를 연출하세요. 우울한 날이나 에너지가 필요할 때 사용하면 효과적입니다.

② 목욕 : 하루의 피로를 씻어내는 상쾌한 방법

따뜻한 목욕물에 오렌지 스위트 오일 3~4방울을 넣어 상쾌한 향을 즐겨보세요. 다만, 에센셜 오일은 물에 직접 섞이지 않으므로, 사용 전 소금, 에탄올(알코올), 보드카 등과 먼저 혼합한 후 첨가해야 합니다.

③ 마사지 : 부드러운 보습과 활력 제공

캐리어 오일(스위트 아몬드 오일, 호호바 오일 등) 10mL에 1~2방울을 희석하여 마사지하세요. 긴장을 풀어주고 피부에 생기를 불어넣어 줍니다.

④ 스킨케어 : 지성 피부와 트러블 관리

캐리어 오일에 희석한 후 여드름이나 피지가 많은 부위에 소량 사용하면 피부 균형을 유지하는 데 도움을 줄 수 있습니다. 오렌지 스위트 오일은 광독성(감광성)이 있어, 사용 후 12시간 이내에 햇빛 노출을 피하는 것이 좋습니다.

(반려동물에게)

① 강아지 : 스트레스 완화와 공간 정화

아로마 확산기에 1~2방울을 넣어 은은하게 퍼뜨리면 강아지의 긴장을 완화하고 편안한 분위기를 조성하는 데 도움을 줄 수 있습니다. 캐리어 오일(코코넛 오일 등)에 0.5% 이하로 희석한 후, 귀 뒤쪽이나 등에 소량 도포할 수 있습니다. 사용 중 강아지가 재채기를 하거나 피부에 이상 반응을 보이면 즉시 사용을 중단하고 환기해야 합니다.

② 고양이 : 사용 금지

오렌지 스위트 오일에 포함된 리모넨 성분은 고양이의 간에서 해독되지 않아 독성을 유발할 수 있습니다. 고양이가 있는 공간에서는 아로마 확산기사용도 피하는 것이 안전합니다.

🪴 사용 시 주의사항

강아지 : 반드시 희석 후 사용

캐리어 오일에 충분히 희석 후 사용하며, 과도한 사용을 피해야 합니다. 아로마 확산기를 사용할 경우 환기가 잘되는 공간에서 사용하세요.

고양이 : 사용 금지

고양이의 간은 리모넨과 같은 시트러스 계열의 성분을 분해하지 못하므로 독성이 발생할 수 있습니다. 고양이가 있는 환경에서는 사용을 삼가고, 필요할 경우 거리를 충분히 유지해야 합니다.

감광성 주의 : 햇빛 노출 금지

오렌지 스위트 오일은 자외선과 반응하여 피부에 자극을 줄 수 있으므로, 얼굴, 목 등 햇빛 노출 부위에는 사용하지 않는 것이 좋습니다. 야외 활동 전에 오렌지 오일을 피부에 직접 바르는 것은 피하세요.

일반 주의 : 반려동물과 사람의 상태를 지속적으로 관찰

사용 후 반려동물에게 이상 반응(구토, 피부 발진, 호흡기 문제 등)이 나타나면 즉시 사용을 중단하고, 수의사와 상담하세요. 사람도 피부 테스트 후 사용하는 것이 가장 안전합니다.

🪴 행복과 건강을 부르는 자연의 선물

오렌지 스위트 오일은 상쾌하고 달콤한 향기로 사람과 강아지에게 긍정적인 감정과 에너지를 전해 줍니다. 그러나 고양이를 비롯한 민감한 반려동물에게는 신중한 사용이 필요합니다. 올바르게 활용하면, 이 향기는 일상에 활력을 더하고 정서적 안정에 도움을 줄 수 있습니다.

13 유칼립투스 에센셜 오일 (Eucalyptus Essential Oil)

학명: *Eucalyptus globulus*

"맑은 숨결, 유칼립투스 오일"

유칼립투스 오일은 시원하고 상쾌한 허브 향기로 잘 알려져 있습니다. 고대부터 현대까지 호흡기를 맑게 하고 항균 작용을 돕는 자연 요법으로 사랑받아 왔습니다. 호주의 원주민인 애보리진(Aborigines)은 유칼립투스를 '치유의 나무'라 부르며 상처 치료와 감염 예방에 사용했다고 전해집니다. 고대부터 현대까지 호흡기를 맑게 하고 항균 작용을 돕는 자연 요법으로 활용되었으며, 공기 정화, 근육 이완, 정신적 활력 증진 등 다양한 효과를 지닌 오일로 사랑받고 있습니다.

🪴 에센셜 오일의 특징과 주요 성분

유칼립투스 오일은 잎에서 증류법으로 추출되며, 미들 노트로 신선하고 상쾌한 허브 향이 특징입니다. 이 향은 호흡기를 맑게 하고 활력을 제공합니다.

- 🌿 유칼립톨 (Eucalyptol) : 강력한 항염 및 항균 작용을 제공하며, 호흡기 건강을 돕습니다.
- 🌿 알파-피넨 (α-Pinene) : 진정 효과와 면역 강화 작용을 유도하여 신체의 자연 치유력을 지원합니다.
- 🌿 리모넨 (Limonene) : 항산화 및 스트레스 완화 효과로 정서적 안정감을 제공합니다.

🪴 사람과 반려동물을 위한 활용법

사람에게

① 아로마 확산기사용 : 공기 정화 및 호흡기 건강

아로마 확산기에 유칼립투스 오일 2~3방울을 떨어뜨리면 공기를 정화하고, 호흡기를 개운하게 해줍니다. 특히 감기나 코막힘, 계절성 알레르기 완화에 도움을 줍니다.

② 가슴 마사지 : 호흡기 개선 및 쿨링 효과

캐리어 오일 10mL에 유칼립부스 오일 1~2방울을 희석하여 목과 가슴에 부드럽게 발라주고, 따뜻한 수건을 덮으면 호흡기를 진정시키고 감기 증상을 완화하는 데 효과적입니다.

③ 활력 회복 : 정신적 피로 해소

디퓨저로 사용하면 정신을 맑게 하고 활력을 회복하는 데 도움을 줍니다. 업무나 학습 전, 피곤할 때 활용하면 집중력을 높이는 효과도 있습니다.

반려동물에게

① 강아지 : 공기 정화 및 스트레스 완화

디퓨저에 1~2방울을 사용하여 은은하게 확산시키면 공기 정화 효과와 함께 강아지의 호흡기 건강을 도울 수 있습니다. 디퓨저는 15~20분 간격으로 사용하며 환기가 잘되는 환경에서 활용하는 것이 안전합니다. 반려견이 불편한 반응을 보이면 즉시 중단하세요.

② 고양이 : 사용 금지

유칼립투스 오일의 1,8-시네올 성분은 고양이에게 독성을 유발할 수 있습니다. 고양이가 있는 환경에서는 절대 사용하지 않는 것이 안전합니다.

🌿 사용 시 주의사항

(희석 비율)

피부에 사용할 경우 반드시 희석 최소 0.5~1% 희석하여 사용하세요.

(예: 캐리어 오일 10mL당 유칼립투스 오일 1방울) 피부 자극을 방지하기 위해 민감한 부위(눈가, 점막 등)에는 사용을 피합니다.

(강아지 : 간접적인 사용을 추천)

디퓨저를 이용한 간접 확산이 가장 안전한 방법입니다. 반려견이 불편한 반응(기침, 재채기, 무기력 등)을 보이면 즉시 사용을 중단하세요.

(고양이 : 사용 금지)

고양이가 있는 공간에서는 사용을 피하는 것이 안전합니다.

(일반 주의 : 반려동물과 사람의 상태를 지속적으로 관찰)

사용 후 반려동물에게 이상 반응(구토, 피부 발진, 호흡 곤란 등)이 나타나면 즉시 사용을 중단하고, 수의사와 상담하세요. 사람도 피부 테스트 후 사용하는 것이 가장 안전합니다.

🪴 **깨끗한 숨과 건강을 위한 자연의 선물**

유칼립투스 오일은 맑고 청량한 향과 항균 작용으로 호흡기 건강과 심리적 안정감을 제공하는 자연의 선물입니다. 강아지에게는 디퓨저로 은은하게 확산시키면 공기 정화와 편안한 분위기를 조성할 수 있지만, 고양이에게는 독성이 있어 사용을 삼가야 합니다.

올바른 사용법을 숙지하고 신중히 활용한다면, 유칼립투스 오일은 일상에서 맑은 공기와 활력을 제공하는 신뢰할 수 있는 자연의 도구가 될 것입니다.

14 일랑일랑 에센셜 오일 (Ylang Ylang Essential Oil)

학명: *Cananga odorata*

"달콤한 평화, 일랑일랑의
꽃향기로 감싸는 하루"

일링일링 오일은 동남아시아 열대 지역에서 자생하는 아름다운 꽃에서 추출된 에센셜 오일입니다. 이 꽃은 고대부터 마음의 평화를 가져다주는 자연의 선물로 여겨졌으며, 전통 의식과 약재로 사용되었습니다. 오늘날에도 일랑일랑 오일은 진정 효과와 심리적 안정감을 제공하는 아로마테라피의 대표적인 오일로 사랑받고 있습니다.

🌱 에센셜 오일의 특징과 주요 성분

일랑일랑 오일은 꽃에서 증류법으로 추출되며, 베이스 노트로 분류됩니다. 달콤하고 풍부한 플로럴 향이 특징이며, 심리적 안정과 정서적 균형을 돕습니다.

- 리날룰 (Linalool) : 스트레스를 완화하고 심리적 안정감을 제공합니다.
- 제라니올 (Geraniol) : 항균 작용과 염증 완화 효과를 나타냅니다.
- 베타-카리오필렌 (Beta-Caryophyllene) : 진정 효과와 항염 작용을 통해 정서적 균형을 돕습니다.

🌱 사람과 반려동물을 위한 활용법

사람에게

① 아로마 확산기사용 : 심리적 안정

아로마 확산기에 일랑일랑 오일 2~3방울을 떨어뜨리면 우아한 플로럴 향이 공간을 감싸며 스트레스를 줄이고 평온한 분위기를 조성합니다.

② 목욕 활용 : 긴장 해소 및 감정 안정

목욕물에 2~3방울을 추가하면 따뜻한 물과 함께 부드러운 향이 퍼지며 긴장과 피로를 해소하고 심신을 편안하게 만들어 줍니다.

③ 마사지 : 심신 이완 및 피부 진정

캐리어 오일 10mL에 일랑일랑 오일 1~2방울을 희석하여 목과 어깨를 부드럽게 마사지하면 신경 안정과 심리적 균형을 유지하는 데 도움을 줍니다.

반려동물에게

① 강아지 : 불안 완화 및 안정감 제공

일랑일랑 오일은 적절히 희석하여 아로마 확산기를 이용하면 강아지의 불안을 완화하고 차분한 상태를 유도할 수 있습니다. 특히, 천둥, 낯선 환경, 이동 중과 같은 스트레스 상황에서 사용하면 안정감을 줄 수 있습니다. 단, 강아지가 향에 민감하게 반응하면 즉시 사용을 중단하고 환기를 시켜야 합니다.

② 고양이 : 사용 금지

고양이는 일랑일랑 오일의 특정 성분을 해독하지 못해 독성이 발생할 수 있으므로, 직접적인 사용뿐만 아니라 간접적인 노출도 피하는 것이 안전합니다. 고양이가 있는 환경에서는 사용을 삼가고, 사용 후에도 고양이의 상태를 면밀히 관찰해야 합니다. 만약 구토, 무기력, 호흡 곤란 등의 이상 반응이 나타나면 즉시 사용을 중단하고 수의사와 상담하세요.

🪴 사용 시 주의사항

강아지 사용 : 소량으로 희석하여 사용

반드시 0.5~1% 이하의 희석 비율로 캐리어 오일과 혼합 후 사용해야 합니다. 강아지가 불편한 반응을 보이면 즉시 중단하고, 환기를 시켜 신선한 공기를 공급하세요.

고양이 사용 금지

고양이가 있는 공간에서는 사용하지 않는 것이 안전합니다.

디퓨저 사용 : 환기가 필수

환기가 잘되는 환경에서 소량만 사용하며, 과도한 사용은 피해야 합니다. 반려동물이 자유롭게 이동할 수 있는 공간에서 활용하세요.

일반 주의 : 반려동물과 사람의 상태를 지속적으로 관찰

사용 후 반려동물이 구토, 피부 발진, 호흡 곤란 등의 이상 반응을 보이면 즉시 중단하고, 수의사와 상담하세요. 사람도 피부 테스트 후 사용하는 것이 가장 안전합니다.

🌱 평화와 안정의 대명사, 일랑일랑

일랑일랑 에센셜 오일은 스트레스 완화와 마음의 평화를 가져다주는 자연의 선물입니다. 사람에게는 심리적 안정과 정서적 균형을 제공하며, 강아지에게는 적절히 사용했을 때 안정감을 줄 수 있습니다. 하지만 고양이와 함께 있는 환경에서는 사용하지 않는 것이 중요합니다. 일랑일랑의 부드럽고 달콤한 향기로 일상에 평화를 더해보세요.

15 제라늄 에센셜 오일 (Geranium Essential Oil)

학명: Pelargonium graveolens

"달콤한 플로럴 향기로 전하는 아름다움과 평화"

제라늄 오일은 부드럽고 달콤한 플로럴 향으로 공간을 따뜻하게 채우며, 심리적 안정과 피부 건강을 돕는 자연의 선물입니다. 고대 이집트에서는 피부 미용과 치유를 위해 이 향기로운 허브를 사용했으며, 유럽에서는 건강하고 생기 있는 피부를 가꾸는 데 주목받았습니다. 오늘날에도 제라늄 오일은 아로마테라피와 화장품 분야에서 꾸준히 사랑받으며, 심신의 균형과 피부 개선을 돕는 역할을 합니다.

🪴 에센셜 오일의 특징과 주요 성분

제라늄 에센셜 오일은 잎과 줄기에서 증류법으로 추출되며, 신선하고 달콤한 플로럴 향이 특징입니다. 미들 노트로 분류되며, 다양한 오일과 잘 어우러져 조화로운 향을 제공합니다.

- 시트로넬롤 (Citronellol) : 항균 작용과 해충 퇴치 효과로 피부를 보호합니다.
- 제라니올 (Geraniol) : 항산화 효과로 피부 건강을 돕고 부드러운 향기를 제공합니다.
- 리날룰 (Linalool) : 스트레스 완화와 심리적 안정에 기여합니다.

🪴 사람과 반려동물을 위한 활용법

사람에게

① 아로마 확산기 사용 : 정서적 균형과 안정

아로마 확산기에 제라늄 오일 2~3방울을 떨어뜨리면 달콤한 향이 방 안을 감싸며 긴장을 완화하고 정서적 안정을 도와줍니다.

② 마사지 : 피부 탄력 및 심신의 피로 해소

캐리어 오일 10mL에 제라늄 오일 1~2방울을 희석하여 부드럽게 마사지하면 피부 탄력을 유지하고 피로를 풀어줍니다.

③ 스킨케어 : 윤기 있고 건강한 피부 관리

소량을 크림, 로션, 페이셜 오일 등에 섞어 사용하면 피부 윤기와 탄력을 유지하는 데 도움이 됩니다. 항균 및 피지 조절 작용이 있어, 지성 피부와 여드름이 고민인 피부에도 적절하게 활용할 수 있습니다.

반려동물에게

① 강아지 : 해충 퇴치 및 피부 건강 유지

제라늄 오일은 해충 퇴치 효과가 있어 강아지의 털과 피부를 보호하는 데 유용합니다. 물과 섞어 스프레이로 만들어 강아지의 털에 약 15~20cm 거리에서 가볍게 뿌리거나, 손바닥에 소량을 묻혀 털에 고르게 퍼지도록 도포할 수 있습니다. 단, 강아지의 눈, 코, 입 주변은 피하고 사용 후 상태를 주의 깊게 관찰하세요.

② 고양이 : 사용 금지

제라늄 오일은 고양이의 대사에 부담을 줄 수 있어 사용하지 않는 것이 가장 안전합니다. 고양이와 함께 있는 공간에서는 디퓨저 사용도 신중히 해야 하며, 간접적인 노출도 최소화해야 합니다.

🌱 사용 시 주의사항

강아지 사용 : 희석 비율 준수

제라늄 오일은 반드시 캐리어 오일 10mL당 1방울 이하로 희석하여 사용해야 합니다. 사용 중 강아지의 반응을 세심하게 살피고, 가려움, 재채기, 무기력 등의 이상 반응이 나타나면 즉시 사용을 중단하고 환기해야 합니다.

고양이 사용 금지

고양이는 제라늄 오일의 특정 성분을 해독하지 못해 독성이 발생할 수 있습니다. 고양이와 함께 있는 공간에서는 사용을 삼가야 하며, 간접적인 노출도 최소화하는 것이 좋습니다.

디퓨저 사용 : 환기 필수

환기가 잘되는 환경에서 소량만 사용하며, 반려동물이 자유롭게 이동할 수 있도록 해야 합니다. 강아지가 디퓨저 향을 싫어하거나 불편해하면 즉시 사용을 중단하세요.

> 일반 주의 : 반려동물과 사람의 상태를 지속적으로 관찰

사용 후 반려동물에게 이상 반응(구토, 피부 발진, 호흡 곤란 등)이 나타나면 즉시 중단하고 수의사와 상담하세요. 사람도 피부 테스트 후 사용하는 것이 가장 안전합니다.

향기로 전하는 조화와 안정

제라늄 에센셜 오일은 피부를 윤기 있게 가꾸고, 심신의 균형을 돕는 자연의 향기입니다. 강아지에게는 적절히 사용하면 유익할 수 있지만, 고양이가 있는 환경에서는 사용을 피하는 것이 안전합니다. 제라늄의 달콤하고 부드러운 향기로 일상에 여유와 평온함을 더해보세요.

16 진저 에센셜 오일 (Ginger Essential Oil)

학명: *Zingiber officinale*

"따뜻한 활력의 향기, 진저 오일로 몸과 마음을 깨우다"

진저 에센셜 오일은 차가운 날씨 속에서도 온기를 전해주며, 몸과 마음에 활력을 불어넣는 깊고 따뜻한 향을 지니고 있습니다. 고대 중국과 인도에서는 소화 개선과 염증 완화를 돕는 귀한 약재로 사용되었으며, 중세 유럽에서는 귀한 무역품으로 각광받았습니다.

오늘날에도 진저 오일은 건강을 위한 자연 요법으로 활용되며, 아로마테라피와 자연 치유 분야에서 널리 사용되고 있습니다.

🪴 에센셜 오일의 특징과 주요 성분

진저 오일은 생강 뿌리줄기에서 증류법으로 추출되며, 따뜻하고 약간 매운 향이 특징입니다. 미들 노트에서 베이스 노트까지 이어지며, 공간에 깊이 있는 따스함과 안락함을 제공합니다.

- 진저롤 (Gingerol) : 소화 기능을 개선하고 염증을 완화하며 신체 회복을 돕습니다.
- 베타-세스퀴필란드렌 (β-Sesquiphellandrene) : 항바이러스 및 항균 효과로 건강을 지원합니다.
- 징지버렌 (Zingiberene) : 강력한 항산화 작용으로 면역 체계를 강화합니다.

🪴 사람과 반려동물을 위한 활용법

사람에게

① 아로마 확산기사용 : 따뜻한 분위기 조성

아로마 확산기에 진저 오일 2~3방울을 떨어뜨리면 따뜻하고 매콤한 향이 공간을 채워 긴장을 해소하고 에너지를 충전하는 데 도움을 줍니다.

② 소화 개선 : 복부 마사지

캐리어 오일 10mL에 진저 오일 1~2방울을 희석하여 복부를 부드럽게 마사지하면 소화를 촉진하고 속을 편안하게 만듭니다.

③ 근육 피로 완화 : 마사지 활용

근육통이나 피로가 쌓인 부위에 희석한 진저 오일을 마사지하면 따뜻한 열감이 퍼지면서 통증을 완화하는 효과를 얻을 수 있습니다.

(반려동물에게)

① 강아지 : 소화 개선 및 활력 증진

희석한 진저 오일은 강아지의 소화 불량, 메스꺼움 완화, 관절 건강 개선에 유용합니다. 노령견의 관절 염증 완화와 전반적인 활력 증진에 도움을 줄 수 있습니다. 캐리어 오일 10mL에 1방울을 희석해 강아지의 배 부위에 가볍게 마사지해 주세요.

② 고양이 : 사용 금지

고양이는 진저 오일의 특정 성분을 대사하지 못할 수 있으므로, 사용을 피하는 것이 가장 안전합니다. 고양이와 함께 있는 공간에서는 디퓨저 사용도 삼가는 것이 좋습니다.

🪴 사용 시 주의사항

(아로마 확산기 사용 : 충분한 환기 필수)

진저 오일은 향이 강하므로 환기가 잘되는 공간에서 사용하며, 농도를 낮춰 반려동물에게 부담을 주지 않도록 합니다.

(강아지 사용 : 반드시 희석하여 적용)

캐리어 오일 10mL당 진저 오일 1방울 이하로 희석하여 사용해야 합니다. 사용 후 강아지의 상태를 면밀히 관찰하며, 이상 반응(피부 발진, 구토, 무기력 등)이 나타나면 즉시 중단하세요.

(고양이 사용 금지)

고양이는 진저 오일 성분을 해독하지 못해 독성이 발생할 가능성이 있습니다. 고양이와 함께 있는 환경에서는 사용을 피하고, 필요할 경우 안전한 대체 오일을 선택하세요.

(피부 도포 시 패치 테스트 필수)

피부가 민감한 경우, 사용 전에 팔 안쪽에 소량을 테스트하여 자극 여부를 확인하세요.

(임산부와 어린이 사용주의)

진저 오일은 혈액 순환을 촉진하는 효과가 있어 임산부는 사용 전에 전문가와 상담하는 것이 좋습니다. 어린이에게 사용할 경우 더욱 희석하여 사용하세요.

🌱 몸과 마음을 따뜻하게, 진저의 힘

진저 에센셜 오일은 따뜻한 향기로 소화 건강과 염증 완화, 활력 증진을 돕는 자연의 치유제입니다. 강아지에게는 적절히 희석하여 사용하면 건강을 지원할 수 있지만, 고양이에게는 독성이 있을 가능성이 있으므로 사용을 삼가야 합니다. 진저 오일의 따뜻하고 활력 넘치는 향기로 일상에 새로운 에너지를 더해보세요.

17 캐모마일 로만 에센셜 오일
(Roman Chamomile Essential Oil)

학명: *Chamaemelum nobile*

"평온의 상징, 캐모마일 로만 오일로 마음을 달래다"

고대 로마의 전사들은 긴 전투 후 지친 몸과 마음을 달래기 위해 캐모마일을 사용했습니다. 중세 유럽에서는 왕족과 귀족들이 스트레스 완화와 피부 관리를 위해 캐모마일을 애용했으며, 오늘날에도 캐모마일 로만 오일은 심신의 긴장을 풀어주고 숙면을 돕는 자연 치유제로 널리 사용되고 있습니다. 달콤한 사과 향을 닮은 이 오일은 부드럽고 따뜻한 플로럴 향으로 심리적 안정과 이완을 제공합니다.

에센셜 오일의 특징과 주요 성분

캐모마일 로만 오일은 꽃을 증류하여 추출되며, 부드럽고 달콤한 플로럴 향이 특징입니다. 심신을 안정시키고 이완을 돕는 미들 노트로, 다양한 아로마테라피 방법에 활용할 수 있습니다.

- 알파-비스아볼롤 (Alpha-Bisabolol) : 항염 및 항균 작용으로 피부 진정과 치유를 돕습니다.
- 카마줄렌 (Chamazulene) : 뛰어난 항염 효과로 피부 보호와 염증 완화에 기여합니다.

🌼 아피제닌 (Apigenin) : 강력한 진정 및 항산화 작용으로 스트레스를 줄이고 정서적 안정감을 제공합니다.

🪴 사람과 반려동물을 위한 활용법

(사람에게)

① 아로마 확산기 사용 : 심신 안정과 스트레스 완화

아로마 확산기에 캐모마일 로만 오일 2~3방울을 떨어뜨리면 부드러운 허브 향이 방 안을 감싸며 긴장을 해소하고 평화로운 분위기를 조성합니다.

② 목욕 활용 : 몸과 마음을 편안하게

따뜻한 목욕물에 3~4방울을 추가한 후, 소금이나 우유, 알코올(보드카)과 섞어 사용하세요. 캐모마일 향이 온몸을 감싸면서 피로를 풀고 숙면을 유도합니다.

③ 마사지 : 피부 진정 및 긴장 완화

캐리어 오일 10mL에 캐모마일 오일 1~2방울을 희석하여 부드럽게 마사지하면 긴장된 근육을 풀어주고 피부 보습과 진정 효과를 동시에 얻을 수 있습니다.

(반려동물에게)

① 강아지 : 불안 완화 및 피부 건강

캐모마일 로만 오일은 강아지의 불안을 완화하고, 피부 진정과 회복을 돕는 데 유용합니다. 아로마 확산기를 이용해 은은하게 퍼뜨리거나, 캐리어 오일에 희석하여 귀 뒤쪽이나 등에 가볍게 마사지하세요. 또한, 목욕물에 1방울 섞어 사용하면 피부 건강 유지에 도움을 줄 수 있습니다. 다만, 사용 중 강아지가 불편한 반응을 보이면 즉시 중단하고 환기해야 합니다.

② 고양이 : 신중한 사용 필요

고양이는 캐모마일 오일의 일부 성분에 민감할 수 있으므로 반드시 소량만 간접적으로 사용해야 합니다. 사용 전 전문가의 조언을 받는 것이 중요하며, 고양이가 있는 환경에서는 사용 후 충분한 환기를 시켜야 합니다.

🌱 사용 시 주의사항

(아로마 확산기 사용 : 환기 필수)

충분히 환기되는 환경에서 소량만 사용하며, 반려동물이 향에서 벗어날 수 있는 자유로운 환경을 제공합니다.

(강아지 사용 : 희석 후 적용)

반드시 캐리어 오일(코코넛 오일, 호호바 오일 등)과 혼합하여 1% 이하로 희석한 후 사용해야 합니다. 강아지의 피부에 직접 바르기보다는, 손바닥에 묻혀 귀 뒤쪽이나 등에 부드럽게 마사지하는 것이 더 안전합니다.

(고양이 사용 : 신중한 접근 필요)

고양이가 있는 환경에서는 사용을 피하거나 전문가의 조언을 받은 후 활용하세요. 고양이가 이상 반응을 보일 경우 즉시 사용을 중단하고 환기를 시켜야 합니다.

(일반 주의 : 사용 후 반려동물의 상태 관찰)

모든 반려동물에게 사용 후 이상 반응(호흡기 문제, 피부 자극 등)이 나타나면 즉시 사용을 중단하고 수의사와 상담하세요.

🌱 평온과 치유를 선사하는 자연의 선물

캐모마일 로만 에센셜 오일은 부드럽고 상쾌한 향기로 스트레스를 완화하고 심신에 평온함을 선사합니다. 사람에게는 정서적 안정과 피부 진정 효과를, 강아지에게는 불안 완화와 피부 개선 효과를 제공합니다. 고양이와 함께 사용할 때는 신중함이 필요하며, 올바른 사용법을 통해 안전하게 활용할 수 있습니다. 캐모마일의 순수한 향기로 일상의 긴장을 해소하고 평온함을 만끽해보세요.

18 패출리 에센셜 오일 (Patchouli Essential Oil)

학명: *Pogostemon cablin*

"깊고 신비로운 흙내음, 패출리의 향기로 마음을 정화하다"

패출리 오일은 깊고 따뜻한 흙내음과 스모키한 향기로 잘 알려져 있습니다. 열대 지역에서 자생하는 패출리는 고대부터 직물 방충제, 귀한 향수, 그리고 의약품으로 사용되어왔습니다. 특히, 1960년대 히피 문화와 함께 널리 알려지면서 현대에는 심리적 안정, 피부 건강, 그리고 깊은 명상을 위한 오일로 사랑받고 있습니다.

🪴 에센셜 오일의 특징과 주요 성분

패출리 오일은 잎에서 증류법으로 추출되며, 베이스 노트로 분류됩니다. 특유의 깊고 따뜻한 향은 정서적 안정과 피부 건강에 도움을 줍니다.

- 파출롤 (Patchoulol) : 피부 염증 완화와 항균 작용을 통해 피부 건강을 유지합니다.
- 알파-불레세네 (Alpha-Bulnesene) : 항염 효과와 항균 작용으로 피부 회복을 지원합니다.
- 알파-구아이엔 (Alpha-Guaiene) : 진정 작용으로 심리적 안정과 신체적 회복을 돕습니다.

사람과 반려동물을 위한 활용법

사람에게

① 아로마 확산기 사용 : 스트레스 완화 및 명상 보조

디퓨저에 패출리 오일 2~3방울을 떨어뜨려 방 안을 차분하고 편안한 분위기로 만드세요. 깊고 따뜻한 향이 긴장을 풀고 감정을 안정시키는 데 도움을 줍니다.

② 피부 관리 : 보습과 피부 진정

캐리어 오일(예: 호호바 오일) 10mL에 패출리 오일 1~2방울을 희석하여 사용하면 건조하거나 민감한 피부를 진정시키고 보습 효과를 제공합니다.

③ 마사지 활용 : 근육 이완 및 피로 해소

패출리 오일을 캐리어 오일과 혼합하여 부드럽게 마사지하면 긴장된 근육을 풀어주고 피부를 건강하게 유지할 수 있습니다.

반려동물에게

① 강아지 : 심리적 안정과 피부 건강

패출리 오일은 강아지의 불안을 완화하는 데 도움을 줄 수 있습니다. 아로마 확산기를 이용해 은은하게 퍼뜨리거나, 캐리어 오일에 1% 이하로

희석한 후 사용해야 합니다.

또한, 피부 트러블 완화를 위해 희석한 오일을 소량만 도포하는 것도 가능합니다. 다만, 강아지의 반응을 세심하게 관찰하고, 이상 반응이 나타나면 즉시 사용을 중단해야 합니다.

② 고양이 : 사용 금지

패출리 오일은 고양이의 간 대사에 부담을 줄 수 있어, 사용하지 않는 것이 가장 안전합니다. 고양이가 있는 공간에서는 오일이 퍼지지 않도록 주의해야 합니다.

사용 시 주의사항

아로마 확산기 사용 : 환기 필수

반려동물이 있는 공간에서는 소량으로만 사용하며, 충분한 환기를 유지하세요.

강아지 사용 : 희석 후 적용

반드시 캐리어 오일과 혼합하여 1% 이하로 희석한 후 사용하세요. 강아지의 반응을 주의 깊게 관찰하고, 이상 반응이 나타나면 즉시 사용을 중단합니다.

고양이 사용 금지 : 신중한 접근 필요

고양이와 함께 있는 공간에서는 사용을 삼가며, 고양이의 건강을 위해 간접적인 노출도 피하는 것이 좋습니다.

일반 주의 : 사용 후 반려동물의 상태 관찰

모든 반려동물에게 사용 후 이상 반응(호흡기 문제, 피부 자극 등)이 나타나면 즉시 사용을 중단하고 수의사와 상담하세요.

🪴 흙내음 가득한 자연의 휴식제

패출리 에센셜 오일은 깊고 고요한 흙 내음으로 마음의 평화를 선사하며, 피부 건강을 돕는 자연의 선물입니다. 강아지에게는 적절한 희석 후 사용하면 심리적 안정과 피부 개선 효과를 기대할 수 있지만, 고양이에게는 독성이 있을 수 있어 사용을 피하는 것이 중요합니다. 패출리 오일의 고요하고 풍부한 향기로 일상에 자연의 안식을 더해보세요.

19 페퍼민트 에센셜 오일 (Peppermint Essential Oil)

학명: *Mentha × piperita*

"상쾌한 활력의 상징,
페퍼민트의 시원한 바람"

더운 여름날, 페퍼민트의 시원하고 상쾌한 향은 몸과 마음을 맑게 해주는 역할을 합니다. 고대 그리스와 로마에서는 소화와 호흡기 문제를 완화하기 위해 페퍼민트를 활용했으며, 현대에는 아로마테라피와 천연 치료제로 널리 사랑받고 있습니다. 독특한 멘톨 향은 피로한 일상 속에서 신선함과 활력을 선사합니다.

🪴 에센셜 오일의 특징과 주요 성분

페퍼민트 오일은 잎과 줄기에서 증류법으로 추출되며, 강력한 멘톨 향이 돋보이는 톱 노트 오일입니다. 상쾌한 향기는 에너지와 활기를 제공합니다.

☘ **멘톨 (Menthol)** : 시원한 감각을 제공하며 항염 및 진정 효과로 근육통 완화에

도움을 줍니다.

🌿 **멘톤 (Menthone)** : 항균 및 소염 작용으로 건강 관리를 지원합니다.

🌿 **리모넨 (Limonene)** : 항산화 효과로 염증 완화와 면역력 증진에 기여합니다.

🌱 사람과 반려동물을 위한 활용법

사람에게

① 아로마 확산기 사용 : 집중력 향상 및 피로 회복

아로마 확산기에 페퍼민트 오일 2~3방울을 떨어뜨려 방 안을 상쾌한 에너지로 가득 채워보세요. 업무나 공부할 때 집중력을 높이는 데 도움을 줄 수 있습니다.

② 피부 관리 : 두통 완화 및 근육 이완

캐리어 오일 10mL에 페퍼민트 오일 1방울을 희석하여 관자놀이에 바르면 두통을 완화하는 데 도움을 줍니다. 운동 후 근육통이 있을 때 마사지 오일로 활용하면 시원한 쿨링 효과를 제공합니다.

③ 목욕 활용 : 활력 충전

따뜻한 목욕물에 페퍼민트 오일 3~4방울을 추가하면 피로를 해소하고 개운한 느낌을 선사합니다. 목욕물에 직접 넣지 말고 소금, 우유, 알코올(보드카) 등에 희석한 후 사용하세요.

반려동물에게

① 강아지 : 소화 불량 완화 및 해충 퇴치

페퍼민트 오일은 강아지의 소화 기능을 도울 수 있으며, 희석하여 배 부위에 마사지하면 도움이 됩니다. 진드기와 벼룩을 방지하기 위해 디퓨저로 은은하게 확산시키는 방법이 있습니다. 그러나 멘톨 성분이 강하기 때문에 반드시 희석 후 소량만 사용해야 합니다.

② 고양이 : 사용 금지

고양이는 페퍼민트 오일의 멘톨 성분을 대사하지 못하므로, 사용하면 중독 증상이 나타날 수 있습니다. 고양이와 함께 있는 공간에서는 페퍼민트 오일을 절대 사용하지 않는 것이 좋습니다.

🌱 사용 시 주의사항

강아지 사용 : 희석 필수

캐리어 오일에 1% 이하로 희석한 후 소량만 사용하세요. 사용 후 강아지의 상태를 주의 깊게 관찰하세요.

아로마 확산기 활용 : 환기 필수

반려동물이 있는 공간에서는 소량만 사용하며, 충분한 환기를 유지하세요. 반려동물이 향에서 벗어날 수 있는 자유로운 환경을 제공합니다.

고양이 사용 금지 : 독성 위험

고양이가 있는 공간에서는 사용하지 않으며, 고양이와 접촉하지 않도록 주의해야 합니다.

일반 주의 : 상태 관찰 필수

사용 후 반려동물의 상태를 세심하게 관찰하고, 구토, 무기력, 호흡 곤란 등의 이상 반응이 나타나면 즉시 사용을 중단해야 합니다. 이상 증상이 계속되거나 악화될 경우, 즉시 수의사와 상담하는 것이 중요합니다.

🌱 활력과 신선함을 선사하는 자연의 선물

페퍼민트 에센셜 오일은 상쾌한 향기와 다양한 효능으로 사람과 강아지 모두에게 에너지를 제공합니다. 강아지에게 적절히 사용하면 건강에 도움이 될 수 있지만, 반드시 희석 후 신중하게 사용해야 합니다. 고양이에게는 독성이 강할 수 있으므로 사용을 피하는 것이 중요합니다. 페퍼민트의 신선한 향기로 일상에 활기를 더하고, 자연이 주는 선물로 균형 있는 삶을 즐겨 보세요.

20 프랑킨센스 에센셜 오일 (Frankincense Essential Oil)

학명: *Boswellia carterii*

"신성함과 치유의 상징,
프랑킨센스의 마법"

고대 사막에서 피어오르던 신성한 연기를 상상해 보세요. 프랑킨센스는 그 향기와 효능으로 수천 년간 인류와 깊은 연관을 맺어왔습니다. 고대 이집트에서는 종교 의식과 미라 방부제로 사용되었고, 중동과 인도에서는 약재로 사랑받았습니다. 성경에도 등장하는 이 오일은 신성한 선물로 여겨지며, 오늘날에는 명상, 치유, 심신 안정의 중요한 도구로 자리 잡고 있습니다.

🌱 에센셜 오일의 특징과 주요 성분

프랑킨센스 오일은 보스웰리아 나무의 수지에서 증류법으로 추출됩니다. 따뜻하고 우디한 향기와 약간의 스파이시한 노트가 특징이며, 베이스 노트로서 마음을 차분히 하고 안정감을 제공합니다.

- 알파-피넨 (Alpha-Pinene) : 항염 및 항균 작용으로 면역 체계를 강화하고 감염 예방에 도움을 줍니다.
- 보웰릭 산 (Boswellic Acid) : 피부 염증 완화와 진정 작용으로 피부 건강을 지원합니다.
- 리모넨 (Limonene) : 항산화 효과와 함께 활력 증진과 심신 안정을 돕습니다.

사람과 반려동물을 위한 활용법

사람에게

① 아로마 확산기사용 : 명상과 긴장 완화

아로마 확산기에 프랑킨센스 오일 2~3방울을 떨어뜨리면 신성하고 고요한 향이 공간을 채우며 명상이나 긴장 완화에 적합합니다.

② 피부 관리 : 탄력 개선 및 진정 효과

캐리어 오일 10mL에 프랑킨센스 오일 1~2방울을 희석해 피부에 부드럽게 발라보세요. 잔주름 개선과 피부 윤기 유지에 도움을 줄 수 있습니다.

③ 목욕 활용 : 하루의 피로 해소

따뜻한 목욕물에 3~4방울을 희석해 사용하면 긴장을 풀고 몸을 이완하는 효과를 제공합니다. 목욕물에 직접 넣지 말고 소금, 우유, 알코올(보드카) 등에 희석한 후 사용하세요.

반려동물에게

① 강아지 : 면역력 강화 및 불안 완화

프랑킨센스 오일은 강아지의 면역 체계를 지원하고 스트레스 완화에 도움을 줄 수 있습니다. 아로마 확산기를 이용해 은은하게 퍼뜨리거나, 캐리어 오일에 희석한 후 귀 뒤쪽이나 등에 소량 바를 수 있습니다. 반드시 희석 비율(1% 이하)을 준수하며, 강아지의 반응을 주의 깊게 살펴야 합니다. 이상 반응이 나타나면 즉시 사용을 중단하세요.

② 고양이 : 제한적 사용 (주의 필요)

프랑킨센스 오일은 고양이에게 비교적 안전한 것으로 알려져 있으나, 고양이의 대사 능력을 고려하여 직접적인 사용은 피하고, 간접적으로만 매우 소량을 활용해야 합니다. 고양이가 있는 공간에서는 반드시 환기를 철저히 해야 하며, 사용 후 고양이의 상태를 면밀히 관찰해야 합니다. 이상 반응(무기력, 구토, 호흡 곤란 등)이 나타나면 즉시 중단하고, 필요할 경우 수의사와 상담하세요.

🪴 사용 시 주의사항

(강아지 사용 : 희석 필수)

캐리어 오일에 1% 이하로 희석한 후 소량만 사용하세요. 사용 후 강아지의 상태를 주의 깊게 관찰하세요.

(아로마 확산기 활용 : 환기 필수)

반려동물이 있는 공간에서는 소량만 사용하며, 충분한 환기를 유지하세요. 반려동물이 향에서 벗어날 수 있는 자유로운 환경을 제공합니다.

(고양이 사용 : 신중한 접근 필요)

고양이와 함께 있는 공간에서는 직접적인 노출을 피하고, 필요할 경우 아주 소량만 간접적으로 확산시켜야 합니다. 고양이의 건강 상태를 면밀히 살피고, 이상 반응이 보이면 즉시 사용을 중단하세요.

(일반 주의 : 상태 관찰 필수)

사용 후 반려동물의 상태를 면밀히 살피고, 이상 반응(구토, 무기력, 호흡 곤란 등)이 나타나면 즉시 사용을 중단하세요. 이상이 지속될 경우 수의사와 상담하는 것이 필요합니다.

🌱 평화와 치유를 선사하는 자연의 선물

프랑킨센스 에센셜 오일은 고대부터 현대까지 신성함과 안정감의 상징으로 사랑받아 왔습니다. 강아지에게 적절히 사용하면 건강을 돕는 역할을 할 수 있지만, 반드시 희석 후 신중하게 사용해야 합니다. 고양이에게는 제한적으로 사용해야 하며, 반드시 전문가의 조언을 받는 것이 안전합니다. 프랑킨센스의 깊고 풍부한 향기로 삶의 여유와 조화를 경험해 보세요

[에센셜 오일별 반려동물 사용 가능 여부 및 주의사항]

에센셜 오일	반려견	반려묘	기타 소형 동물	조류	주요 주의사항
그레이프프룻	✓	✗	✗	✓	감광성 있음
네롤리	✓	✓(주의)	✓	✓	고양이는 간접 사용만 허용, 디퓨저 희석 권장희석 사용 필수
라벤더	✓	✓	✓	✓	희석 사용 필수
레몬그라스	✓	✗	✗	✓	희석 필수, 고양이 금지
로즈	✓	✓(주의)	✓	✓	고양이는 소량 간접 사용만 가능
로즈마리	✓	✗	✗	✓	디퓨저 사용 시 환기 필요
마조람 스위트	✓	✗	✗	✓	고양이 금지
버가못	✓	✗	✗	✓	감광성 있음, 희석 후 사용
샌달우드	✓	✗	✗	✓	고양이 금지
시더우드 아틀라스	✓	✗	✗	✓	고양이 금지
시트로넬라	✓	✗	✗	✓	고양이 금지
오렌지 스위트	✓	✗	✗	✓	감광성 있음
유칼립투스	✓	✗	✗	✓	희석 필수, 고양이 금지
일랑일랑	✓	✗	✗	✓	고양이 금지
제라늄	✓	✗	✗	✓	고양이 금지
진저	✓	✗	✗	✓	고양이 금지
캐모마일 로만	✓	✓(주의)	✓	✓	고양이는 간접 사용만 허용
패출리	✓	✗	✗	✓	고양이 금지, 디퓨저 사용 가능
페퍼민트	✓	✗	✓	✓	고양이 금지, 디퓨저 사용 제한
프랑킨센스	✓	✓(주의)	✓	✓	고양이에게는 적은 양으로 간접 사용

설명

✓ : 사용 가능.

✓ (주의) : 사용 가능하지만 주의가 필요하며, 소량 테스트 후 사용을 권장.

✗ : 사용 금지.

추가 주의사항

- 모든 에센셜 오일은 사용 전에 반드시 희석하여 사용해야 합니다.
- 반려동물의 상태를 지속적으로 관찰하고, 이상 반응이 나타나면 즉시 사용을 중단하고 수의사와 상담하세요.
- 특히 고양이는 특정 에센셜 오일에 매우 민감하므로, 사용에 각별한 주의가 필요합니다.
- 조류는 호흡기가 민감하므로, 에센셜 오일 사용 시 충분한 환기가 필요합니다.

2.4　하이드로졸
(Hydrosol)

"자연의 부드러운 선물,
하이드로졸로 시작하는 반려동물 케어"

　하이드로졸은 에센셜 오일을 추출하는 과정에서 생성되는 식물성 증류수로, 식물의 향과 유효 성분을 부드럽게 담고 있습니다. 에센셜 오일보다 자극이 적고 수용성 성분을 함유하고 있어, 반려동물에게도 비교적 안전하게 사용할 수 있습니다. 플로럴 워터(Floral Water) 또는 허벌 워터(Herbal Water)라고도 불리며, 피부 진정, 보습, 냄새 제거 등의 용도로 널리 활용됩니다.

　고대부터 하이드로졸은 치유와 건강 관리에 사용되었습니다. 이집트에서는 피부 보호와 신체 정화를 위해 활용했으며, 유럽에서는 약재와 미용 용도로 인기가 높았습니다. 하이드로졸은 피부 진정, 면역력 강화, 공기 정화 등 다양한 효과가 입증되면서 사람과 반려동물 모두에게 유익한 자연 성분으로 주목받고 있습니다.

　하이드로졸은 증기 증류법을 통해 생산됩니다. 식물의 잎, 꽃, 줄기, 뿌리를 가열하여 발생한 증기를 냉각하는 과정에서 에센셜 오일과 함께 생성되며, 오일 보다 낮은 농도의 활성 성분을 함유하고 있습니다. 에센셜 오일 성분이 미량(0.02~0.05%) 포함되어 있지만, 자극이 적고 순한 특성이 있어 피부에 직접 사용하기 적합합니다. 특히 반려동물의 피부를 진정시키거나 환경을 개선하는 데 도움을 줄 수 있어, 점점 더 많은 보호자들이 하이드로졸을 반려동물 케어에 활용하고 있습니다.

[하이드로졸과 에센셜 오일의 차이점]

구분	하이드로졸	에센셜 오일
성질	수용성	지용성
향기	은은하고 순함	강하고 진함
적용 대상	민감한 피부, 반려동물도 사용 가능	고농도로 희석해야 하며 반려동물에게 제한적 사용
사용법	직접 피부에 사용 가능	반드시 적절한 매개물(캐리어 오일, 알코올, 크림 등)에 희석 후 사용
주요 활용	보습, 진정, 피부 트러블 완화	심리적 안정, 항균 효과(일부 오일), 건강 관리

1 반려동물에게 적합한 하이드로졸 종류와 사용법

하이드로졸은 다양한 식물에서 추출되며, 각각의 특성에 따라 반려동물의 피부 상태와 건강에 맞게 선택할 수 있습니다. 대표적인 하이드로졸의 특징과 활용법은 다음과 같습니다.

- 라벤더 하이드로졸 : 스트레스 완화와 피부 진정 효과로 잘 알려져 있습니다. 반려동물의 피부에 직접 분사하거나 목욕물에 소량 섞어 사용하는 것이 적절합니다. 사용 시 반려동물이 불편한 반응을 보이지 않는지 주의 깊게 살펴야 합니다.
- 카모마일 하이드로졸 : 항염 및 항알레르기 작용을 하며, 가려움증 완화

에 도움이 됩니다. 피부 염증이나 상처 부위에 부드럽게 스프레이하면 진정 효과를 기대할 수 있습니다. 다만, 적정 농도로 희석하여 사용하는 것이 더욱 안전합니다.

❀ **로즈 하이드로졸** : 보습 효과와 피부 건강 유지에 도움을 줄 수 있습니다. 목욕 후나 빗질 시 스프레이 형태로 사용하면 반려동물의 털과 피부에 촉촉함을 더할 수 있습니다. 단, 향이 너무 강할 경우 반려동물이 불편해할 수 있으므로 사용 전에 반응을 확인하세요.

❀ **유칼립투스 하이드로졸** : 항균 및 항바이러스 작용이 보고된 바 있으며, 생활 공간을 쾌적하게 유지하는 데 도움을 줄 수 있습니다. 반려동물이 생활하는 공간에 소량 뿌리거나 공기 중에 분사할 수 있습니다. 그러나 고양이에게는 자극적일 수 있으므로 사용 시 환기를 철저히 해야 합니다.

❀ **페퍼민트 하이드로졸** : 체온 조절과 해충 방지에 도움을 줄 수 있습니다. 더운 날씨에는 반려동물의 발바닥에 소량 분사하여 시원함을 제공하거나, 해충이 많은 환경에서 활용할 수 있습니다. 다만, 고양이에게는 독성 반응이 보고된 바 있으므로 사용을 피하는 것이 바람직합니다.

❀ **네롤리 하이드로졸** : 심리적 안정과 피부 진정에 유용합니다. 긴장한 반려동물에게 스프레이하거나, 건조한 피부에 가볍게 사용할 수 있습니다. 단, 사용 전 소량을 적용하여 반려동물의 반응을 확인하는 것이 중요합니다.

❀ **위치하젤 하이드로졸** : 피부 염증 및 발진 완화에 효과적입니다. 트러블이 있는 부위에 직접 분사하는 것이 좋으며, 알코올이 포함되지 않은 순수한 제품을 선택해야 합니다.

- **프랑킨센스 하이드로졸** : 피부 재생과 건강한 피부 유지에 유용합니다. 특히 노령 반려동물의 피부 관리를 위해 활용할 수 있습니다. 하지만 매일 사용하기보다는 전문가의 조언을 받아 적절한 빈도로 사용하는 것이 바람직합니다.

2 하이드로졸 사용 시 주의사항

- **반려동물의 개체 차이 고려** : 같은 견종이라도 피부 상태나 건강 상태에 따라 반응이 다를 수 있습니다.
- **소량 테스트 필수** : 처음 사용할 때는 귀 뒤쪽이나 배처럼 피부가 얇고 민감한 부위에 소량을 바른 후 이상 반응 여부를 확인합니다.
- **고양이 사용주의** : 일부 하이드로졸(유칼립투스, 페퍼민트, 티트리 등)은 고양이에게 독성을 유발할 수 있으므로 사용을 금지합니다.
- **보관 방법** : 냉장 보관 시 최대 1년까지 사용 가능 하지만, 개봉 후 6개월 내 사용하는 것을 권장합니다.
- **반응 모니터링** : 사용 후 반려동물이 피부 자극, 호흡 곤란 등의 반응을 보이면 즉시 사용을 중단하고 수의사와 상담해야 합니다.

3 반려동물과 함께하는 부드러운 케어

하이드로졸은 에센셜 오일보다 부드러운 자연 성분을 함유하고 있어, 반려동물에게보다 안전한 케어가 가능합니다. 피부 건강을 증진 시키고, 냄새 제거 및 심리적 안정을 돕는 다양한 기능을 제공하여 보호자와 반려동물 모두에게 유용한 도구가 될 수 있습니다.

하이드로졸을 올바르게 활용하면 반려동물의 피부 관리와 환경 개선에 큰 도움이 될 수 있습니다. 다만, 사용 전 반려동물의 반응을 신중히 살피고, 필요한 경우 전문가의 조언을 받아 안전하게 사용하는 것이 중요합니다.

하이드로졸은 자연이 주는 순한 치유력을 담고 있으며, 반려동물과 보호자 모두에게 건강하고 편안한 삶을 제공하는 데 기여할 것입니다.

[하이드로졸 종류별 반려동물 사용 가능 여부 및 주의사항]

하이드로졸	반려견	반려묘	기타 소형 동물	조류	주요 주의사항
라벤더	✓	✓	✓	✓	희석하여 사용 필수
카모마일	✓	✓	✓	✓	희석하여 사용 필수
로즈	✓	✓	✓	✓	고양이는 소량 간접 사용만 가능
유칼립투스	✓	✗	✓(주의)	✓(주의)	고양이에게 자극적일 수 있음
페퍼민트	✓	✗	✓(주의)	✓(주의)	고양이에게 독성 있음
네롤리	✓	✓	✓	✓	소량만 사용, 반응 확인 필수
위치하젤	✓	✓	✓	✓	알코올 무첨가 제품 사용
프랑킨센스	✓	✓	✓	✓	희석하여 사용 필수

설명

✓ : 사용 가능.
✓(주의) : 사용 가능하지만 주의가 필요하며, 소량 테스트 후 사용을 권장.
✗ : 사용 금지.

2.5 식물성 오일 (Vegetable Oil, Carrier Oil)

"반려동물 피부 케어의 기본, 자연이 준 순수한 보습과 영양"

식물성 오일은 반려동물의 피부와 모질 관리에서 중요한 역할을 합니다. 식물의 씨앗, 열매, 견과류 등에서 추출된 이 오일은 자연에서 얻어진 순수한 성분으로, 반려동물의 피부에 영양과 보습을 제공합니다. 풍부한 필수지방산, 비타민, 항산화 물질을 함유하고 있어 피부 장벽을 강화하고 손상된 피부를 재생하는 데 도움을 줍니다.

특히 식물성 오일은 민감하거나 연약한 피부를 가진 반려동물에게도 비교적 안전하게 사용할 수 있어, 피부 트러블이나 알레르기 반응을 최소화할 수 있습니다. 단독으로도 훌륭한 보습과 영양을 제공하지만, 에센셜 오일을 희석할 때 활용하면 피부 흡수를 돕고 자극을 완화하는 데 도움을 줄 수 있습니다. 식물성 오일은 피부 보습, 염증 완화, 피부 재생 등의 효과를 통해 반려동물의 피부 건강과 모질 관리를 돕는 자연의 솔루션입니다.

1 식물성 오일의 주요 효능

식물성 오일은 반려동물의 피부와 모질 건강을 위해 없어서는 안 될 중요한 자연 성분으로, 다양한 효능을 제공합니다

(보습 효과)

피부에 수분을 공급하고 이를 유지하며, 피부 장벽을 강화하여 외부 자극으로부터 피부를 보호하는 역할을 합니다. 건조한 피부를 촉촉하게 유지하는 데 도움을 주며, 특히 발바닥 보호 및 피부 트러블 부위 관리에 유용합니다.

(항염 효과)

항염 성분을 함유한 식물성 오일은 피부 자극과 염증을 완화하고 가려움증을 줄이는 데 도움을 줍니다. 민감한 피부를 가진 반려동물에게도 부담 없이 사용할 수 있으며, 알레르기 및 기타 피부 질환 관리에도 활용됩니다.

(영양 공급)

필수 지방산, 비타민, 미네랄 등의 영양소가 풍부하게 함유되어 있어 피부와 모질을 건강하게 유지합니다. 털이 푸석하거나 윤기를 잃은 반려동물의 모질 개선에도 효과적이며, 건강한 윤기를 더 해줍니다.

(재생 효과)

손상된 피부를 진정시키고 재생을 촉진하여 상처 치유와 피부 회복을 돕습니다. 특히 긁힌 상처나 마찰로 인해 손상된 피부를 관리하는 데 유용합니다.

식물성 오일은 피부 보습, 염증 완화, 영양 공급, 피부 재생 등 반려동물의 전반적인 피부 및 모질 건강을 지원하는 역할을 합니다. 그러나 각 오일마다 제공하는 효능이 다르므로, 반려동물의 피부 상태와 건강 상태에 따라 적합한 오일을 신중히 선택하여 사용하는 것이 중요합니다.

2 반려동물에게 적합한 식물성 오일 종류와 사용법

🪴 님씨드 오일 (Neem Seed Oil)

님씨드 오일은 님 나무의 씨앗에서 추출된 식물성 오일로, 항균 및 해충 퇴치 효과가 있는 것으로 알려져 있습니다. 특히, 진드기와 벼룩 방지에 유용하며, 피부가 민감한 반려동물의 피부 관리에 활용할 수 있습니다.

특유의 강한 향이 있어 반드시 희석하여 소량만 적용하는 것이 중요합니다. 피부 트러블 부위에 소량을 발라 부드럽게 도포하면 염증 완화와 피부 보호에 도움이 될 수 있습니다.

섭취 시 독성이 있을 수 있으므로, 사용 후 반려동물이 핥거나 삼키지 않도록 주의해야 합니다. 또한, 산화되기 쉬운 특성이 있어 서늘하고 어두운 곳에 보관하는 것이 바람직합니다.

적절하게 활용하면 반려동물의 피부 건강과 해충 예방에 도움을 줄 수 있습니다.

🪴 동백 오일 (Camellia Oil)

동백 오일은 차나무 속 씨앗에서 추출된 식물성 오일로, 오메가-9 지방산과 항산화 성분이 풍부하여 피부 보습과 보호에 도움

을 줄 수 있습니다. 민감한 피부에도 순하게 작용하며, 건조하거나 갈라진 피부 및 발바닥 보호에 유용합니다.

사용 시 고농도로 적용하면 자극을 줄 수 있으므로, 반드시 다른 식물성 오일과 희석하여 사용하는 것이 안전합니다. 손바닥에 덜어 따뜻하게 한 후 부드럽게 도포하며, 반려동물이 핥지 않도록 주의해야 합니다.

동백 오일은 산화되기 쉬운 특성이 있으므로, 서늘하고 어두운 곳에 보관하는 것이 중요합니다. 사용 전 소량을 테스트하여 피부 반응을 확인한 후 적용하는 것이 바람직합니다.

적절하게 활용하면 반려동물의 피부와 모질을 건강하게 유지하는 데 도움을 줄 수 있습니다.

로즈힙 오일 (Rosehip Oil)

로즈힙 오일은 장미 열매에서 추출된 식물성 오일로, 비타민 C와 레티노이드가 풍부하여 피부 보습과 보호에 도움을 줄 수 있습니다. 특히 건조한 피부에 깊은 보습을 제공하며, 반려동물의 피부 건강을 유지하는 데 유용합니다.

사용 시 민감한 부위는 피하고, 반드시 소량을 사용하여 피부 반응을 확인하는 것이 중요합니다. 다른 캐리어 오일과 희석한 후 손바닥에 덜어 따뜻하게 한 뒤 부드럽게 도포하세요.

신선도를 유지하기 위해 서늘하고 어두운 곳에 보관하며, 적절하게 활용하면 반려동물의 피부 건강을 위한 자연 유래 보습제로 사용할 수 있습니다.

🪴 블랙커민 오일 (Black Cumin Oil)

블랙커민 오일은 흑종자(Black Seed)에서 추출된 식물성 오일로, 항균 및 항염 성분을 함유하고 있어 피부 보호에 도움을 줄 수 있습니다. 특히, 알레르기나 염증성 피부 질환으로 인해 예민해진 피부를 진정시키는 데 유용합니다.

사용 전에는 반드시 소량을 테스트하여 피부 반응을 확인한 후 적용해야 합니다. 다른 캐리어 오일과 희석하여 사용하는 것이 안전하며, 반려동물이 핥지 않도록 주의해야 합니다.

고양이에게는 독성이 있을 가능성이 있으므로 사용을 피하는 것이 안전합니다. 또한, 블랙커민 오일은 산화되기 쉬운 특성이 있어 서늘하고 어두운 곳에 보관하는 것이 중요합니다.

적절하게 활용하면 반려동물의 피부 건강과 면역력을 유지하는 데 도움이 될 수 있습니다.

🪴 살구씨 오일 (Apricot Kernel Oil)

살구씨 오일은 살구의 씨앗에서 추출된 부드럽고 가벼운 식물성 오일로, 비타민 A와 E가 풍부하여 피부 보습과 영양 공급에 도움을 줄 수 있습니다. 특히 털이 푸석하거나 피부가 민감한 반려동물에게 적합하며, 부드럽게 도포하면 피부에 촉촉함과 자연스러운 윤기를 더할 수

있습니다.

사용 시 적정량을 유지하여 과도한 사용으로 인해 피부에 부담이 가지 않도록 주의해야 합니다. 다른 캐리어 오일과 함께 희석하여 가볍게 도포하는 것이 안전하며, 반려동물이 핥지 않도록 주의해야 합니다.

보관 시 서늘하고 어두운 곳에 두어 신선도를 유지하는 것이 중요합니다. 적절하게 활용하면 반려동물의 피부와 모질을 건강하게 가꾸는 데 유용한 선택이 될 수 있습니다.

세인트존스워트 오일 (St. John's Wort Oil)

세인트존스워트 오일은 세인트존스워트(성요한초)의 꽃과 잎에서 추출된 식물성 오일로, 항염 및 진정 효과가 있어 피부 보호에 도움을 줄 수 있습니다. 특히, 염증성 피부 질환이나 작은 상처 관리에 유용하며, 민감한 피부를 가진 반려동물에게 적합합니다.

사용 시 햇빛에 노출될 경우 광과민 반응을 유발할 수 있으므로, 낮 시간 사용은 피하고 저녁이나 실내에서 사용하는 것이 안전합니다. 다른 캐리어 오일과 함께 희석하여 사용하며, 적용 전 소량을 테스트하여 피부 반응을 확인하는 것이 중요합니다.

적절하게 활용하면 반려동물의 피부 건강을 관리하는 데 도움이 될 수 있습니다.

🌱 스위트 아몬드 오일 (Sweet Almond Oil)

스위트 아몬드 오일은 아몬드 씨앗에서 추출된 오일로, 비타민 E와 필수 지방산이 풍부하여 피부 보습과 영양 공급에 뛰어난 효과를 제공합니다. 특히 건조한 피부와 푸석한 털을 가진 반려동물의 피부와 모질 관리에 적합하며, 부드럽고 순한 성질로 민감한 피부에도 안전하게 사용할 수 있습니다.

사용 전에는 적은 양을 피부에 테스트하여 알레르기 반응 여부를 확인하고, 소량을 손바닥에 덜어 체온으로 데운 후 부드럽게 마사지하듯 발라주는 것이 안전합니다. 사용 후에는 반려동물의 피부 상태를 주의 깊게 관찰하여 이상 반응이 없는지 확인하는 것이 중요합니다. 올바르게 활용하면 반려동물의 피부 건강과 모질 관리를 위한 효과적인 도구가 될 수 있습니다.

🌱 아르간 오일 (Argan Oil)

아르간 오일은 모로코에서 자생하는 아르간 나무의 열매에서 추출된 오일로, 비타민 E와 항산화 성분이 풍부하여 피부와 모발 관리에 효과적인 오일입니다. 이 오일은 피부의 수분을 유지하고 탄력을 증진시키며, 손상된 피부 회복과 주름 개선에도 도움을 줄 수 있습니다.

반려동물에게 사용 시, 피부 보습과 윤기 있는 털 관리를 돕는 데 유용합니다. 특히 푸석한 털을 부드럽고 건강하게 가꿀 수 있으며, 소량으로도 효과적인 결과를 기대할 수 있습니다.

사용 전에는 아르간 오일을 단독으로 사용할 수 있지만, 반려동물의 피부 상태나 민감도를 고려하여 다른 순한 캐리어 오일(예: 호호바 오일, 포도씨 오일 등)과 함께 희석하거나, 피부에 소량 테스트하여 알레르기 반응 여부를 확인하는 것이 좋습니다.

적절하게 활용하면 반려동물의 피부와 털 건강을 자연스럽게 개선하는 데 도움이 됩니다.

올리브 오일 (Olive Oil)

올리브 오일은 올리브 나무의 열매에서 추출된 오일로, 항염 효과와 뛰어난 보습력을 자랑합니다. 피부 손상과 염증을 완화하며, 건조한 부위나 발바닥 관리에 특히 적합합니다.

에센셜 오일 희석에도 자주 사용되며, 피부를 진정시키고 수분을 공급하는 데 효과적입니다. 사용 시에는 피부 전용 오일을 선택해야 하며, 반려동물의 피부에 소량을 테스트하여 알레르기 반응 여부를 확인하는 것이 중요합니다.

고양이는 피부 특성상 예민하게 반응할 수 있으므로 신중하게 사용해야 하며, 필요한 경우 수의사와 상담 후 사용하는 것이 안전합니다. 올리브 오일은 올바르게 활용하면 반려동물의 피부와 건강 관리를 위한 훌륭한 자연 재료가 될 수 있습니다.

칼렌듈라 오일 (Calendula Oil)

칼렌듈라 오일은 칼렌듈라 꽃에서 추출된 오일로, 금잔화라는 이름으로도 잘 알려져 있습니다. 주로 인퓨전 방식으로 추출되며, 연한 황금색을 띠고 부드럽고 가벼운 질감이 특징입니다. 이 오일은 플라보노이드와 카로티노이드 성분이 풍부하여 피부 재생과 염증 완화에 효과적인 오일입니다.

항염, 항균, 항산화 성분 덕분에 피부의 자연 회복력을 촉진하고, 손상된 피부 회복을 돕습니다. 이러한 특성으로 칼렌듈라 오일은 피부 염증 진정, 상처 치유, 건조하고 갈라진 피부에 보습 효과를 제공하며, 민감성 피부에도 안전하게 사용할 수 있습니다.

반려동물의 피부 건강 관리에도 유용하여, 상처 치유와 건조 피부 보습, 염증 완화에 적합합니다. 발진이나 가려움증을 완화하며, 피부 트러블 개선에 폭넓게 활용될 수 있습니다. 사용 시에는 소량을 피부에 발라주고, 반려동물이 과도하게 핥지 않도록 주의해야 합니다.

올바르게 사용하면 반려동물의 피부 건강과 치유 과정을 자연스럽게 지원할 수 있습니다.

코코넛 오일 (Coconut Oil)

코코넛 오일은 코코넛 나무의 열매 과육에서 추출된 오일로, 실온에서는 고체 상태이지만 체온에서는 액체로 변하는 특

성을 가지고 있습니다. 이 오일은 라우릭산을 포함한 중쇄 지방산이 풍부하여 피부와 모질 관리에 유용한 보습력과 항균 효과를 제공합니다.

이 오일은 피부에 깊이 침투해 수분을 공급하고, 부드럽고 탄력 있는 피부를 만들어주며, 항염 효과도 있어 상처 치유를 돕고 손상된 피부 회복에 기여합니다. 반려동물에게는 건조한 피부와 발바닥 보습에 효과적이며, 피부 가려움증이나 발진 완화에도 사용할 수 있습니다. 또한 소량을 털에 발라주면 윤기를 더해 건강한 모질을 유지할 수 있습니다.

코코넛 오일은 경구 섭취도 안전하지만 과도하게 섭취할 경우 소화 문제를 유발할 수 있으므로 주의가 필요합니다. 외용으로 사용할 때는 소량을 손바닥에 덜어 체온으로 녹인 후 마사지하듯 발라주고, 반려동물이 핥지 않도록 주의합니다.

올바르게 활용하면 반려동물의 피부와 모질 건강을 자연스럽게 개선할 수 있습니다.

🪴 포도씨 오일 (Grapeseed Oil)

포도씨 오일은 포도의 씨앗에서 추출된 오일로, 가벼운 텍스처와 뛰어난 보습력을 자랑합니다. 피부에 빠르게 흡수되어 부드럽고 촉촉한 상태를 유지하며, 항산화 성분이 풍부하여 피부를 건강하게 보호하고 노화를 방지하는 데 도움을 줍니다.

이 오일은 에센셜 오일 희석용으로도 적합하여 반려동물의 피부 보습과 영양 공급을 위한 캐리어 오일로 자주 사용됩니다. 피부 트러블 관리나 건조한 부위에 소량을 발라 부드럽게 마사지하면 피부 건강을 개선하는 데 효과적입니다.

하지만 고양이에게는 독성이 있을 수 있으므로 사용을 피해야 하며, 사용 전에는 소량을 피부에 테스트하여 반려동물이 안전하게 사용할 수 있는지 확인하는 것이 중요합니다.

올바르게 사용하면 반려동물의 피부와 털 건강을 지원하는 데 유용한 선택이 될 수 있습니다.

햄프씨드 오일 (Hemp Seed Oil)

햄프씨드 오일은 햄프 씨앗에서 추출된 오일로, 오메가-3와 오메가-6 지방산이 균형 잡힌 비율로 함유되어 있습니다. 이 지방산들은 피부 염증을 완화하고 깊은 보습을 제공하여 반려동물의 피부와 모질 건강을 유지하는 데 도움을 줍니다.

건조하거나 민감한 피부를 가진 반려동물에게 적합하며, 윤기 있고 부드러운 털을 유지하는 데에도 도움을 줍니다. 피부 트러블이 있는 부위에는 소량을 부드럽게 마사지하듯 발라줄 수 있으며, 에센셜 오일을 희석하는 캐리어 오일로도 활용 가능합니다.

햄프씨드 오일은 산패되기 쉬운 특성이 있으므로 서늘하고 어두운 곳에 보관해야 하며, 사용 전에 소량을 피부에 테스트하여 알레르기 반응 여부를 확인하는 것이 중요합니다. 올바른 관리와 사용으로 반려동물의 피부와 털 건강을 자연스럽게 향상시킬 수 있습니다.

헤이즐넛 오일 (Hazelnut Oil)

헤이즐넛 오일은 헤이즐넛의 씨앗에서 추출된 오일로, 가벼운 텍스처와 뛰어난 흡수력을 자랑합니다. 이 오일은 모공을 막지 않으면서 피부를 보습하고 진정시키는 효과가 있어, 지성 피부를 가진 반려동물에게 적합합니다.

항염 및 항균 성분이 포함되어 있어 피부 염증을 완화하고 세균 감염 예방에도 도움을 줍니다. 특히 피부가 민감하거나 트러블이 있는 반려동물의 피부 관리에 유용합니다.

고양이에게는 간에 부담을 줄 수 있는 특성이 있으므로 사용을 피하는 것이 안전합니다. 사용 전에는 소량을 피부에 테스트하여 반응을 확인하고, 신선한 상태를 유지하도록 서늘하고 어두운 곳에 보관해야 합니다. 헤이즐넛 오일은 적절히 사용하면 반려동물의 피부 건강을 자연스럽게 개선할 수 있는 훌륭한 도구가 될 수 있습니다.

호호바 오일 (Jojoba Oil)

호호바 오일은 호호바 씨앗에서 추출된 오일로, 식물성 왁스에 가까운 성분을 지닌 것이 특징입니다. 이 오일은 비타민 E, 비타민 B 복합체, 아연 등이 풍부해 보습과 피지 조절, 피부 진정에 효과적입니다. 특히 피부 보호막을 보완하고 수분 유지를 돕는 특성

덕분에 민감한 피부에도 안전하게 사용할 수 있습니다.

항염 효과가 있어 피부 트러블 완화와 장벽 강화에도 도움을 주며, 산화 안정성이 높아 신선한 상태로 오래 사용할 수 있습니다.

고양이에게는 사용 시 신중해야 하며, 소량 테스트 후 안전하게 활용하면 반려동물의 피부와 털 건강 관리에 유용한 오일이 될 수 있습니다.

3 식물성 오일 사용 시 주의사항

적절한 양 사용

반려동물의 피부 상태와 크기에 따라 소량만 사용하며, 과도한 사용은 털이 끈적이거나 불편함을 유발할 수 있습니다.

희석 사용

에센셜 오일과 함께 사용할 경우, 반드시 적절한 비율로 희석하여 사용해야 반려동물의 피부 자극을 최소화할 수 있습니다.

알레르기 테스트

사용 전 소량을 반려동물의 피부에 테스트하여 알레르기 반응 여부를 확인합니다.

고양이 주의

일부 식물성 오일은 고양이에게 적합하지 않을 수 있으므로, 사용 전 반드시 수의사와 상담하는 것이 중요합니다.

보관 관리

오일은 직사광선을 피하고 서늘한 곳에 보관하며, 신선도를 유지하기 위해 냉장 보관을 권장합니다.

식물성 오일은 반려동물의 피부와 털을 건강하게 유지하는 데 중요한 역할을 합니다. 적절한 오일을 선택하고 올바른 사용법을 적용하면, 반려동물의 건강과 행복을 향상시킬 수 있습니다. 자연에서 제공하는 보습과 영양으로 반려동물과 함께 건강한 일상을 만들어 보세요.

[반려동물 대상 식물성 오일 사용 가능 여부 및 주의사항]

오일 이름	반려견	반려묘	주요 주의사항
님씨드 오일	✓	✗	강한 향, 핥거나 삼키지 않도록 주의
동백 오일	✓	✓(주의)	고농도 사용 금지, 희석 후 사용
로즈힙 오일	✓	✓(주의)	상처 치유 및 피부 진정, 피부 테스트 필요
블랙커민 오일	✓	✗	강한 향, 고양이 독성 우려, 희석 필수
살구씨 오일	✓	✓(주의)	적정량 사용, 피부 테스트 권장
세인트존스워트 오일	✓	✓(주의)	햇빛 노출 시 광과민 반응 주의, 희석 필수
스위트 아몬드 오일	✓	✓(주의)	피부 보습 효과, 고양이 사용 후 관찰 필요
아르간 오일	✓	✓(주의)	소량 사용 권장, 피부 테스트 필요
올리브 오일	✓	✓(주의)	고양이 사용 신중, 신선도 유지 필수
칼렌듈라 오일	✓	✓(주의)	민감 피부 적합, 피부 테스트 권장
코코넛 오일	✓	✓(소량)	경구 섭취 가능, 과도 섭취 주의
포도씨 오일	✓	✗	고양이 독성 가능성 있음, 피부 테스트 필요
햄프씨드 오일	✓	✓(주의)	산패 주의, 서늘한 곳 보관
헤이즐넛 오일	✓	✗	고양이 간 부담 가능성, 신선도 유지 필수
호호바 오일	✓	✓(주의)	피부 친화적, 고양이 사용 후 관찰 필요

설명

✓ : 사용 가능.
✓(주의) : 사용 가능하지만 주의가 필요하며, 소량 테스트 후 사용을 권장.
✗ : 사용 금지.

2.6 아로마테라피 활용법 : 반려동물과 함께하는 다양한 적용 방법

"자연의 향기로 반려동물과 함께하는 조화로운 치유"

아로마테라피는 반려동물의 신체적 건강과 정서적 안정에 긍정적인 영향을 줄 수 있는 자연적인 방법입니다. 하지만 사람과 반려동물의 생리적 차이를 고려하지 않은 채 무분별하게 사용할 경우 부작용이 발생할 수 있습니다. 따라서, 반려동물에게 아로마테라피를 적용할 때는 각 동물의 특성에 맞게 신중하게 선택하고 적절한 방법으로 활용해야 합니다.

에센셜 오일은 공기 중 확산, 피부에 국소 적용, 목욕, 환경 정화 등의 방식으로 사용할 수 있습니다. 이 장에서는 반려동물과 보호사가 함께 자연의 향기를 즐기면서 건강하고 조화로운 생활을 영위할 수 있도록 안전하고 효과적인 아로마테라피 활용법을 소개합니다.

1 아로마 확산기 사용

아로마 확산기를 이용한 간접 흡입은 반려동물이 자연스럽게 향을 접할 수 있는 방법입니다. 특히 스트레스 해소와 심리적 안정을 돕는 데 유용합니다.

❀ 적용 방법 : 디퓨저에 물을 채운 후, 에센셜 오일 2~3방울을 추가하여

사용합니다. 반려동물이 자유롭게 이동할 수 있는 공간에서 활용하며, 환기가 잘되도록 유지합니다.

- ☘ **추천 오일** : 라벤더(긴장 완화), 카모마일(불안 감소), 프랑킨센스(심리적 안정)
- ☘ **주의사항** : 반려동물의 반응을 면밀히 관찰하고, 향이 강하게 느껴질 경우 오일의 양을 줄이거나 사용을 잠시 중단하여 조절하는 것이 좋습니다.

고양이와 조류는 에센셜 오일에 민감하므로 확산기사용을 피하거나, 필요할 경우 충분한 환기와 저농도로 희석하여 사용합니다.

2 국소 적용

국소 적용은 피부 문제 완화나 특정 부위를 관리하는 데 사용되는 방법입니다. 하지만 직접적인 도포는 반드시 캐리어 오일과 함께 희석하여 안전성을 확보해야 합니다.

- ☘ **적용 방법** : 에센셜 오일을 캐리어 오일에 0.25~1% 비율로 희석한 후, 귀 뒤쪽이나 목 주변처럼 반려동물이 핥기 어려운 부위에 소량 도포합니다.
- ☘ **추천 오일** : 라벤더 (피부 진정), 프랑킨센스 (재생 효과)
- ☘ **주의사항** : 사용 전 반드시 피부 테스트를 진행하고, 이상 반응이 나타나면 즉시 중단합니다. 고양이에게는 직접 도포를 삼가고, 반드시 수의사와 상담 후 사용 여부를 결정해야 합니다.

3 간접 흡입

민감한 반려동물에게 적합한 방법으로, 천이나 침구에 소량의 오일을 사용하여 은은한 향기를 제공합니다.

- **적용 방법** : 부드러운 천에 에센셜 오일을 1방울 떨어뜨려 반려동물의 주변에 두어 자연스럽게 향을 흡입하도록 합니다.
- **추천 오일** : 카모마일(진정 효과), 로즈(스트레스 완화)
- **주의사항** : 소형 동물에게는 향이 강하지 않도록 소량만 사용하는 것이 중요합니다. 고양이는 특정 오일에 매우 민감할 수 있으므로 사용 전 반드시 반응을 확인해야 합니다.

4 목욕 시 활용

목욕 시 에센셜 오일이나 하이드로졸을 첨가하면 피부 건강을 유지하고, 모질을 부드럽게 하는 효과를 기대할 수 있습니다.

- **적용 방법** : 미지근한 목욕물에 라벤더 하이드로졸이나 카모마일 오일을 1~2방울 희석하여 사용합니다. 에센셜 오일을 사용할 경우, 반드시 캐리어 오일과 함께 희석 후 첨가합니다.
- **추천 오일** : 라벤더(진정 효과), 카모마일(피부 보호)
- **주의사항** : 목욕 후에는 피부에 남아 있는 잔여 오일을 제거하기 위해 충분히 헹궈야 합니다. 고양이에게는 에센셜 오일을 목욕물에 첨가하지 않는 것이 좋습니다.

5 환경 및 공간 관리를 위한 탈취제 만들기

에센셜 오일을 활용하여 반려동물의 생활 공간을 쾌적하게 유지하고, 스트레스를 완화할 수 있습니다.

- ❀ 적용 방법 : 스프레이 병에 물과 하이드로졸, 항균 작용이 있는 에센셜 오일을 희석하여 공기 중이나 반려동물의 침구, 방석 등 실내 공간에 가볍게 분사합니다.
- ❀ 추천 오일 : 라벤더 (심리적 안정), 레몬그라스 (공기 정화), 유칼립투스 (항균 효과)
- ❀ 주의사항 : 반려동물이 있는 공간에서는 지나치게 강한 향이 나지 않도록 주의합니다. 고양이와 조류가 있는 경우, 유칼립투스 오일 사용을 삼가야 합니다.

6 연고 및 크림

피부 문제나 건조한 부위에 사용할 수 있는 에센셜 오일을 함유한 천연 연고나 크림은 반려동물의 피부 건강을 부드럽게 관리하는 데 도움을 줄 수 있습니다.

- ❀ 적용 방법 : 라벤더, 칼렌듈라, 로즈힙 오일을 밀랍과 혼합하여 연고 형태로 만든 후, 건조하거나 손상된 피부 부위에 부드럽게 발라줍니다.
- ❀ 추천 오일 : 라벤더(피부 진정 효과), 칼렌듈라(항염 효과), 로즈힙(재생 효과)
- ❀ 주의사항 : 심각한 피부 손상이나 감염이 의심될 경우 사용 전 수의사와 상담하세요. 연고를 바른 부위를 반려동물이 핥지 않도록 주의합니다.

7 마사지 활용

마사지에 아로마 오일을 활용하면 반려동물의 근육 긴장을 완화하고, 스트레스 해소에 도움이 됩니다.

- **적용 방법** : 캐리어 오일에 에센셜 오일을 0.25% 이하로 희석하여 손바닥에 소량 덜어 부드럽게 마사지합니다. 마사지 부위는 목, 어깨, 허리 등 반려동물이 편안하게 느낄 수 있는 부위를 중심으로 합니다.
- **추천 오일** : 라벤더 (긴장 완화), 프랑킨센스 (심리적 안정)
- **주의사항** : 반려동물이 핥을 수 있는 부위에는 도포하지 않습니다. 고양이에게는 마사지 오일을 직접 사용하지 않는 것이 안전합니다.

8 반려동물과 함께하는 안전한 아로마테라피

에센셜 오일은 적절한 활용법과 주의사항을 준수할 경우 반려동물의 신체적·정서적 건강을 지원하는 유익한 도구가 될 수 있습니다. 그러나 모든 반려동물이 동일한 반응을 보이는 것은 아니므로, 사용 전 개체별 특성을 고려하고 세심한 관찰이 필요합니다.

반려동물과 보호자가 함께 자연의 향기를 통해 편안함과 조화를 찾을 수 있도록, 신중한 접근과 올바른 사용법을 실천하는 것이 중요합니다.

2.7 안전한 아로마테라피 사용을 위한 핵심 가이드

"반려동물과 함께하는 조화로운 자연치유"

아로마테라피는 자연이 준 선물로, 반려동물의 건강과 정서적 안정을 돕는 놀라운 가능성을 제공합니다. 하지만 효과적인 활용을 위해서는 반려동물의 생리적 특성을 충분히 이해하고, 안전 지침을 철저히 준수하는 것이 필수적입니다.

앞서 살펴본 대로, 에센셜 오일의 선택과 희석 비율, 사용 방법은 반려동물의 건강과 직접적인 연관이 있습니다. 아로마 확산기를 활용한 간접 흡입, 피부에 국소 적용하는 방법, 하이드로졸을 이용한 대체 요법 등 반려동물의 특성과 반응을 고려한 맞춤형 접근이 필요합니다.

1 안전을 위한 반복 강조

반려동물에게 아로마테라피를 적용할 때 가장 중요한 원칙은 안전성입니다. 고양이는 특정 화학 성분을 대사하지 못하기 때문에 티트리, 유칼립투스, 시트러스 계열 오일은 절대 사용해서는 안 됩니다. 강아지와 소형 동물 역시 오일의 종류와 농도에 따라 예민하게 반응할 수 있으므로, 새로운 오일을 사용할 때는 반드시 낮은 농도로 희석하여 시작하고, 알레르기 반응을 면밀히 확인해야 합니다.

아로마테라피의 효과를 높이기 위해서는 반려동물이 편안함을 느낄 수 있도록 사용 환경을 조성하는 것도 중요합니다. 반려동물이 오일이 확산되는 공간을 자유롭게 떠날 수 있도록 해야 하며, 환기를 충분히 유지하는 것이 기본적인 원칙입니다.

2 맞춤형 케어로 반려동물과의 유대 강화

아로마테라피는 보호자와 반려동물 사이의 유대감을 깊게 만들어 주는 특별한 시간이 될 수 있습니다. 반려동물의 성향과 건강 상태를 고려해 적절한 오일과 하이드로졸을 선택하고, 올바른 방법으로 적용한다면, 이는 신체적 치유를 넘어 정서적 교감을 증진하는 소중한 과정이 될 것입니다.

특히 스트레스 완화와 감정 조절을 위한 아로마테라피는 보호자와 반려동물 간의 교감을 높이는 데 효과적입니다. 마사지나 간접 흡입 등의 방법을 통해 반려동물에게 편안한 시간을 제공하고, 보호자 역시 함께 안정과 휴식을 느낄 수 있습니다.

3 마지막으로 기억해야 할 것

아로마테라피는 반려동물의 삶의 질을 높이는 유용한 도구이지만, 부적절한 사용은 예상치 못한 위험을 초래할 수 있습니다. 따라서 새로운 오일을 사용할 때는 반드시 소량으로 테스트한 후 적용하며, 사용 후 반려동물의 반응을 세심하게 관찰해야 합니다. 만약 피부 자극, 호흡 곤란, 무기력 등의 이상 반응이 나타난다면 즉시 사용을 중단하고 수의사의 조언을 구하는 것이 중요합니다.

"자연의 향기로 반려동물과 함께 건강하고 조화로운 삶을 만들어가세요."

3장

반려동물의 생리학

Companion animals

3.1 반려동물의 감각 체계와 향기 인식

　반려동물은 사람과는 전혀 다른 방식으로 세상을 인식합니다. 특히 개와 고양이는 후각이 가장 중요한 감각으로 작용하며, 이를 통해 주변 환경을 이해하고 감정을 조절합니다. 사람이 시각 중심의 세계에서 살아간다면, 반려동물은 후각 중심의 세계에서 살아가고 있다고 할 수 있습니다.

1 반려동물의 감각 체계에서 후각이 차지하는 비율

　후각은 반려동물의 생존과 직결된 감각입니다. 개는 시각보다 후각을 더 신뢰하는 경향이 있으며, 이는 후각이 뇌에서 차지하는 비중이 크기 때문입니다. 개의 후각피질(olfactory cortex)은 전체 뇌에서 약 10%를 차지하는 반면, 사람의 경우 약 2% 미만에 불과합니다. 고양이 역시 후각이 중요한 역할을 하며, 특정 냄새를 감지하여 의사결정을 내리는 경향이 강합니다.

　시각적으로 보면 개와 고양이는 사람보다 색을 인식하는 능력이 제한적입니다. 개는 적록색맹(deuteranopia)으로 인해 빨간색과 초록색을 구별하지 못하며, 고양이도 색 인식보다는 명암과 움직임을 감지하는 능력이 뛰어납니다. 반면, 후각은 사람보다 훨씬 정교하게 발달되어 있습니다.

　사람과 개, 고양이의 감각 체계를 비교하면 다음과 같은 차이가 있습니다.

감각	사람	개	고양이
후각 상피 면적	약 5~6㎠	약 150㎠	약 20~40㎠
후각 수용체 수	약 400종류, 500만 개	약 2~3억 개	약 8천만~1억 개
후각 피질 비율	뇌의 약 2% 미만	뇌의 약 10%	뇌의 약 3%
야콥슨 기관	없음	있음 (냄새 분석 보조)	있음 (페로몬 감지)
냄새 감지 능력	기본적인 향 구별 가능	미세한 향까지 분석 가능	특정 향에 민감한 반응
색 인식 능력	전체 색상 인식 가능	적록색맹(빨간색과 초록색 구분 불가)	제한적인 색 인식
청각 범위	20~20,000Hz	40~60,000Hz	45~64,000Hz

2 후각과 신경계의 연결 : 냄새가 행동 및 감정 조절에 미치는 영향

반려동물의 후각 신호는 곧바로 대뇌변연계로 전달되며, 감정과 행동을 조절하는 중요한 역할을 합니다. 특히 개와 고양이는 냄새를 통해 보호자의 감정 상태를 파악하고, 주변 환경의 변화를 감지합니다. 예를 들어, 개는 보호자가 스트레스를 받거나 불안한 상태에 있을 때 땀과 체취의 변화를 감지하여 이에 반응합니다. 고양이 역시 후각을 활용해 환경이 안전한지, 위협이 있는지를 판단합니다.

냄새는 반려동물의 사회적 행동에도 중요한 영향을 미칩니다. 개는 냄새를 통해 다른 개와 의사소통을 하며, 특정 냄새에 반응하여 공격적이거나 회피적인 행동을 보이기도 합니다. 고양이는 특정한 향을 불쾌하게 느낄 경우 공격성을 보이거나 해당 공간을 피하는 모습을 보입니다.

3 향기 신호 처리 방식 : 사람과 다른 후각 정보 해석 방식

사람은 향을 감정적 경험과 연결하는 경우가 많지만, 반려동물은 향을 감각 자극이 아니라 다양한 생리적 신호를 해석하는 수단으로 인식합니다. 예를 들어, 개는 라벤더 향 전체를 하나의 향기로 받아들이기보다는, 그 안에 포함된 각각의 화학 성분을 분리하여 분석하고, 이 성분이 자신에게 익숙하고 안전한지 또는 경계해야 할 자극인지 판단합니다.

개의 후각 수용체는 냄새를 하나의 전체적인 향으로 받아들이지 않고, 여러 구성 요소로 나누어 세밀하게 해석하는 능력을 지니고 있습니다.

고양이는 후각뿐 아니라 야콥슨 기관(Jacobson's Organ, 또는 서골-구개 기관)을 통해 특이한 화학 신호를 감지하는 독특한 능력을 가지고 있습니다. 이 기관은 코와 입 사이에 위치하며, 페로몬처럼 눈에 보이지 않는 미세한 화합물을 감지하는 데 특화되어 있습니다.

페로몬은 같은 종 사이에서 분비되어 감정 상태나 번식 준비 여부, 주변 환경에 대한 반응 등을 전달하는 데 사용됩니다. 이로 인해 고양이는 주변 동물의 정서나 상황을 파악하고, 그에 따라 행동을 조절할 수 있습니다.

이러한 감각 구조로 인해 고양이는 사람이나 개보다 특정 향 성분에 예민하게 반응할 수 있으며, 경우에 따라 향이 불편함이나 긴장감을 유발할 수 있습니다.

따라서 고양이가 있는 공간에서는 향을 사용할 때 더욱 세심한 주의가 필요하며, 자율적으로 머물 공간을 선택할 수 있도록 환경을 마련해 주는 것이 중요합니다.

4 아로마테라피 적용 시 고려할 점 : 후각 피로(olfactory fatigue) 및 장시간 노출 주의

반려동물의 후각은 사람보다 예민하기 때문에, 장시간 강한 향에 노출될 경우 후각 피로가 발생할 수 있습니다. 이는 후각 수용체가 과부하 상태에 빠져 냄새 감지가 둔해지는 현상을 의미합니다. 사람도 강한 향수나 음식 냄새에 오래 노출되면 그 냄새를 잘 인식하지 못하는 경험을 하게 되는데, 반려동물에게는 이 현상이 더욱 심하게 나타날 수 있습니다.

아로마테라피를 반려동물에게 적용할 때는 다음과 같은 사항을 고려해야 합니다.

- 강한 향을 피할 것 : 사람에게는 편안한 향도 반려동물에게는 강한 자극이 될 수 있습니다. 희석된 농도로 사용해야 하며, 실내에서 아로마 확산기를 사용할 때는 일정 시간 후 환기를 시켜야 합니다.
- 후각 피로 방지 : 반려동물이 장시간 같은 향에 노출되지 않도록 사용 시간을 조절하는 것이 중요합니다.
- 반려동물의 반응 관찰 : 특정 향을 맡은 후 반려동물이 불안해하거나, 하품을 자주 하거나, 자리를 피하려는 행동을 보이면 즉시 사용을 중단해야 합니다.

고양이는 특정 향 성분을 분해하는 능력이 부족하므로, 하이드로졸과 같은 순한 형태의 향을 사용하는 것이 보다 안전합니다.

5 자연스럽고 조화로운 아로마테라피 적용을 위한 접근

반려동물의 감각 체계를 이해하는 것은 아로마테라피를 보다 안전하게 활용하는 데 필수적입니다. 세심한 배려와 과학적 이해를 바탕으로 아로마테라피를 활용하면, 반려동물의 정서적 안정뿐만 아니라 보호자와의 유대감도 더욱 깊어질 수 있습니다.

3.2 반려동물의 후각과 신경계의 관계 : 감정과 기억을 조절하는 후각

"후각으로 세상을 이해하는 반려동물"

반려동물의 후각은 신경계와 직접 연결되어 감정과 행동을 조절하는 중요한 기능을 합니다. 개와 고양이는 후각을 통해 주변 환경을 탐색하고, 위험을 감지하며, 보호자와의 유대감을 형성합니다. 사람의 경우 후각이 시각과 청각보다 상대적으로 덜 중요한 역할을 하지만, 반려동물에게 후각은 생존과 직접적으로 연결된 가장 강력한 감각입니다.

냄새를 맡으면, 후각 수용체가 이를 감지하여 대뇌변연계로 신호를 보냅니다. 변연계는 기억과 감정을 조절하는 역할을 하며, 후각 신호는 곧바로 편도체와 해마에 전달됩니다. 이러한 과정에서 냄새는 단순한 정보가 아니라, 특정한 감정 상태와 기억을 불러일으키는 강력한 요인이 됩니다.

이 장에서는 반려동물의 후각과 스트레스 반응, 기억 형성, 그리고 야콥슨 기관을 통한 화학 신호 감지 과정을 설명하여, 반려동물의 향기 인식 방식이 얼마나 정교하고 복합적인지를 살펴봅니다.

1 스트레스와 후각 반응 : 보호자의 감정 상태를 감지하는 능력

반려동물은 보호자의 감정 변화를 매우 예민하게 감지합니다. 특히 스트레스와 불안은 보호자의 체취와 호흡 변화에 영향을 미치며, 개와 고양이는 이를 즉각적으로 알아차립니다.

보호자의 스트레스와 반려동물의 반응

연구에 따르면, 보호자가 스트레스를 받으면 체내에서 코르티솔이라는 스트레스 호르몬이 분비되며, 이로 인해 땀의 화학 조성이 달라집니다. 개는 이 미묘한 체취 변화를 감지하여 보호자가 평소와 다른 감정 상태에 있다는 것을 인식할 수 있습니다.

실제로 2022년 *Applied Animal Behaviour Science* 저널에 발표된 연구에서는, 훈련받지 않은 반려견조차도 보호자의 스트레스 상태를 후각적으로 감지할 수 있다는 사실이 밝혀졌습니다. 실험에서는 보호자가 스트레스를 받을 때 분비되는 땀과 정상적인 상태에서의 땀을 채취한 후, 개들에게 이를 맡게 했습니다. 놀랍게도 개들은 스트레스 상태의 땀 냄새를 맡았을 때 보호자에게 다가가거나 걱정하는 듯한 행동을 보이며, 보호자의 정서 변화를 감지하는 모습을 보였습니다.

후각을 통한 감정적 동기화

개는 보호자의 감정 상태와 동일한 정서적 반응을 보이는 경향이 있습니다. 이는 감정적 동기화(emotional contagion)라고 불리는 현상으로, 보호자가 불안하면 개도 불안한 행동을 보이고, 보호자가 편안하면 개도 차분한 상태를 유지합니다.

예를 들어, 보호자가 심리적으로 불안하거나 스트레스를 받을 경우, 개는 보호자의 향기 변화를 감지하여 꼬리를 내리거나 몸을 웅크리는 등 불안한 행동을 보일 수 있습니다. 반면, 보호자의 기분이 좋고 정서적으로 안정되어 있을 때에는 개도 그 분위기에 맞춰 차분하게 행동하는 경향이 있습니다.

고양이 역시 보호자의 감정을 감지하지만, 개와는 다르게 스트레스를 받을 경우 일정 거리를 두거나 숨는 반응을 보이는 경우가 많습니다. 보호자가 긴장한 상태일 때 고양이는 자신의 영역을 벗어나지 않으려 하거나, 특정 공간에서 머무는 시간이 길어지는 모습을 보이기도 합니다.

🌱 반려동물의 후각과 보호자의 건강 감지

후각이 뛰어난 개들은 보호자의 감정뿐만 아니라, 건강 상태까지 감지할 수 있습니다. 일부 개들은 암, 당뇨, 발작 전조 증상 등을 냄새로 탐지할 수 있으며, 훈련된 개들은 보호자의 건강을 모니터링하는 역할을 하기도 합니다.

2 기억과 후각 연결 : 특정한 향기와 경험의 연관성

반려동물은 특정한 향기와 경험을 연결하는 능력이 뛰어납니다. 후각 기억(olfactory memory)은 다른 감각 기억보다 오래 지속되며, 특정한 냄새가 특정한 경험과 강력하게 연결됩니다.

🌱 후각을 통한 장소 기억

개와 고양이는 특정한 장소에서 맡은 냄새를 기억하고, 같은 냄새가 나는 환경에서 비슷한 반응을 보입니다. 예를 들어, 동물병원의 소독약 냄새를 기억한 개는 같은 냄새가 나는 곳에 가면 긴장하거나 몸을 웅크리는 모습을 보입니다.

반대로, 반려동물이 좋아하는 보호자의 옷 냄새나 담요 냄새는 안정감을 주는 요소로 작용합니다. 보호자가 출장을 갔을 때, 남겨진 옷에서 익숙한 향을 맡으면 불안을 덜 느끼는 이유가 바로 후각 기억 때문입니다.

🪴 어린 시절 경험과 향기 트라우마

강아지와 고양이의 어린 시절 경험은 향기와 밀접하게 연결될 수 있습니다. 특히, 스트레스나 공포와 같은 부정적인 경험이 특정 냄새와 연관될 경우, 향기 트라우마(olfactory trauma)로 이어질 수 있습니다.

예를 들어, 과거에 불쾌하거나 위협적인 상황에서 자주 노출된 냄새(예: 특정 향수, 화학 냄새, 담배 연기 등)는 이후 유사한 냄새를 맡았을 때 회피 행동이나 스트레스 반응을 유발할 수 있습니다.

이는 후각과 감정 기억이 깊이 연결되어 있다는 점에서, 반려동물에게 향기를 사용할 때 이전의 경험을 고려하는 것이 중요함을 보여줍니다.

3 야콥슨 기관과 화학 신호 감지 : 냄새 너머의 정보 분석

개와 고양이는 사람에게 없는 야콥슨 기관(Jacobson's Organ, 또는 서골-구개 기관, Vomeronasal Organ)을 가지고 있습니다. 이는 화학적 신호(페로몬)를 감지하는 역할을 합니다.

🌱 플레밍 반응(Flehmen Response)과 야콥슨 기관

고양이는 특정한 냄새를 맡았을 때 입을 살짝 벌리고 코를 찡그리는 플레밍 반응(Flehmen Response)을 보입니다. 이는 야콥슨 기관을 활성화하여 냄새를 더욱 세밀하게 분석하는 과정입니다.

플레밍 반응은 단순한 후각 감지가 아니라, 사회적 신호 분석을 위한 행동입니다. 같은 종의 냄새를 해석하거나, 새로운 환경에서 안전 여부를 판단할 때 사용됩니다.

🌱 보호자의 감정 상태 감지

강아지도 야콥슨 기관을 활용하여 보호자의 감정 상태를 파악할 수 있습니다. 보호자가 불안하거나 스트레스를 받으면, 몸에서 분비되는 미세한 화학 신호를 감지하여 반응하게 됩니다. 예를 들어, 보호자가 긴장할 때 개가 더욱 보호자에게 달라붙거나 걱정하는 듯한 행동을 보이는 것은, 야콥슨 기관을 통해 보호자의 신체 변화 신호를 해석하기 때문입니다.

4 후각을 활용한 반려동물의 정서 및 행동 조절

반려동물은 후각을 통해 감정을 조절하고, 기억을 형성하며, 사회적 신호를 분석합니다. 이를 고려하여 아로마테라피를 적용할 때는 후각과 신경 반응을 충분히 이해하고, 개별적인 반응을 면밀히 관찰하는 것이 중요합니다. 적절한 향기를 활용하면 반려동물의 정서를 안정시키고, 보호자와의 유대감을 강화하는 데 큰 도움이 될 것입니다.

3.3 반려동물의 피부 구조와 특징

"강아지와 고양이, 피부 아래 숨겨진 비밀"

반려동물의 피부는 신체를 외부로부터 보호할 뿐만 아니라, 외부 환경과 직접적으로 상호작용하며 건강을 유지하는 중요한 장기입니다. 피부는 외부 자극으로부터 신체를 보호하고, 체온을 조절하며, 감각 정보를 전달하는 역할을 합니다. 그러나 강아지와 고양이의 피부는 사람과 구조적으로 상당한 차이를 보이며, 이러한 특성을 이해하는 것은 아로마테라피를 보다 안전하고 효과적으로 활용하는 데 필수적입니다.

1 피부 두께와 보호막 차이

강아지와 고양이의 피부는 사람보다 훨씬 얇고 보호막 기능이 약합니다. 이는 외부 자극에 더 민감하게 반응할 수 있으며, 수분 손실이 쉬운 특성을 지니고 있습니다.

🪴 사람의 피부

사람의 피부 두께는 부위에 따라 다르지만, 평균적으로 1.5~4mm 정도입니다. 얼굴과 같이 얇은 부위는 약 0.5mm, 발바닥과 같은 두꺼운 부위는

4mm 이상입니다. 표피층이 발달하여 외부 자극으로부터 피부를 보호하며, 각질층이 두꺼워 물리적, 화학적 손상에 강합니다.

🪴 강아지의 피부

강아지의 피부는 사람의 피부보다 약 3분의 1 수준으로 얇고, 표피층이 얇아 외부 자극에 쉽게 노출됩니다. 또한, 수분 유지 능력이 낮아 건조해지기 쉬운 특성을 보입니다. 강아지의 피지선은 주로 등, 귀 뒤, 목, 발바닥과 같은 여러 부위에 분포하고 있으며, 이러한 부위에서 피부 보호 기능이 이루어집니다. 그러나 전반적으로 사람에 비해 피부 보호 기능이 약하기 때문에 세심한 관리가 요구됩니다.

🪴 고양이의 피부

고양이의 피부는 강아지보다도 더 얇으며, 표피층이 매우 민감합니다. 특히 고양이는 스스로 몸을 핥으며 피부를 관리하는 습성이 강하기 때문에, 피부에 바른 물질이 구강을 통해 체내로 흡수될 가능성이 높습니다. 이로 인해 에센셜 오일 사용 시 더욱 세심한 주의가 필요합니다.

[피부 두께와 특징 비교]

구분	사람 피부	강아지 피부	고양이 피부
평균 두께	1.5~4mm	0.1~0.5mm	0.1~0.4mm
보호막 역할	각질층 발달, 자극에 강함	각질층 덜 발달, 자극에 약함	각질층 얇아, 민감도 높음
피부 민감도	비교적 낮음	건조하고 자극에 민감	외부 물질에 매우 민감

강아지와 고양이의 피부는 사람보다 훨씬 더 얇고 민감하므로, 아로마테라피를 적용할 때에는 반드시 저농도로 희석하고, 안전한 사용법을 철저히 준수해야 합니다.

2 피지선과 땀샘의 차이 : 체온 조절 방식 및 흡수율 차이

반려동물의 피부 구조는 사람과 달라 체온 조절 방식에도 차이가 있습니다. 사람의 피부에는 전신에 땀샘이 분포하여 체온을 조절하고 노폐물을 배출하는 기능을 하지만, 강아지와 고양이는 땀샘이 극히 제한적이며, 주로 다른 방식으로 체온을 조절합니다.

피지선과 땀샘 비교

사람

사람의 피부에는 에크린 땀샘(eccrine glands)이 전신에 분포하여 체온을 조절하고 수분을 배출하는 역할을 합니다. 또한, 피지선(sebaceous glands)은 얼굴과 두피를 포함한 피부 전반에 퍼져 있으며, 피부 보호막을 형성해 수분 증발을 방지하고 피부를 보호합니다.

강아지

강아지는 발바닥과 코 주변에만 제한적으로 땀샘이 존재하며, 체온을 조절할 때는 대부분 팬팅(panting)이라는 방식에 의존합니다. 팬팅은 혀를 내밀고 빠르게 호흡하면서 타액을 증발시켜 체온을 낮추는 방법으로, 강아지 특유의 냉각 메커니즘입니다.

피지선은 귀, 목, 등과 같은 특정 부위에 집중적으로 분포되어 있으며, 피부 전체에 자연 보습 기능이 부족해 쉽게 건조해질 수 있습니다.

> 고양이

고양이의 피부 역시 발바닥과 코 주변에만 땀샘이 존재하며, 체온을 낮추기 위해 스스로 몸을 핥아 침을 증발시키는 방식을 사용합니다. 이는 고양이 특유의 체온 조절 방식으로, 외부 열기에 대응하는 자연스러운 냉각 메커니즘입니다.

피지선은 얼굴, 등, 꼬리 부위에 집중되어 있으나 사람처럼 전신에 넓게 분포되어 있지는 않기 때문에, 피부가 쉽게 건조해질 수 있는 구조적 특징을 가지고 있습니다.

[반려동물과 사람의 땀샘 차이]

구분	사람	강아지	고양이
땀샘의 위치	전신	발바닥, 코 주변	발바닥, 코 주변
피지선 기능	피부 전반 보호	특정 부위 집중 (귀, 목, 등)	특정 부위 집중 (얼굴, 등, 꼬리)
체온 조절 방식	땀 배출	팬팅(헥헥거림)	혀와 발바닥을 통한 열 발산

반려동물의 체온 조절과 피부 보호 기전은 사람과 다르기 때문에, 아로마테라피를 적용할 때는 더욱 신중한 접근이 필요합니다. 특히, 피부에 직접 바르는 제품은 반드시 희석 비율을 철저히 조절하고, 발바닥처럼 쉽게 핥을 수 있는 부위는 피하는 것이 바람직합니다. 대신, 목덜미나 등 쪽 털 위치처럼 반려동물이 닿기 어려운 부위에 소량 사용하는 것이 보다 안전한 방법이 될 수 있습니다.

3 피부 자극과 흡수 속도

반려동물의 피부는 보호막이 약하기 때문에, 에센셜 오일과 같은 물질이 피부를 통해 빠르게 흡수될 수 있습니다. 특히, 피부에 도포된 물질이 혈류를 따라 전신으로 퍼지는 속도가 빠르기 때문에 신중한 사용이 요구됩니다.

(강아지)

피부가 건조해지기 쉬운 특성을 고려해, 보습 효과가 있는 캐리어 오일과 혼합하여 사용하는 것이 필수적입니다.

(고양이)

피부에 바른 물질이 스스로 몸을 핥는 과정에서 체내로 흡수될 가능성이 높으므로, 고농도의 에센셜 오일 대신 낮은 농도로 희석된 하이드로졸(허브 워터)을 우선적으로 사용하는 것이 더욱 안전합니다.

특히, 고양이의 간은 특정 화합물을 효과적으로 해독하는 능력이 부족하기 때문에, 고양이에게 독성이 있는 티트리, 유칼립투스, 시트러스 계열 오일은 절대 사용해서는 안 됩니다.

4 피부 특성을 고려한 아로마테라피 적용 방법

반려동물의 피부는 사람보다 훨씬 연약하고 민감하므로, 아로마테라피를 적용할 때에는 반드시 신중한 접근이 필요합니다. 피부 구조를 충분히 이해하지 않은 채 오일을 사용하는 경우, 오히려 건강에 해를 줄 수 있습니다. 따라서 다음과 같은 사항들을 고려하는 것이 중요합니다.

우선, 피부에 직접 적용하는 방식은 반려동물의 종류와 특성에 따라 구분해야 합니다. 강아지의 경우, 캐리어 오일에 에센셜 오일을 희석하여 도포하면 보습 효과와 함께 심리적 안정을 유도할 수 있습니다. 단, 항상 적절한 희석 비율을 준수하고, 새로운 오일을 사용할 때는 알레르기 반응이나 피부 자극 여부를 소량 테스트를 통해 확인하는 과정이 필요합니다.

반면, 고양이는 피부를 핥는 습성이 강하고 특정 성분에 대한 해독 능력이 낮기 때문에, 피부 도포보다는 공기 중 확산과 같은 간접적 사용 방식이 더 안전합니다. 또한 향에 민감하게 반응할 수 있으므로, 사용 시 고양이의 행동 변화를 세심하게 관찰하는 것이 필수적입니다.

이러한 이해를 바탕으로 아로마테라피를 적용한다면, 반려동물에게 심리적 안정과 피부 건강을 동시에 제공할 수 있으며, 보호자와 반려동물이 함께 건강하고 조화로운 삶을 영위하는 데 도움이 될 것입니다.

3.4 반려동물의 간과 신장 : 해독 작용과 에센셜 오일 대사

"반려동물에게 에센셜 오일을
안전하게 사용하기 위한 해독 과정 이해"

에센셜 오일은 단순히 향기만이 아니라, 화학적 성분이 체내에 흡수되어 다양한 대사 과정을 거칩니다. 반려동물에게 이를 적용할 때는 오일이 몸속에서 어떻게 흡수되고, 간과 신장을 통해 어떻게 분해·배출되는지를 이해하는 것이 매우 중요합니다. 사람과 달리, 반려동물은 간과 신장의 해독 능력이 제한적이기 때문에, 동일한 오일이라도 종류·농도·사용 방식에 따라 건강에 해를 줄 수 있습니다.

1 반려동물의 간 해독 효소와 사람과의 차이

간은 체내에 들어온 유해 물질과 화학 성분을 분해하고 해독하는 중심 기관입니다. 사람, 강아지, 고양이 모두 간에서 사이토크롬 P450 효소계(Cytochrome P450 enzyme system)를 통해 다양한 화합물을 대사합니다. 이 효소는 간세포 안에서 작용하며, 에센셜 오일을 포함한 외부 물질을 분해해 배출 가능한 형태로 전환하는 기능을 수행합니다.

그러나 이 효소계의 작용 능력은 생물종에 따라 달라집니다. 사람은 대부분의 화학 성분을 효과적으로 분해할 수 있으며, 강아지는 일부 성분에 대해 제한적이나마 해독 능력을 가지고 있습니다. 반면, 고양이는 UDP-글루쿠로노실트랜스퍼라제(UDP-glucuronosyltransferase, UGT)를 포함한 여러 해독 효소가 선천적으로 결핍되어 있어 특정 성분을 체내에서 해독하지 못합니다.

예를 들어, 페놀(Phenol) 계열, 모노테르펜(Monoterpene) 계열, 케톤(Ketone) 계열의 성분은 고양이의 간에서 대사되지 못하고 체내에 축적될 수 있으며, 이는 신경계나 간 기능에 심각한 영향을 줄 수 있습니다. 이러한 대사 제한은 고양이를 에센셜 오일에 더욱 민감한 동물로 만드는 주요 원인 중 하나입니다.

[사람, 강아지, 고양이의 간 해독 효소 기능 비교]

구분	사람	강아지	고양이
P450 효소 기능	대부분 성분 해독 가능	일부 성분 대사 가능	다수 성분 해독 불가 (결핍 존재)
페놀 계열 대사	가능	제한적	대사 어려움 (간 독성 위험)
모노테르펜 대사	가능	제한적	대사 어려움 (신경 독성 가능성)
에센셜 오일 사용 시 위험도	낮음	중간	높음

고양이는 위와 같은 해독 효소의 결핍으로 인해 일부 오일 성분에 노출될 경우 체내에 쉽게 축적되고, 장기간 반복 노출 시 간 손상이나 신경계 이상, 구토, 호흡 곤란 등의 증상을 유발할 수 있습니다. 강아지는 고양이보다는 해독 능력이 상대적으로 우수하지만, 사람에 비해서는 여전히 낮은 수준이므로 장기간 또는 고농도 노출은 피해야 합니다.

이러한 간 해독 효소의 차이를 충분히 이해하고, 반려동물에게 적절한 오일을 선택하여 안전하게 사용하는 것이 아로마테라피 적용의 기본입니다.

2 반려동물에게 주의가 필요한 주요 성분

에센셜 오일에는 간과 신장에 부담을 줄 수 있는 성분들이 다수 포함되어 있으며, 특히 지속적 노출 시 심각한 중독 증상이나 장기 손상을 유발할 수 있습니다. 대표적인 성분은 다음과 같습니다.

[반려동물에게 독성 가능성이 높은 에센셜 오일 성분]

성분 계열	주요 포함 오일	유해 작용	반려동물 반응
페놀	티트리, 클로브, 오레가노, 타임	강한 간 독성	고양이 : 중독 개 : 자극 가능
모노테르펜	레몬, 오렌지, 자몽, 파인, 주니퍼베리	신경 독성, 간 해독 부담	고양이 : 해독 불가 개: 민감 반응
케톤	로즈마리, 세이지, 페퍼민트, 유칼립투스	점막 자극, 신경계 흥분	지속 노출 시 신경 손상 위험
알코올	라벤더, 제라늄 등 일부 플로럴 오일	신장 부담, 과량 사용 시 독성	희석하지 않으면 위험 가능

3 신장 기능과 지용성 성분의 배출 한계

간에서 분해된 물질은 신장을 통해 체외로 배출됩니다. 그러나 반려동물의 신장은 사람보다 체내 수분량이 적고, 노폐물을 걸러내는 기능도 상대적으로 낮아 일부 성분이 체내에 축적될 가능성이 있습니다.

에센셜 오일의 대부분은 지용성 성분으로 구성되어 있어, 수용성 독소에 비해 체내에 머무는 시간이 길고, 이는 신장에 부담을 줄 수 있는 요인이 됩니다.

특히 고양이는 선천적으로 신장 질환에 취약한 동물로 알려져 있으며, 항균이나 항바이러스 작용이 강한 오일 성분은 신장 기능을 저하시킬 수 있습니다. 강아지 역시 지용성 물질을 효과적으로 배출하는 데 한계가 있어, 에센셜 오일을 사용할 때에는 반드시 충분히 희석하고, 사용 빈도도 신중하게 조절하는 것이 필요합니다.

4 반려동물에게 비교적 안전한 오일과 주의 대상 오일

에센셜 오일은 사람뿐 아니라 반려동물의 정서 안정과 건강 관리를 위한 자연 친화적 도구로 활용될 수 있습니다. 하지만 반려동물의 생리적 특성과 해독 능력을 고려하지 않고 무분별하게 사용할 경우, 오히려 건강에 해를 끼칠 수 있습니다. 이와 같은 이유로, 오일의 선택과 사용 방법에 대한 세심한 판단이 필요합니다.

🪴 비교적 안전하게 사용할 수 있는 에센셜 오일

라벤더, 로만 카모마일, 프랑킨센스, 시더우드 등은 반려동물에게 비교적 안전하다고 알려진 오일입니다. 이들 오일은 진정 작용과 면역 안정, 해충 방지 등 다양한 효과를 지니고 있으며, 적절한 희석 비율을 유지한 상태에서 사용하면 정서적 안정에 긍정적인 도움을 줄 수 있습니다. 그러나 아무리 안전하다고 알려진 오일이라도 반려동물의 체질이나 상태에 따라 다르게 반응할 수 있으므로, 항상 소량으로 시작하고 반응을 관찰하는 과정이 필요합니다.

🪴 반드시 피하거나 신중히 사용해야 할 오일

반면, 티트리, 유칼립투스, 시트러스 계열(레몬, 오렌지, 자몽 등), 클로브, 오레가노, 타임 오일 등은 주의가 필요한 오일입니다. 특히 고양이는 간의 해독 효소가 매우 부족해 페놀, 모노테르펜, 케톤 성분을 제대로 분해하지 못하고 체내에 축적될 수 있습니다. 이로 인해 간 손상이나 신경계 자극, 호흡기 문제를 유발할 수 있으므로 고양이에게는 이러한 오일의 사용을 엄격히 제한하거나 아예 피해야 합니다. 강아지도 반복적인 고농도 노출 시간과 신장에 부담이 갈 수 있으므로 사용 시 반드시 농도와 빈도를 조절해야 합니다.

🪴 반려동물을 위한 안전한 아로마테라피 실천 지침

에센셜 오일을 반려동물에게 안전하게 활용하기 위해서는 몇 가지 기본적인 원칙을 지켜야 합니다. 먼저, 오일을 내복(섭취) 형태로 사용하는 것은 매우 위험하므로 절대 피해야 합니다. 피부에 사용할 경우에는 반드시 캐리어 오일에 희석하여 적용해야 하며, 일반적으로 10mL 기준으로 1방울 이하의 농도를 유지하는 것이 바람직합니다. 새로운 오일을 사용할 때에는 반려동물의 호흡, 피부, 행동 반응을 면밀히 관찰하고, 이상 반응이 있을 경우 즉시 사용을 중단해야 합니다. 고양이와 같은 후각 민감도가 높은 동물과 함께 있는 공간에서 오일을 확산할 경우, 반드시 고양이가 자율적으로 공간을 벗어날 수 있도록 탈출 경로를 확보해야 합니다.

5 반려동물의 건강을 위한 신중한 선택

반려동물에게 에센셜 오일을 적용할 때에는 단순히 향기의 효과만을 기대하기보다, 그들의 생리적 구조와 대사 능력을 충분히 고려하여 과학적이고 안전한 방법으로 접근하는 것이 필요합니다. 이를 통해 반려동물과 보호자 모두가 향기로운 일상을 더욱 건강하게 누릴 수 있습니다.

3.5 반려동물의 심혈관 및 소화기 시스템과 아로마테라피의 관계

"반려동물의 건강을 고려한 아로마테라피 적용"

에센셜 오일은 피부에 바르거나 공기 중에 확산시킬 경우, 체내에 흡수되어 혈류를 따라 전신에 작용합니다. 이때 반려동물의 심혈관계와 소화기계는 사람과 구조적으로 다른 특성을 가지고 있기 때문에, 이를 고려하지 않고 사용할 경우 예상치 못한 자극이나 부작용이 나타날 수 있습니다. 특히 심박 수, 혈압 조절, 소화 효소의 작용 등은 종마다 뚜렷한 차이를 보이므로, 안전한 아로마테라피를 위해 생리학적 특성을 충분히 이해하고 접근해야 합니다.

1 심혈관 시스템의 차이 : 사람과 반려동물 비교

심박 수와 혈류 순환 방식

사람의 평균 심박 수는 분당 60~100회 수준이지만, 강아지는 70~180회, 고양이는 120~220회에 달합니다. 특히 소형견일수록 심장이 작고 신진대사율이 높아 더 빠른 심박 수를 보입니다. 이는 곧 체내에 흡수된 에센셜 오일 성분이 빠르게 순환하며, 효과가 빠르게 나타날 수 있음을 의미합니다. 반면, 반응도 민감해질 수 있으므로 고농도 원액 사용은 피하고 반드시 희석하여 적용해야 합니다.

🪴 혈압 조절과 아로마테라피의 영향

혈압 조절 면에서도 반려동물은 스트레스나 환경 변화에 민감하게 반응합니다. 고양이는 작은 자극에도 혈압이 급격히 상승하는 경향이 있으며, 강아지도 일정 수준의 혈압 변동을 보입니다. 라벤더나 로만 카모마일처럼 혈압을 안정시키는 작용이 있는 오일은 긍정적인 영향을 줄 수 있지만, 로즈마리나 블랙페퍼처럼 혈류를 자극하는 오일은 심장 질환이 있는 동물에게 부담을 줄 수 있어 주의가 필요합니다.

2 소화기계의 특성과 오일 대사

에센셜 오일은 피부나 호흡기뿐 아니라, 소화기를 통해서도 체내에 흡수될 수 있습니다. 하지만 반려동물의 소화기 구조는 사람과 달리 일부 영양소나 화합물의 소화 및 대사에 한계가 있습니다.

사람은 단백질, 지방, 탄수화물을 균형 있게 소화할 수 있도록 설계된 소화기관을 가지고 있지만, 강아지는 단백질과 지방 중심의 소화에 적합하며, 고양이는 철저한 육식 동물로서 탄수화물 소화 능력이 거의 없습니다. 이러한 차이는 오일 성분이 체내에서 어떻게 분해되고 배출되는지에도 직접적인 영향을 미칩니다.

고양이는 특정 간 해독 효소가 결핍되어 일부 오일 성분을 효과적으로 분해하지 못합니다. 이로 인해 분해되지 않은 성분이 체내에 남아 간과 신장에 부담을 주거나 독성 반응을 유발할 수 있습니다. 앞서 설명한 간 해독 효소의 차이는 소화기와도 밀접하게 연결되어 있으므로, 오일의 종류와 사용 방법 선택에 각별한 주의가 필요합니다.

[사람과 반려동물의 소화 능력 비교]

항목	사람	강아지	고양이
단백질 소화	우수	우수	우수
지방 소화	우수	우수	우수
탄수화물 소화	우수	제한적	매우 제한적
간 해독 효소	활성화	부분적 활성화	결핍된 효소 존재

3 생리학을 고려한 안전한 아로마테라피 활용

반려동물은 사람과 생리학적 조건이 다르기 때문에, 동일한 방식으로 아로마테라피를 적용해서는 안 됩니다. 적절한 방식으로 접근하면 스트레스 완화, 면역력 강화 등 긍정적인 효과를 기대할 수 있지만, 사용법을 잘못 선택할 경우 건강에 해가 될 수 있습니다.

예를 들어, 피부 도포 시에는 반드시 캐리어 오일에 희석하여 적용해야 하며, 강아지는 핥기 어려운 목덜미나 등에 소량 사용하는 것이 적절합니다. 고양이의 경우 자주 그루밍을 하기 때문에 피부 도포보다는 공기 중 확산 방식이 더 안전합니다.

공기 확산 방식 역시 환기와 사용 시간 조절이 필요하며, 고양이가 원할 때 공간을 벗어날 수 있도록 환경을 마련해야 합니다. 추가적으로, 하이드로졸은 에센셜 오일보다 자극이 적어 고양이에게 상대적으로 안전한 대안이 될 수 있습니다. 단, 향 종류에 따라 반응이 다를 수 있으므로 반드시 사전 반응을 관찰하고 사용량을 최소화하는 것이 필요합니다.

　반려동물의 심혈관계, 소화기계, 간·신장 기능 등을 종합적으로 고려한 신중한 접근은, 보호자와 반려동물이 함께 안전하게 향기를 누릴 수 있는 기본이 됩니다.

3.6 반려동물의 면역 체계와 스트레스 반응

반려동물의 건강을 유지하는 데 있어 가장 중요한 요소 중 하나는 면역 체계입니다. 면역 체계는 신체를 외부 병원체로부터 보호하고 감염을 예방하며, 건강을 유지하는 필수적인 방어 시스템입니다. 하지만 면역력이 저하되면 질병에 걸릴 위험이 커지며, 특히 스트레스는 면역 기능을 약화시키는 주요 원인 중 하나로 작용합니다. 스트레스가 지속되면 신경계와 내분비계가 반응하면서 면역 체계에 부정적인 영향을 미칠 수 있으며, 이로 인해 반려동물은 각종 질병과 건강 문제에 더욱 취약해질 수 있습니다.

아로마테라피는 향을 통한 정서적 안정뿐 아니라, 면역 조절에도 도움을 줄 수 있는 자연 치유 방법입니다. 적절한 아로마테라피 활용법을 적용하면, 반려동물의 면역력을 보호하고 스트레스를 효과적으로 완화할 수 있습니다. 반려동물의 생리적 특성을 고려하여 면역 체계와 스트레스 반응을 이해하는 것은 건강한 삶을 유지하는 데 필수적인 요소입니다.

1 반려동물의 면역 체계와 주요 저하 요인

반려동물의 건강을 유지하는 데 있어 면역 체계는 매우 중요한 역할을 합니다. 면역은 외부 병원체로부터 신체를 보호하고 감염을 예방하는 방어 시스템이며, 선천 면역(자연 면역)과 후천 면역(획득 면역)으로 구성됩니다.

선천 면역은 피부, 점막, 침, 눈물, 위산과 같은 물리적·화학적 장벽을 통해 병원체의 침입을 막고, 대식세포나 호중구 등이 신속히 반응하여 감염을 방어합니다. 후천 면역은 백신이나 감염을 통해 형성되며, 기억세포가 특정 병원체를 인식해 빠르고 강한 방어 반응을 일으킵니다.

하지만 면역 체계는 항상 일정하게 유지되지 않으며, 다양한 요인에 따라 쉽게 약화될 수 있습니다. 예를 들어, 노화, 영양 부족, 만성 질환, 환경 오염 등이 주요 원인으로 작용할 수 있으며, 이 중에서도 스트레스는 면역 기능을 저하시키는 중요한 요인 중 하나입니다.

특히 새끼나 노령의 반려동물은 면역 체계가 아직 발달하지 않았거나 약해져 있기 때문에 더욱 세심한 관리가 필요합니다.

2 스트레스 반응과 면역력 저하의 관계

반려동물의 면역 기능은 신체적 요인뿐 아니라 심리적 요인에 의해서도 크게 영향을 받습니다. 특히, 스트레스가 장기간 지속되면 신경계와 내분비계가 활성화되면서 코르티솔(cortisol)이라는 스트레스 호르몬이 과도하게 분비되고, 이로 인해 면역 반응이 억제될 수 있습니다.

코르티솔은 단기적으로는 신체가 위협에 적응하도록 돕지만, 높은 수치가 지속될 경우 염증 반응이 증가하고, 면역 세포의 기능이 약화되어 질병에 대한 저항력이 떨어집니다.

예를 들어, 반려동물이 낯선 환경에 노출되거나, 보호자와의 분리, 소음 자극(폭죽, 천둥, 진공청소기 등), 새로운 반려동물의 등장 등은 모두 스트레스를 유발하는 요소가 될 수 있습니다.

이러한 상황은 소화기 장애, 피부 질환, 자가면역 질환과 같은 신체적 문제로 이어질 수 있으며, 특히 반복적으로 스트레스를 받는 반려동물은 면역력이 지속적으로 약화될 가능성이 높습니다. 따라서 반려동물이 안정감을 느낄 수 있는 환경을 조성하고, 스트레스 요인을 사전에 파악하여 최소화하는 것은 건강을 지키기 위해 꼭 필요한 실천 방법입니다.

3 에센셜 오일이 면역 반응에 미치는 영향

아로마테라피는 신경계와 면역계에 영향을 미쳐 반려동물의 건강을 지원하는 역할을 할 수 있습니다. 특히, 일부 에센셜 오일은 항균·항바이러스 효과를 가지고 있으며, 면역력을 강화하는 데 긍정적인 영향을 줄 수 있습니다.

라벤더 오일은 대표적인 진정 작용을 하는 에센셜 오일로, 스트레스를 완화하고 신경계를 안정시키는 데 도움이 됩니다. 연구에 따르면, 라벤더 향을 흡입한 반려동물은 심박 수가 안정되고 불안 반응이 감소하는 경향을 보입니다. 이는 스트레스 호르몬 분비를 조절하여 면역 시스템을 보호하는 데 기여할 수 있습니다.

프랑킨센스 오일은 면역력을 높이고 항염 작용을 하는 성분을 함유하고 있어, 면역 세포의 활동을 촉진하고 신체의 자연 치유력을 향상시키는 데 도움을 줄 수 있습니다. 특히, 만성 염증 질환이나 피부 알레르기 반응을 완화하는 데 효과적일 수 있습니다.

유칼립투스 오일은 호흡기 건강을 지원하는 데 유용하며, 강한 항균 효과를 가지고 있습니다. 하지만, 유칼립투스 오일은 고농도로 사용할 경우 반려동물의 호흡기에 자극을 줄 수 있으므로 반드시 희석하여 사용해야 합니다.

이 외에도, 로만 카모마일 오일은 부드러운 항염 작용과 신경 안정 효과를 제공하며, 특히 소화기 건강과 관련된 면역 반응을 조절하는 데 도움이 될 수 있습니다.

아로마테라피를 반려동물의 면역 관리에 활용할 때는 신중한 접근이 필요합니다. 면역력이 약한 새끼 동물과 노령 반려동물에게는 에센셜 오일을 더욱 낮은 농도로 희석하여 사용해야 하며, 피부에 직접 바르는 방식보다는 공기 중 확산 방식이 더 안전할 수 있습니다. 또한, 반려동물이 불편한 반응을 보일 경우 즉시 사용을 중단하는 것이 바람직합니다.

스트레스와 면역력 저하는 반려동물의 건강에 직결되는 문제이지만, 적절한 환경 관리와 아로마테라피를 병행하면 이를 효과적으로 관리할 수 있습니다. 반려동물의 신체적·정서적 균형을 유지하는 것은 보호자의 세심한 관심에서 비롯됩니다. 자연의 향을 활용한 신중한 접근은 반려동물의 건강과 행복을 유지하는 데 긍정적인 영향을 줄 수 있으며, 보호자와 반려동물 간의 유대감을 더욱 깊게 형성하는 데도 도움이 될 것입니다.

4 면역력이 약한 반려동물을 위한 아로마테라피 활용법

🌱 새끼 반려동물과 노령 반려동물의 경우

- 면역력이 약한 새끼 동물과 노령 동물에게는 희석 농도를 더욱 낮추어 사용해야 합니다.
- 피부 도포보다는 공기 중 확산 방식(디퓨저 사용)이 더 안전합니다.

- 자극적인 향이나 고농도의 오일은 피하고, 부드러운 향의 하이드로졸(예: 로만 카모마일, 라벤더)을 활용하는 것이 좋습니다.

🪴 안전한 활용법

- 공기 중 확산법 : 낮은 농도로 희석한 에센셜 오일을 아로마 확산기에 넣어 짧은 시간 동안 사용합니다.
- 간접 노출법 : 에센셜 오일을 묻힌 천을 가까운 곳에 두어 은은하게 향을 맡도록 유도합니다.
- 하이드로졸 사용 : 물에 희석된 허브 워터를 가볍게 뿌려 스트레스 완화에 도움을 줄 수 있습니다.

5 반려동물의 면역과 정서적 균형을 위한 아로마테라피

스트레스와 면역력 저하는 반려동물의 건강에 직접적인 영향을 미칠 수 있습니다. 하지만 적절한 환경 조성과 아로마테라피를 신중하게 활용하면 이를 완화하는 데 도움이 됩니다. 반려동물의 면역력이 약한 경우, 에센셜 오일 사용에 더욱 신중해야 하며, 특정 성분이 체내에 축적될 가능성을 고려해야 합니다. 특히, 고양이는 간에서 특정 화합물을 분해하는 능력이 부족하므로 더욱 주의가 필요합니다.

스트레스가 지속되면 면역 체계가 약해질 수 있기 때문에, 긴장 완화 효과가 있는 향을 적절히 활용하는 것이 중요합니다. 라벤더나 카모마일처럼 부드러운 향은 반려동물의 정서적 안정을 돕는 데 유용하며, 공간에 은은하게 확산시키는 방식이 가장 적절합니다.

또한, 희석 비율과 사용 방법을 철저히 준수하여 반려동물이 편안하게 향을 받아들일 수 있도록 환경을 조성하는 것이 필요합니다. 과도한 향은 오히려 반려동물에게 불편함을 줄 수 있으므로, 환기를 병행하여 자연스럽게 향이 퍼지도록 하는 것이 좋습니다. 신중하고 세심한 접근이 이루어진다면, 반려동물과 보호자가 함께 안전하고 편안한 향기를 즐기며 더욱 깊은 유대감을 형성할 수 있을 것입니다.

3.7 반려동물의 생리학을 고려한 아로마테라피 안전 가이드

반려동물에게 아로마테라피를 적용할 때는 단순히 향의 효과만 고려할 것이 아니라, 반려동물의 생리학적 특성을 철저히 반영해야 합니다. 후각이 사람보다 예민하고, 피부 보호막이 얇으며, 간과 신장의 해독 기능이 사람과 다르게 작용하기 때문에 신중한 접근이 필수적입니다. 또한, 연령과 건강 상태에 따라 아로마테라피의 적용 방식이 달라질 수 있으므로, 이를 고려한 맞춤형 사용법을 적용해야 합니다.

이 장에서는 반려동물에게 아로마테라피를 안전하게 활용하는 방법을 정리하여 보호자가 신중하게 적용할 수 있도록 돕겠습니다.

1 반려동물의 생리학적 특성을 반영한 아로마테라피 적용 원칙

반려동물은 사람과 생리학적으로 큰 차이를 보이며, 특히 후각, 피부 흡수율, 간 해독 기능, 체온 조절 방식에서 차이를 보입니다. 따라서 반려동물에게 에센셜 오일을 사용할 때는 이러한 생리학적 차이를 반영해야 합니다.

🪴 피부와 후각을 고려한 적용 방식

강아지는 피부 보호막이 얇고 피지선이 특정 부위에 집중되어 있어 피부가 건조해지기 쉽습니다. 따라서 캐리어 오일과 혼합하여 보습 효과를 함께 제공하는 것이 필수적이며, 희석 비율은 0.25~1%로 낮추는 것이 좋습니다.

고양이는 후각이 매우 민감하며, 피부 흡수를 통해 체내로 성분이 빠르게 전달됩니다. 피부 도포보다는 공기 중 확산 방식이 더 적절하며, 강한 향보다는 부드러운 하이드로졸(허브 워터)을 활용하는 것이 안전합니다.

🌱 체온 조절 방식과 향의 영향

반려동물은 사람처럼 땀을 흘려 체온을 조절하지 못하며, 혀를 내밀어 열을 방출하는 방식을 사용합니다.

따라서 혈액순환을 촉진하는 오일(예: 시나몬, 블랙페퍼, 진저 등)은 체온 상승을 유발할 가능성이 있으므로, 더운 날씨나 환기가 어려운 환경에서는 사용을 피하는 것이 좋습니다.

2 반려동물별 적절한 향 선택과 사용법

반려동물마다 향에 대한 반응이 다르므로, 종별 특성에 따라 안전한 향과 주의해야 할 향을 구분하는 것이 중요합니다.

반려동물	사용 가능한 향	주의해야 할 향	사용 금지 향
강아지	라벤더, 로만 카모마일, 프랑킨센스	로즈마리(혈압 상승 가능), 민트 계열(호흡기 자극 가능)	티트리, 유칼립투스, 시트러스 계열
고양이	로즈 하이드로졸, 카모마일 하이드로졸	라벤더 (고농도 사용 시 부담 가능)	티트리, 유칼립투스, 시트러스 계열

3 반려동물의 신체적 상태(나이, 건강 상태)에 따른 조정

반려동물의 연령과 건강 상태에 따라 에센셜 오일의 사용 방법을 조정해야 합니다.

🌱 어린 반려동물 (6개월 미만)

피부와 면역계가 아직 완전히 발달되지 않았으므로, 에센셜 오일 사용을 피하고 하이드로졸을 활용하는 것이 안전합니다.

🌱 노령 반려동물 (7세 이상)

노화로 인해 간과 신장 기능이 저하되므로, 신체에 부담을 줄 수 있는 강한 오일(예: 로즈마리, 유칼립투스 등)은 사용을 피하는 것이 좋습니다. 혈액 순환을 촉진하는 오일(예: 프랑킨센스)은 관절 통증 완화에 도움을 줄 수 있지만, 반드시 희석하여 사용해야 합니다.

🌱 기저 질환이 있는 반려동물

심장 질환이 있는 경우 혈압을 높일 수 있는 오일(예: 로즈마리, 블랙페퍼)을 피해야 합니다.

신장 질환이 있는 경우 해독 부담을 줄이기 위해 피부 도포보다는 간접적인 확산 방식을 활용하는 것이 적절합니다.

4 신중한 접근이 건강을 지키는 열쇠입니다

향기를 통한 치유는 반려동물에게 정서적 안정과 건강한 일상을 선물할 수 있는 소중한 도구입니다. 그러나 효과적인 활용을 위해서는 향에 대한 감수성이 높은 반려동물의 생리학적 특성을 반드시 이해하고, 신체 상태와 생활 환경에 맞춘 섬세한 접근이 필요합니다.

처음 오일을 적용할 때는 소량부터 시도하고, 희석 비율을 철저히 지키며, 반려동물의 반응을 주의 깊게 관찰하는 것이 기본입니다. 특히, 연령, 체질, 건강 상태에 따라 반응이 달라질 수 있기 때문에, 개별 특성에 맞는 맞춤형 사용이 중요합니다.

향기는 보이지 않지만, 반려동물과 보호자 사이에 따뜻한 신뢰와 안정을 전달하는 매개체가 될 수 있습니다. 아로마테라피가 반려동물의 삶에 긍정적인 영향을 줄 수 있도록, 보다 섬세하고 지혜로운 실천이 이어지길 바랍니다.

4장

반려동물별 아로마테라피 활용법

Companion animals

4.1 반려견을 위한 아로마테라피 : 삶의 질을 높이는 방법

"자연의 향기로 반려견에게 평화와 활력을"

반려견은 비교적 다양한 에센셜 오일을 안전하게 사용할 수 있는 동물로, 적절한 희석 비율과 사용법을 따른다면 심리적 안정과 신체적 건강을 동시에 지원할 수 있습니다. 반려견의 개별적인 특성과 필요를 고려하여 적합한 오일과 방법을 선택하면 삶의 질을 향상시키는 데 큰 도움이 됩니다.

1 반려견 아로마테라피 활용법

목적	추천 오일	활용 방법	주의사항
스트레스 해소 및 불안 완화	라벤더, 로만 카모마일	• 아로마 확산기사용 : 라벤더 오일 2~3방울 또는 로만 카모마일 1~2방울 디퓨저로 확산 • 침구 활용 : 담요나 침구에 로만 카모마일 오일 1~2방울 떨어뜨리기	향이 너무 강하지 않도록 조절하고, 사용 후 환기 필요

목적	추천 오일	활용 방법	주의사항
분리불안 완화	네롤리, 라벤더	• 스프레이 활용 : 네롤리 하이드로졸을 침구나 이동 캐리어에 분사 • 목줄 활용 : 라벤더 오일을 면직물에 한 방울 떨어뜨려 목줄에 부착	반려견이 향을 피하려 하면 즉시 사용 중단
피부 및 털 관리	프랑킨센스, 로즈마리	• 국소 적용 : 스위트 아몬드 오일 50mL에 프랑킨센스 오일 5방울 희석 후 피부에 적용 • 브러싱 스프레이 : 로즈마리 하이드로졸 100mL에 로즈마리 오일 1방울 혼합	희석된 오일만 사용하며, 스프레이는 사용 전 충분히 흔들어 준 후 사용
소화기 건강 지원	페퍼민트, 생강	• 복부 마사지 : 캐리어 오일 30mL에 페퍼민트 오일 1방울 희석 후 복부 마사지 • 아로마 확산기 사용 : 생강 오일 1~2방울 공기 중 확산	사용 전 반려견의 반응 확인 후 진행
호흡기 건강과 면역력 강화	유칼립투스, 라벤더, 시더우드	• 스팀 테라피 : 따뜻한 물 한 그릇에 유칼립투스 오일 1방울을 떨어뜨림 • 침구 활용 : 라벤더와 시더우드 오일을 희석 후 침구에 분사	유칼립투스는 고농도로 사용하지 않으며, 사용 중 환기 필수
관절과 근육 통증 완화	로즈힙	• 국소 적용 : 호호바 오일 50mL에 로즈힙 오일 5방울 희석 후 관절 마사지 • 온찜질 : 따뜻한 수건에 로즈힙 오일 2방울 떨어뜨려 관절 부위에 올림	찜질 시 수건 온도가 너무 뜨겁지 않도록 주의
노령견 케어	프랑킨센스, 로만 카모마일	• 국소 마사지 : 캐리어 오일 50mL에 프랑킨센스 3방울 희석 후 부드럽게 마사지 • 확산기사용 : 로만 카모마일 2방울을 디퓨저에 넣어 공기 중 확산	신체 반응을 관찰하고, 너무 강한 향은 피할 것

2 반려견이 피해야 할 에센셜 오일

반려견의 건강을 위해 사용하면 안 되는 오일 목록을 정리하였습니다.

금지 오일	이유
티트리	간 독성 위험, 신경계 자극 가능
겨자	강한 자극제로 피부와 점막을 손상시킬 가능성 있음
시트러스 계열	(레몬, 오렌지, 베르가못 등) 피부 자극 및 광독성 위험
클로브	강한 항균 성분이 간에 부담을 줄 수 있음
타임	강한 살균력으로 인해 피부와 호흡기 자극 가능

3 국소 도포 시 추천 부위

반려견에게 에센셜 오일을 국소 도포 할 경우, 피해야 할 부위와 추천 부위를 정리하였습니다.

추천 부위	설명
귀 뒤쪽	향이 은은하게 퍼지고, 핥을 가능성이 적음
목 주변	근육이 이완되기 쉬운 부위
어깨	마사지 효과가 좋고, 직접 핥을 가능성이 낮음
배 (복부 마사지 시)	소화기 건강을 위한 부드러운 마사지 부위
관절 (노령견 케어 시)	노령견의 관절 건강을 위해 적용 가능

🌱 **피해야 할 부위**

눈 주변, 코, 입, 발바닥 (핥을 위험이 높은 부위)

4 희석 비율 가이드

반려견에게 에센셜 오일을 사용할 때 적절한 희석 비율을 정리하였습니다.

사용 목적	희석 비율 (캐리어 오일 기준)	비율 예시 (캐리어 오일 50mL 기준)
일반적인 피부 도포	0.25~1%	1~5방울
국소 마사지	1%	5방울
관절 마사지	1~2%	5~10방울
아로마 확산기 사용	1~3방울	-

5 반려견의 삶을 풍요롭게 만드는 아로마테라피

반려견을 위한 아로마테라피는 적절한 오일과 안전한 활용법을 통해 심리적 안정과 신체적 건강을 지원하는 자연의 선물입니다. 반려견의 반응을 세심히 관찰하며 긍정적이고 편안한 경험을 제공한다면, 보호자와 반려견 간의 유대감을 더욱 강화할 수 있습니다.

자연의 향기로 반려견과 함께 건강하고 행복한 일상을 만들어 보세요.

4.2 고양이를 위한 아로마테라피 : 섬세하고 안전한 접근법

"자연의 향기로 반려묘에게 안락함과 안정감을 제공하세요."

고양이는 특정 화합물을 대사하는 능력이 제한적이기 때문에 아로마테라피를 적용할 때 특히 신중해야 합니다. 고양이의 간은 페놀과 테르펜 같은 화합물을 분해하는 데 중요한 효소인 UDP-글루쿠로노실트랜스퍼라제(UGT) 효소의 활성이 낮아, 이러한 성분이 포함된 에센셜 오일은 독성을 유발할 수 있습니다. 그러나 적합한 오일과 안전한 사용법을 따른다면, 고양이의 건강과 정서적 안정을 돕는 데 유용한 도구로 활용할 수 있습니다. 다음 페이지에서는 고양이를 위한 안전한 아로마테라피 활용법과 주의사항을 소개합니다.

1 반려묘 아로마테라피 활용법

목적	추천 오일	활용 방법	주의사항
안정과 편안함 제공	라벤더, 로만 카모마일	• 아로마 확산기 사용 : 라벤더 오일 1~2방울 디퓨저로 확산, 15~30분 후 확산 중지 • 침구 스프레이 : 로만 카모마일 하이드로졸을 침구에 분사	고양이가 불편해하거나 숨는 행동을 보이면 즉시 중단하고 환기
호흡기 건강 지원	유칼립투스, 라벤더	• 아로마 확산기 사용 : 유칼립투스 오일 1방울을 디퓨저에 넣어 은은하게 확산 • 스팀 테라피 : 따뜻한 물 한 그릇에 오일 1방울을 떨어뜨려 증기 발생	고농도 사용을 피하고, 사용 후 충분한 환기 필요
소화기 문제 완화	생강	• 아로마 확산기 사용 : 생강 오일 1방울을 디퓨저에 사용 • 복부 스프레이 : 생강 하이드로졸을 복부 주변에 간접적으로 분사	향이 너무 강하지 않도록 조절하고, 사용 중 반응 확인 필요
스트레스 및 분리불안 완화	네롤리, 일랑일랑	• 아로마 확산기 사용 : 네롤리 오일 1방울로 은은하게 확산 • 침구 활용 : 네롤리 하이드로졸을 침구 근처에 분사	향이 오래 남지 않도록 사용 후 환기 필요
통증 및 염증 완화	마조람, 프랑킨센스	• 아로마 확산기 사용 : 마조람 오일 1방울을 디퓨저에 사용 • 온찜질 : 따뜻한 수건에 프랑킨센스 오일 1방울을 떨어뜨려 관절 부위에 올림	고농도로 사용 피하고, 찜질 시 오일이 직접 피부에 닿지 않도록 하며, 수건 온도 확인 필요
식욕 촉진 및 기분 개선	로즈	• 아로마 확산기 사용 : 로즈 오일 1방울을 디퓨저에 사용 • 환경 활용 : 로즈 하이드로졸을 침구 근처에 분사	향이 부담되지 않도록 조절하고, 사용 후 환기 필요

2 고양이가 피해야 할 에센셜 오일

고양이는 특정 성분을 해독하는 능력이 부족하여, 다음과 같은 에센셜 오일은 절대 사용해서는 안 됩니다.

금지 오일	이유
티트리	간 독성 위험, 신경계 자극 가능
유칼립투스(고농도)	호흡기 및 신경계 부담 가능
시트러스 계열	(레몬, 오렌지, 베르가못 등) 간 해독 효소 부족으로 인해 독성 축적 가능
클로브	강한 항균 성분이 간에 부담을 줄 수 있음
타임	강한 살균력으로 인해 피부와 호흡기 자극 가능

3 국소 도포 시 추천 및 피해야 할 부위

고양이는 스스로 몸을 핥는 습성이 강하므로, 피부에 직접 도포하는 것은 추천되지 않습니다. 그러나 부득이한 경우, 핥을 가능성이 적은 부위를 선택해야 합니다.

추천 부위	설명
귀 뒤쪽	향이 은은하게 퍼지고, 직접 핥을 가능성이 적음
목 주변	근육이 이완되기 쉬운 부위
관절 (노령묘 케어)	관절 건강을 위해 희석된 오일을 간접적으로 적용 가능

🪴 **피해야 할 부위**

얼굴, 코 주변, 발바닥, 복부 (핥을 가능성이 높은 부위)

4 희석 비율 가이드

고양이에게 에센셜 오일을 사용할 때는 극도로 낮은 농도로 희석해야 합니다.

사용 목적	희석 비율 (캐리어 오일 기준)	비율 예시 (캐리어 오일 50mL 기준)
일반적인 확산 사용	0.25% 이하	1방울 이하
국소 마사지	0.1~0.2% 이하	1방울 이하
침구 및 환경 스프레이	하이드로졸 활용	100mL 기준 1~2방울

5 반려묘와 함께하는 안전한 아로마테라피

고양이는 생리적으로 민감한 동물이지만, 적절한 오일과 신중한 활용법을 따른다면 신체적·정서적 건강을 지원할 수 있습니다. 보호자는 고양이의 반응을 세심히 관찰하고, 오일 사용 전후로 변화된 상태를 점검해야 합니다.

- 고양이는 특정 성분을 해독하는 능력이 부족하므로, 안전한 오일을 선택해야 합니다.
- 희석 비율을 철저히 준수하고, 국소 도포보다는 간접 확산 방식이 더욱 적절합니다.
- 새로운 향을 적용하기 전, 고양이의 반응을 면밀히 관찰하여 불편해하는지 확인해야 합니다.

자연의 향기로 고양이와 보호자가 함께 건강하고 조화로운 관계를 만들어 보세요.

4.3 소형 동물을 위한 아로마테라피 : 작은 생명에 스며드는 치유

"자연의 향기로 소형 동물에게 조화와 편안함을 제공하세요."

토끼, 햄스터, 기니피그, 페럿과 같은 소형 동물은 신체 구조와 생리적 특성상 에센셜 오일의 고농도 사용이 매우 위험할 수 있습니다. 이들은 작은 신체 크기, 빠른 신진대사, 예민한 신경계 및 민감한 호흡기 시스템을 지니고 있어, 에센셜 오일을 피부에 직접 도포하는 대신 디퓨저를 통한 간접 흡입 방식이 권장됩니다.

적절한 오일과 하이드로졸을 사용하면 소형 동물에게 스트레스 완화, 호흡기 건강 지원, 소화 문제 개선 등의 긍정적인 효과를 제공할 수 있습니다. 하지만 사용 전 반드시 반려동물의 반응을 세심하게 관찰하고, 농도를 정확히 조절해야 합니다.

1 소형동물 아로마테라피 활용법

목적	에센셜 오일 / 하이드로졸	활용 방법	적용 대상 동물
스트레스 완화	카모마일, 라벤더	• 아로마 확산기 사용 : 오일 1방울을 넣고 은은하게 확산 • 환경 개선 : 하이드로졸을 침구 근처에 소량 분사	토끼, 햄스터, 기니피그
호흡기 건강 지원	유칼립투스 (낮은 농도), 라벤더	• 아로마 확산기 사용 : 유칼립투스 오일 1방울을 넣어 은은하게 확산 • 공기 정화 : 하이드로졸 혼합 후 분사	토끼, 기니피그
소화기 건강 지원	페퍼민트, 생강	• 아로마 확산기 사용 : 오일 1방울을 사용해 은은하게 확산 • 침구 활용 : 하이드로졸을 침구 근처에 소량 분사	토끼, 기니피그
소형 동물별 활용법	라벤더, 카모마일, 네롤리, 프랑킨센스	• 토끼 : 라벤더, 카모마일로 환경 변화 적응 지원 • 햄스터 : 카모마일 오일로 스트레스 완화 • 기니피그 : 네롤리와 로즈 오일로 정서적 안정 • 페럿 : 프랑킨센스 오일로 활동 후 안정감 제공	토끼, 햄스터, 기니피그, 페럿

2 소형 동물이 피해야 할 에센셜 오일

소형 동물들은 작은 체구와 빠른 신진대사로 인해 특정 성분을 해독하는 능력이 부족하여, 다음과 같은 에센셜 오일은 절대 사용해서는 안 됩니다.

금지 오일	이유
티트리	신경계 및 간 독성 위험, 체내 해독이 어려움
유칼립투스(고농도)	호흡기 자극 가능, 폐 부담 증가
시트러스 계열	(레몬, 오렌지, 베르가못 등) 간 해독 효소 부족으로 인해 독성 축적 가능
클로브	강한 살균 성분이 신체 부담을 줄 수 있음
겨자, 계피	혈압 상승 및 점막 자극 가능

3 디퓨저 사용법 & 환경 조절

소형 동물은 밀폐된 공간에서 향을 오래 맡을 경우 호흡기 부담을 느낄 수 있습니다. 따라서 반려동물이 향에서 벗어날 수 있는 환경을 조성해야 하며, 디퓨저를 사용할 때는 다음과 같은 지침을 반드시 따르는 것이 중요합니다.

항목	사용 가이드
디퓨저 사용 시간	1회 사용 시 15~20분 이내, 이후 충분한 환기
확산 방식	공기 중 확산 방식 권장, 반려동물이 피할 수 있는 공간 조성
사용 환경	창문을 열어 환기가 가능한 곳에서만 사용, 닫힌 공간 금지
반응 확인	호흡 곤란, 활동 저하, 스트레스 반응이 보이면 즉시 중단
하이드로졸 활용	오일보다 하이드로졸 사용을 우선 고려, 침구나 환경에 소량 분사

4 희석 비율 가이드

소형 동물에게 에센셜 오일을 사용할 때는 극도로 낮은 농도로 희석해야 합니다.

사용 목적	희석 비율 (캐리어 오일 기준)	비율 예시 (캐리어 오일 50mL 기준)
일반적인 확산 사용	0.1% 이하	1방울 이하
국소 마사지	0.05~0.1% 이하	1방울 이하
침구 및 환경 스프레이	하이드로졸 활용	100mL 기준 1~2방울

5 소형 동물을 위한 안전한 아로마테라피

소형 동물을 위한 아로마테라피는 낮은 농도로 희석된 에센셜 오일이나 하이드로졸을 디퓨저를 통해 간접적으로 활용하는 것이 핵심입니다.

- 디퓨저 사용은 15~20분 이내로 제한하며, 반드시 환기를 해야 합니다.
- 반려동물의 상태를 면밀히 관찰하고, 이상 반응이 보이면 즉시 중단해야 합니다.
- 국소 도포는 권장되지 않으며, 피부에 직접 닿지 않도록 주의해야 합니다.
- 소형 동물에게는 오일보다 하이드로졸을 사용하는 것이 더욱 안전합니다.

소형 동물의 민감한 생리적 특성을 고려한 세심한 접근은 그들의 삶의 질을 높이고 보호자와의 유대감을 강화하는 데 중요한 역할을 합니다.

자연의 향기로 소형 동물과 함께 더욱 조화롭고 편안한 일상을 만들어 보세요.

4.4 조류와 파충류를 위한 아로마테라피 : 특별한 반려동물을 위한 치유

"자연의 향기로 조류와 파충류에게 균형과 안정감을 제공합니다."

조류와 파충류는 매우 민감한 생리적 특성과 후각 체계를 가지고 있어, 아로마테라피를 활용할 때 각별한 주의가 필요합니다. 조류는 고도로 발달된 호흡기를 갖고 있어, 공기 중의 작은 입자에도 빠르게 반응하며 강한 향에 민감하게 반응할 수 있습니다.

파충류는 환경 변화에 신체적 반응이 느리지만, 온도, 습도, 공기 질 변화에 민감하여 서식 환경 개선이 중요한 요소가 됩니다. 따라서, 아로마 확산기를 통한 간접 흡입 방식은 이들에게 가장 안전하고 효과적인 접근법이 될 수 있습니다.

디퓨저를 직접적인 환경이 아닌, 서식지 외부에서 활용해야 하며, 낮은 농도에서 짧은 시간 동안만 사용해야 합니다. 적절한 에센셜 오일과 하이드로졸을 선택하고 안전 수칙을 준수하면, 조류와 파충류에게도 자연의 치유력을 선사할 수 있습니다.

1 조류와 파충류 아로마테라피 활용법

목적	에센셜 오일 / 하이드로졸	활용 방법	적용 대상
조류의 스트레스 완화 및 서식 환경 개선	라벤더, 카모마일 하이드로졸	• 아로마 확산기 : 오일 1방울을 낮은 농도로 은은하게 확산. • 환경 개선 : 하이드로졸을 케이지 주변에 가볍게 분사.	조류
파충류의 스트레스 완화 및 서식 환경 개선	프랑킨센스, 네롤리 하이드로졸	• 아로마 확산기 : 오일 1방울을 서식지 외부에서 낮은 농도로 확산. • 서식지 정화 : 하이드로졸을 청소 후 분사하여 환경 개선.	파충류

2 조류와 파충류가 피해야 할 에센셜 오일

조류와 파충류는 특정 화합물을 해독하는 능력이 부족하며, 특히 강한 항균 성분이나 테르펜이 포함된 오일은 독성을 유발할 수 있습니다.

금지 오일	이유
티트리	강한 독성을 가지며, 조류와 파충류에게 신경독성 유발 가능
유칼립투스(고농도)	강한 호흡기 자극 가능, 폐 부담 증가
시트러스 계열	(레몬, 버가못, 오렌지 등) 강한 테르펜 함유로 인해 신경계 및 간에 부담을 줄 수 있음
클로브, 계피	강한 항균 성분이 신체에 부담을 줄 수 있으며, 조류에게 특히 위험
주니퍼 베리, 소나무(파인 외) 계열	페놀 및 모노테르펜 성분이 포함되어 있어 신경독성 위험 증가

3 디퓨저 사용법 & 환경 조절

조류와 파충류는 공기 중 화학물질에 대한 감수성이 높아, 디퓨저를 사용할 때 주의 깊은 환경 조절이 필요합니다.

항목	사용 가이드
디퓨저 사용 시간	1회 사용 시 10~15분 이내, 이후 충분한 환기
확산 방식	서식지 외부에서 확산, 직접적인 향 노출 금지
사용 환경	환기가 가능한 공간에서만 사용, 공기 흐름 조절
반응 확인	• 조류 : 깃털 부풀림, 이상한 소리, 활동 저하 시 즉시 중단 • 파충류 : 먹이 거부, 호흡 이상 시 즉시 중단
하이드로졸 활용	오일 보다 하이드로졸 사용을 우선 고려, 환경 정화에 활용

4 희석 비율 가이드

조류와 파충류는 피부 흡수보다 호흡을 통한 성분 흡수가 주요한 방식이므로, 에센셜 오일 사용 시 극도로 낮은 농도에서 활용해야 합니다.

사용 목적	추천 희석 방식	비율 예시 (50mL 기준)	주의 사항
일반적인 확산 사용	극 저농도 사용 (0.05~0.1% 이하)	에센셜 오일 1방울 이하 (0.05~0.1%)	향에 민감하므로 반응 관찰 필수
서식지 정화	하이드로졸 사용 권장	무향 또는 은은한 향의 하이드로졸 소량 사용	에센셜 오일보다 안전하나 향 자극 가능성 있음
환경 스프레이	하이드로졸 활용	100mL 기준 에센셜 오일 1~2방울 (충분히 흔들어 사용)	직접 분사 금지, 공기 중 분사 후 환기 권장

5 반려동물의 반응 확인 방법

아로마테라피를 사용한 후, 조류와 파충류의 반응을 면밀히 관찰해야 합니다.

반응 유형	조류의 증상	파충류의 증상
정상 반응	편안한 움직임, 가벼운 눈 깜박임	서식지에서 자연스럽게 활동, 정상적인 식사
경미한 불편함	깃털 부풀림, 불안한 움직임	은신처에서 움직이지 않음, 눈을 자주 감음
위험 반응	지속적인 깃털 떨림, 호흡 곤란	호흡 곤란, 먹이 거부, 움직임 둔화

- 불편한 반응이 보이면 즉시 사용을 중단하고 환기를 해야 합니다.
- 호흡기 문제나 식욕 저하가 지속 되면 수의사 상담이 필요합니다.

6 조류와 파충류를 위한 안전한 아로마테라피

조류와 파충류는 매우 민감한 생리적 특성과 후각 체계를 가지고 있으므로, 낮은 농도의 간접적인 아로마테라피를 활용하는 것이 가장 안전합니다.

- 디퓨저는 서식지 외부에서만 사용해야 하며, 사용 후 충분한 환기가 필수적입니다.
- 반려동물의 반응을 지속적으로 모니터링하여 이상 반응이 보이면 즉시 사용을 중단해야 합니다.
- 금지 오일을 피하고, 낮은 농도의 안전한 오일을 선택해야 합니다.
- 오일보다 하이드로졸을 우선적으로 사용하며, 환경 정화 목적으로 활용할 수 있습니다.

신중한 관리와 적절한 사용법을 통해,
조류와 파충류에게 자연의 향기로 안정적이고 건강한 삶을 선사하세요.

보호자와 반려동물이 함께 조화를 이루는 경험을 통해
아로마테라피의 가치를 실현할 수 있습니다.

5장

레이키와 반려동물 레이키의 이해

Reiki

5.1 에너지 치유의 시작 : 레이키의 세계로

레이키(Reiki)는 손을 이용해 생명 에너지를 전달하는 일본의 자연 치유법으로, 신체와 정신의 균형을 회복하는 데 도움을 주는 에너지 요법입니다. '레이'(Rei)는 '우주의 생명 에너지'를, '키'(Ki)는 '생명력' 또는 '활력'을 의미하며, 이 두 개념이 결합

되어 신체와 정신을 조화롭게 만드는 강력한 치유 기술로 발전해 왔습니다.

현대 사회에서 레이키는 보조적인 치유법을 넘어 스트레스 완화, 통증 관리, 정서적 안정을 위한 중요한 방법으로 인정받고 있습니다. 특히 미국과 유럽에서는 병원과 요양 시설에서 레이키를 활용하여 환자의 회복을 돕고 있으며, 통합 의학의 일부로 자리 잡아 가고 있습니다. 예를 들어, 미국 코네티컷주의 하트포드 병원(Hartford Hospital)에서는 1998년부터 레이키 프로그램을 운영하며 환자의 수술 후 회복을 돕고 불안 완화를 지원하고 있습니다. 영국에서도 암 환자나 만성 통증을 겪는 환자들에게 레이키를 제공하며 정신적·신체적 건강 증진에 기여하고 있습니다.

레이키는 현대인의 건강과 생활의 질 향상을 위한 효과적인 자연 치유법으로 자리 잡았으며, 사람뿐만 아니라 반려동물에게도 유익한 영향을 미칠 수 있습니다. 레이키의 원리를 이해하고, 그 효과와 실천 방법을 살펴보면 누구나 일상 속에서 레이키를 활용할 수 있습니다.

1 레이키 시술의 효과

레이키는 신체적인 치유뿐만 아니라 정신적 안정과 감정적 균형을 지원하는 종합적인 치유법입니다. 레이키 에너지가 신체를 흐르면서 자연 치유력이 활성화되고, 신체의 긴장이 풀리면서 균형을 되찾게 됩니다.

시술을 받는 동안 많은 사람들이 손에서 따뜻한 감각을 느끼거나, 신체 일부에서 진동이 전해지는 느낌을 받는다고 보고합니다. 이는 에너지가 몸의 특정 부위로 전달되면서 정체된 기운이 풀리고, 신체적·정서적 안정이 찾아오는 과정에서 나타나는 현상입니다.

레이키는 특히 스트레스 해소와 불안 완화에 효과적이며, 수면 장애 개선, 통증 감소, 면역력 강화 등의 긍정적인 영향을 미칠 수 있습니다. 신체적 이완이 깊어지면서 신경계가 안정되고, 자연 치유력이 활성화되어 전반적인 건강이 개선됩니다. 이는 레이키가 신체의 균형을 조정하고, 몸과 마음을 조화롭게 만들 수 있는 효과적인 치유 도구임을 의미합니다.

2 레이키와 반려동물

레이키는 사람뿐만 아니라 반려동물에게도 매우 효과적인 치유법입니다. 반려동물도 사람과 마찬가지로 스트레스를 받거나, 환경 변화에 따라 불안과 긴장을 경험할 수 있으며, 이러한 정서적 불균형은 신체 건강에도 영향을 미칠 수 있습니다.

특히, 분리불안을 겪는 강아지나 낯선 환경에서 쉽게 스트레스를 받는 고양이에게 레이키는 따뜻한 안정감을 제공할 수 있습니다. 보호자가 레이키를 수행하면 반려동물과의 신뢰가 더욱 깊어지며, 보호자의 따뜻한 에너지를 통해 심리적 안정감을 느낄 수 있습니다.

또한, 수술 후 회복 중인 동물이나 만성 질환을 앓고 있는 반려동물에게도 레이키는 유용합니다. 레이키 에너지는 통증 완화를 지원하고, 치유 과정을 촉진하며, 신체적 고통으로 인해 스트레스를 받는 반려동물을 진정시키는 데 도움을 줄 수 있습니다.

반려동물은 보호자가 전달하는 에너지에 매우 민감하게 반응하므로, 보호자가 직접 레이키를 실천하면 반려동물이 더욱 빠르게 안정을 찾을 수 있습니다. 보호자가 레이키를 통해 반려동물의 감정과 신체 상태를 세심하게 살핀다면, 건강한 유대감 형성과 함께 반려동물의 전반적인 삶의 질도 향상될 것입니다.

3 레이키의 실제 적용 사례

레이키가 사람과 반려동물에게 미치는 영향은 다양한 사례를 통해 더욱 명확하게 이해할 수 있습니다. 한 직장인은 만성 두통과 수면 장애로 고통받던 중 레이키 세션을 주 2회 받기 시작하였으며, 3주 후 두통이 줄어들고 수면의 질이 개선되었으며 전반적인 컨디션이 향상되었습니다. 보호자의 부재로 인해 심한 분리불안을 겪던 강아지는 보호자의 레이키 시술 후 점차 차분해졌으며, 보호자가 떠날 때마다 불안해하던 강아지는 점점 더 안정된 태도를 보이며 분리불안 증상이 완화되었습니다. 또한, 관절염을 앓고 있던 노령견이 레이키 시술을 받은 후 통증이 줄어들었고, 평소보다 활발하게 움직일 수 있게 되었습니다. 이는 레이키가 신체적·정서적 균형을 회복하는 치유 도구임을 보여줍니다.

4 레이키 실천 방법

레이키는 배우기 쉽고 누구나 실천할 수 있는 치유법입니다. 기본적인 실천법을 따르면, 자신과 타인, 그리고 반려동물에게 레이키를 적용할 수 있습니다. 편안한 자세로 앉아 손을 이마, 가슴, 배에 가볍게 올려둔 후 손을 통해 따뜻한 에너지가 흐른다고 상상하며 10~15분간 유지하는 방식으로 자신에게 레이키를 적용할 수 있습니다. 타인에게 레이키를 시술할 때는 상대방의 어깨, 등, 배에 손을 부드럽게 올린 후 따뜻한 에너지가 흐른다는 의도를 유지하며 집중하면 됩니다. 반려동물의 경우, 머리나 등에 손을 가볍게 얹어 따뜻한 에너지를 전달하고, 반려동물이 편안해하는지 확인하며 원하지 않을 경우 강요하지 않는 것이 중요합니다.

5 레이키의 가치와 활용

레이키는 단순한 치유 기술이 아니라, 보호자와 반려동물 간의 유대감을 깊이 있게 형성할 수 있는 의미 있는 방법으로 활용될 수 있습니다. 보호자는 레이키를 통해 반려동물과 더욱 친밀한 교감을 형성할 수 있으며, 반려동물은 보호자가 제공하는 안정적인 에너지를 통해 더욱 편안한 상태를 유지할 수 있습니다. 또한, 레이키는 반려동물의 생활 공간에도 긍정적인 영향을 미칠 수 있으며, 보호자가 레이키를 활용하여 반려동물의 침구나 케이지 주변에 에너지를 전달하면 그 공간은 더욱 평화롭고 안정된 분위기로 바뀔 수 있습니다.

레이키는 특별한 기술 없이도 누구나 배울 수 있으며, 이를 통해 보호자와 반려동물은 더욱 조화롭고 행복한 일상을 누릴 수 있습니다. 자연의 에너지를 활용한 레이키는 신체적·정서적 건강을 유지하는 데 효과적인 치유 방법으로, 보호자와 반려동물의 삶을 더욱 풍요롭고 균형 있게 만들어 줍니다.

5.2 레이키의 역사와 철학 : 치유의 뿌리 탐구

미카오 우스이
(Usui Mikao, 1865~1926)

레이키는 1922년 일본의 치유사 미카오 우스이(Usui Mikao)에 의해 창시된 에너지 치유 기법으로, 신체와 정신의 균형을 회복하고 자연 치유력을 활성화하는 데 그 원리를 두고 있습니다.

미카오 우스이는 교토의 산속에서 명상과 금식을 수행하던 중 에너지 치유의 원리를 깨닫고, 이를 체계적으로 정리하여 "우스이 레이키 류호(Usui Reiki Ryoho)"라는 치유법을 창시하였습니다. 이후 그는 직접 레이키를 가르치며 수많은 사람들에게 에너지 치유의 원리를 전파하였으며, 그의 제자인 하야시 츄지로(Hayashi Chujiro)는 레이키를 체계적인 치료 기법으로 발전시키고 레이키 센터를 설립하여 보다 체계적인 교육 과정을 도입하였습니다.

하야시의 제자인 하와요 타카타(Hawayo Takata)는 하와이를 거점으로 북미와 유럽에 레이키를 전파하며, 이 치유법이 국제적으로 확산되는 데 중요한 역할을 했습니다. 타카타는 레이키의 직관적인 접근 방식과 깊은 치유 효과를 부각하며, 이를 서구 사회에서도 쉽게 적용할 수 있도록 교육을 진행하였습니다.

오늘날 레이키는 심리적 안정, 신체적 치유, 영적 성장을 위한 보완 요법으로 전 세계에서 활용되고 있으며, 사람뿐만 아니라 반려동물의 치유에도 유용한 방법으로 인정받고 있습니다.

[레이키의 발전]

시대	주요 인물	레이키의 발전
1922년	미카오 우스이	교토에서 레이키 창시, "우스이 레이키 류호" 정립
1930년대	하야시 츄지로	레이키 치료 센터 설립, 체계적 교육 방식 도입
1940년대	하와요 타카타	하와이 및 북미, 유럽에 레이키 보급, 국제화 시작
현재	전 세계	의료 및 보완 치료 분야에서 레이키 활용 확대

1 레이키의 철학

레이키는 삶 전반에서 실천할 수 있는 철학적 가치를 담고 있습니다. 신체와 정신의 조화를 이루고, 주변 세계와 긍정적으로 연결되며, 개인의 건강과 행복을 실현하는 것이 레이키 철학의 핵심입니다. 특히 레이키는 에너지가 자연스럽게 흐를 때 몸과 마음이 균형을 이루며, 건강과 평화를 경험할 수 있다는 원리를 기반으로 합니다. 에너지의 흐름이 막히면 신체적, 정신적 불균형이 발생할 수 있으며, 이를 해결하기 위해 레이키는 다섯 가지 원칙을 제시합니다.

2 레이키의 다섯 가지 기본 원칙

〔오늘만큼은 화내지 않겠습니다.〕

(Just for today, I will not be angry.)

화를 조절하는 것은 에너지 순환을 원활하게 만드는 데 중요한 요소입니다. 감정을 조절하는 명상과 호흡법을 병행하면 더욱 효과적입니다.

〔오늘만큼은 걱정하지 않겠습니다.〕

(Just for today, I will not worry.)

미래에 대한 불안을 줄이고 현재에 집중하는 것이 중요합니다. 명상을 통해 마음을 정화하고, 현재의 순간을 온전히 받아들이는 연습이 필요합니다.

〔오늘만큼은 매사에 감사하겠습니다.〕

(Just for today, I will be grateful.)

감사하는 마음은 긍정적인 에너지를 창출합니다. 일상에서 작은 것에도 감사하는 습관을 가지면, 에너지 균형을 유지하는 데 도움이 됩니다.

〔오늘만큼은 성실히 일하겠습니다.〕

(Just for today, I will do my work honestly.)

자신의 일에 충실한 태도는 자부심과 자기 존중감을 높이며, 에너지 흐름을 안정적으로 유지합니다. 이는 신체와 정신의 조화로운 균형을 유지하는 기반이 됩니다.

〔오늘만큼은 모든 존재를 존중하겠습니다.〕

(Just for today, I will be kind to every living thing.)

모든 생명체와 조화로운 관계를 형성하면 긍정적인 에너지가 확산됩니다. 반려동물과의 관계에서도 존중과 사랑을 실천하면 더욱 깊은 유대감이 형성됩니다.

3 철학과 원칙의 응용

레이키의 철학과 다섯 가지 원칙은 일상생활 속에서 실천할 수 있는 가치를 제공합니다. 신체적·정신적 건강뿐만 아니라, 삶의 질을 향상시키는 데 중요한 역할을 합니다.

예를 들어, 분주한 일상 속에서 화를 다스리고 걱정을 줄이는 것은 스트레스 감소와 심리적 안정으로 이어질 수 있습니다. 이러한 실천은 반려동물과 함께하는 레이키 세션에서도 적용되며, 보호자가 안정된 에너지를 유지하면 반려동물 또한 더 편안하게 치유 에너지를 받을 수 있습니다.

또한, 레이키 철학은 시술자와 피시술자가 함께 내면의 평화를 경험할 수 있도록 돕습니다. 이를 통해 서로의 에너지가 조화를 이루며, 긍정적인 치유 효과가 증대됩니다. 레이키는 신체적 치유뿐만 아니라 정신적 안정과 영적 성장까지 포함하는 통합적 치유법으로, 스트레스와 불안으로 지친 현대인과 반려동물 모두에게 유용한 방법입니다.

4 철학과 원칙의 응용

레이키의 철학과 원칙은 현대인의 바쁜 일상에서도 실천할 수 있습니다.

- 스트레스 완화 : 명상과 호흡법을 통해 화와 걱정을 다스리며 마음을 안정시킵니다.

- ꧁ **건강한 생활 습관** : 성실한 태도와 감사하는 마음을 실천하며 몸과 마음의 조화를 이룹니다.
- ꧁ **반려동물과의 관계 향상** : 보호자가 레이키 철학을 실천하면 반려동물도 보호자의 안정된 에너지에 영향을 받아 정서적 안정을 찾을 수 있습니다.

레이키는 일상 속에서 조화롭고 건강한 삶을 실천하는 길을 제시합니다. 보호자와 반려동물 모두 레이키 철학을 적용한다면, 삶의 질을 높이고 더 깊은 유대감을 형성할 수 있습니다.

자연의 에너지를 활용한 레이키는 신체적·정서적 건강을 유지하는 유용한 치유 도구이며, 누구나 쉽게 배우고 실천할 수 있는 보편적인 치유법입니다. 이를 통해 보호자와 반려동물의 삶이 더욱 풍요롭고 조화로운 방향으로 나아갈 것입니다.

5.3 레이키의 원리와 에너지 흐름 이해하기

레이키는 보편적인 생명 에너지를 활용하여 사람과 동물 모두의 신체적·정신적 균형을 유지하고 자연 치유력을 활성화하는 치유법입니다. 이 에너지는 신체의 차크라(Chakra)와 메리디언(Meridian)을 통해 흐르며, 두 요소는 에너지 조율의 핵심 역할을 합니다. 레이키는 이러한 에너지 경로를 활성화하여 신체적 치유와 정서적 안정을 동시에 제공합니다.

1 차크라(Chakra)

🌱 사람의 차크라와 기능

차크라는 사람의 신체와 에너지를 연결하는 주요 에너지 센터로, 각각 고유한 역할과 기능을 수행합니다. 신체적·정신적 균형을 유지하는 데 필수적인 요소이며, 감정, 건강, 행동, 영적 성장과도 깊은 관련이 있습니다.

각 차크라는 신체의 특정 부위에 위치하며, 균형이 깨질 경우 신체적 질병이나 감정적 불안이 나타날 수 있습니다. 반면, 차크라가 원활하게 작동하면 건강과 조화로운 에너지 흐름이 유지됩니다.

레이키를 포함한 에너지 치유 기법에서는 차크라를 활성화하고 조율하여 몸과 마음의 균형을 되찾도록 돕습니다. 다음 표는 7개의 주요 차크라와 각 차크라의 역할을 정리한 것입니다.

차크라 이름	위치	역할	특징	색상
뿌리 차크라 (Root Chakra)	척추 끝	생존 본능과 안정감	안정감과 신뢰감을 느끼고, 현실에 단단히 뿌리내린 느낌을 경험함	빨강
천골 차크라 (Sacral Chakra)	배꼽 아래	감정적 균형과 창의력	감정이 유연해지고 창조적인 에너지가 자연스럽게 흐름	주황
태양 신경총 차크라(Solar Plexus Chakra)	배꼽 위쪽	개인적 힘과 자존감	내면의 힘이 강화됨	노랑
심장 차크라 (Heart Chakra)	가슴 중앙	사랑과 연민	평온과 따뜻함을 느낌	초록
목 차크라 (Throat Chakra)	목	진실과 소통	명확한 소통과 자기표현 가능	파랑
제3의 눈 차크라 (Third Eye Chakra)	이마 중앙	직관력과 통찰력	정신이 맑아지고 직관이 예리해짐	남색
왕관 차크라 (Crown Chakra)	머리 꼭대기	영적 연결과 깨달음	우주적 에너지와 조화를 느낌	보라

🪴 반려동물의 차크라

반려동물, 특히 개의 차크라는 사람의 차크라 시스템과 유사하지만, 동물의 생리적 특성과 본능적인 반응에 맞춰 작동합니다. 차크라는 신체적 건강뿐만 아니라 감정과 행동에도 영향을 미치며, 보호자 및 주변 환경과의 유대감을 형성하는 데 중요한 역할을 합니다.

각 차크라는 특정한 신체 부위와 연결되어 있으며, 에너지 균형이 흐트러질 경우 불안, 소화 문제, 행동 변화 등 다양한 신체적·정서적 영향을 초래할 수 있습니다. 반대로, 차크라의 흐름이 원활하면 개는 더욱 안정적이고 조화로운 상태를 유지할 수 있습니다.

다음 표는 개의 주요 차크라와 그 기능을 정리한 것입니다. 이를 이해하면 보호자는 반려견의 에너지 흐름을 조율하고, 레이키나 아로마테라피를 활용하여 보다 효과적으로 반려견의 건강과 정서적 안정을 지원할 수 있습니다.

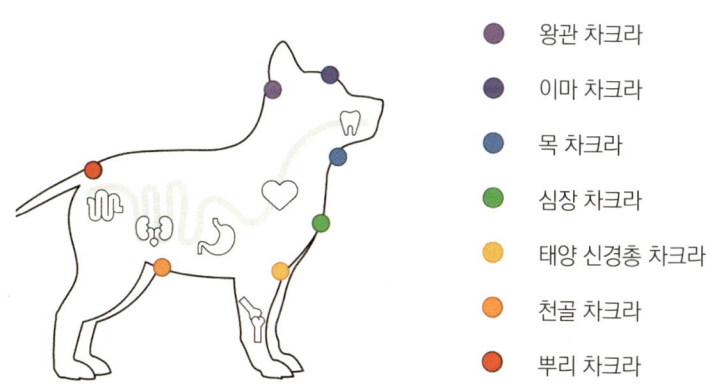

차크라 이름	위치	역할	관련된 특징	색상
뿌리 차크라 (Root Chakra)	꼬리뼈 근처	안전감과 본능적인 생존 에너지 조절	안정감과 신뢰감 형성, 불안 감소	빨강
천골 차크라 (Sacral Chakra)	하복부, 골반 부위	감정 조절, 사회적 관계, 창의적 에너지	보호자 및 다른 동물과의 관계 형성	주황
태양 신경총 차크라(Solar Plexus Chakra)	위장 부위	자존감, 에너지 균형, 자기 조절 능력	소화 건강, 신경계 안정	노랑
심장 차크라 (Heart Chakra)	가슴 중앙	사랑, 신뢰, 유대감	보호자와의 강한 유대, 공감 능력	초록
목 차크라 (Throat Chakra)	목	소통과 표현, 신체 균형 유지	짖는 행동, 의사소통	파랑
제3의 눈 차크라 (Third Eye Chakra)	눈썹 사이	직관력, 감각적인 이해력	보호자의 감정을 읽는 능력, 환경 감지	남색
왕관 차크라 (Crown Chakra)	머리 꼭대기	영적 연결, 내면의 평화	평온한 에너지, 깊은 교감	보라

2 메리디언(Meridian)

사람의 메리디언과 기능

메리디언(경락)은 동양 의학에서 신체를 흐르는 에너지 통로로 간주 되며, 각 장기 및 감정과 깊이 연결되어 있습니다. 이는 서양의 신경계 개념과 유사하지만, 신체적 기능뿐만 아니라 감정적인 균형도 조절하는 특징이 있습니다.

에너지가 원활하게 흐르면 건강한 상태를 유지할 수 있지만, 특정한 감정이나 외부 환경 요인으로 인해 메리디언의 흐름이 막히면 신체적·정신적 불균형이 발생할 수 있습니다. 예를 들어, 스트레스와 불안이 지속되면 심장 메리디언과 폐 메리디언의 흐름이 방해받아 면역력 저하나 호흡기 문제를 유발할 수 있습니다.

레이키와 같은 에너지 치유 기법은 이러한 메리디언을 따라 에너지를 조율하며, 몸과 마음의 자연 치유력을 활성화하는 역할을 합니다. 아래 표는 주요 메리디언과 그 기능을 정리한 것입니다.

종류	역할 및 기능	관련 감정
폐 메리디언	호흡기 건강 유지, 면역 강화, 피부 및 체액 조절	슬픔과 애도
심장 메리디언	혈액 순환 촉진, 심리적 안정, 정신적 명료함	기쁨과 불안
간 메리디언	해독 작용, 소화 지원, 근육과 힘줄 강화	분노와 좌절
비장 메리디언	소화 기능 조절, 면역 체계 강화, 에너지 변환	걱정과 집착
신장 메리디언	스트레스 해소, 에너지 저장, 생식기 및 뼈 건강	공포와 두려움
대장 메리니언	노폐물 배출, 장 건강 유지, 피부 상태 개선	슬픔 해소
소장 메리디언	영양소 흡수, 소화 효율성 향상, 정신적 분별력 강화	혼란과 분열
위 메리디언	소화 기능 조절, 에너지 생성, 신체 영양 공급	과도한 걱정 완화
방광 메리디언	비뇨기 건강 유지, 체내 수분 대사 조절	긴장과 두려움 해소
삼초 메리디언	체온 조절, 체액 순환 및 수분 균형	스트레스 해소
담 메리디언	담즙 분비 조절, 결단력 강화, 신경 안정	우유부단 해소, 용기 강화
심포 메리디언	심장 보호, 혈액 순환 지원, 스트레스 완화	감정적 안정과 사랑 표현

🪴 반려동물(개)의 메리디언

반려동물의 메리디언은 동양 전통 의학과 에너지 치유 관점에서 신체 내부의 에너지 흐름을 조절하는 경로로 여겨집니다. 이는 사람과 유사한 개념이지만, 동물의 해부학적 구조와 생리적 특성에 맞춰 해석되고 적용됩니다. 예를 들어, 폐 메리디언은 호흡기 기능과 면역 체계의 조화와 관련되고, 심장 메리디언은 혈액 순환과 정서적 균형을 지원하는 것으로 알려져 있습니다. 신장 메리디언은 체내 수분 대사와 긴장 완화에, 간 메리디언은 신체 에너지의 해독 및 순환과 관련이 있다고 해석됩니다.

이러한 이론은 주로 수의학적 침술, 동물 기(氣)요법 및 에너지 치유 분야에서 활용되며, 현대 수의학에서는 아직 명확한 생리학적 근거가 확립되지 않았습니다. 그러나 보호자들이 반려동물과의 유대감 속에서 레이키를 포함한 에너지 치유 기법을 실천할 때, 이러한 개념은 에너지의 흐름을 상상하며 손을 얹는 방향이나 치유의도를 구체화하는 데 도움이 될 수 있습니다.

레이키를 활용하여 메리디언을 따라 의도적으로 에너지를 보내는 방식은 반려동물의 정서적 안정을 도모하고, 보호자의 손길을 통한 신뢰와 평안을 전달하는 데 긍정적인 역할을 할 수 있습니다. 스트레스를 줄이고, 편안한 호흡을 유도하며, 전반적인 이완 반응을 유도하는 데 효과가 있다는 보호자들의 경험도 보고되고 있습니다.

메리디언 이름	위치	기능	관련 감정
폐 메리디언	앞다리 안쪽에서 시작해 가슴으로 연결	호흡기 건강, 피부 면역 강화	슬픔, 애도
대장 메리디언	앞다리 바깥쪽을 따라 어깨로 이동	장 건강, 배변 조절, 피부 상태 개선	해방, 슬픔
위 메리디언	얼굴에서 시작해 가슴과 복부를 지나 뒷다리까지	소화 기능 조절, 신체 에너지 공급	걱정, 불안
비장 메리디언	뒷다리 안쪽에서 시작해 배로 이어짐	소화기 건강, 혈액순환 촉진, 면역 강화	집착, 우려
심장 메리디언	앞다리 안쪽에서 시작하여 가슴 부위로 이동	심리적 안정, 혈액순환 촉진	기쁨, 불안 해소
소장 메리디언	앞다리 바깥쪽에서 시작해 어깨를 따라 이동	영양 흡수, 정신적 균형	판단력 향상, 감정 해소
방광 메리디언	머리에서 시작해 척추를 따라 허리와 뒷다리로 이동	신경 안정, 근육 이완, 체액 조절	긴장, 스트레스 완화
신장 메리디언	뒷다리 안쪽에서 시작해 복부로 연결	신장 기능 조절, 생식 건강, 스트레스 완화	공포, 불안
심포 메리디언	앞다리 중앙을 따라 가슴으로 이동	심장 보호, 감정 안정, 혈액 순환	긴장 해소, 생리적 균형
삼초 메리디언	앞다리 바깥쪽을 따라 이동	체온 조절, 면역 기능 지원	긴장 해소, 생리적 균형
담낭 메리디언	머리 측면에서 시작해 몸통을 지나 뒷다리로 이동	소화 효율성, 결단력 증가	용기 강화, 소화력 조절
간 메리디언	뒷다리 안쪽에서 시작해 복부로 이동	해독 기능, 근육 및 인대 강화	분노 해소, 신경 안정

이 표는 일부 전통 수의학 및 에너지 치유 기법에서 언급되는 개념을 정리한 것입니다. 현재까지 이 개념들은 과학적, 수의학적 근거가 명확히 입증된 것은 아니며, 레이키 실천 시 보호자의 의도와 접촉 부위를 정하는 참고자료로 활용할 수 있습니다. 반려동물의 건강 문제에 대해서는 반드시 수의학적 진단과 상담이 우선되어야 합니다.

3. 차크라와 메리디언을 활용한 레이키

레이키는 차크라와 메리디언을 통해 신체와 정신의 에너지 흐름을 조율하며, 치유 효과를 높이는 방법입니다. 차크라는 감정적·정신적 치유를, 메리디언은 신체적 회복을 지원하는 중요한 경로입니다.

🌱 차크라 활용 사례

① 심장 차크라

반려동물의 심장 차크라를 중심으로 에너지를 조율하면 보호자와의 유대감을 강화할 수 있습니다. 예를 들어, 분리불안을 겪는 반려동물에게 레이키를 적용하면 안정감을 느끼고 스트레스가 완화됩니다.

② 제3의 눈 차크라

반려동물의 이마 부위에 위치한 제3의 눈 차크라는 직관력과 감각적 인식과 관련이 있습니다. 반려동물이 낯선 환경에서 불안감을 느끼거나 새로운 상황에 적응하기 어려워할 때, 제3의 눈 차크라를 중심으로 에너지를 전달하면 직관력과 환경에 대한 수용력을 향상시킬 수 있습니다. 이는 특히 훈련 과정이나 새로운 반려동물과의 교감 형성에 도움을 줄 수 있습니다.

🌱 메리디언 활용 사례

① 폐 메리디언

호흡기 건강 개선을 위해 폐 메리디언을 따라 천천히 손을 움직이며 에너지를 전달할 수 있습니다. 이는 반려동물이 긴장된 상태에서 벗어나 더 차분하고 편안한 상태로 전환되는 데 도움을 줍니다.

② 비장 메리디언

비장 메리디언은 소화 기능을 조절하고 면역 체계를 강화하는 역할을 합니다. 예를 들어, 소화 불량이나 에너지 부족을 겪는 반려동물에게 비장 메리디언을 따라 손을 천천히 움직이며 에너지를 전달하면 소화가 촉진되고, 전반적인 활력이 증가합니다. 이는 식욕 부진이나 피로 회복에 긍정적인 효과를 줄 수 있습니다.

4 레이키를 통한 조화로운 에너지 흐름

레이키는 차크라와 메리디언을 활용하여 에너지 흐름을 원활하게 만들며, 신체적·정신적 조화를 이끌어냅니다. 이를 통해 보호자는 반려동물의 건강과 정서적 안정을 효과적으로 지원할 수 있습니다. 레이키의 원리를 이해하고 실천하면, 보호자와 반려동물이 서로의 에너지를 느끼며 더욱 깊은 유대감을 형성할 수 있습니다.

5.4 생명력 에너지 (Ki) : 레이키와의 조화로운 연결

레이키는 모든 생명체에 흐르는 보편적인 생명 에너지를 활용하여 신체와 정신의 균형을 유지하고 자연 치유력을 활성화하는 치유법입니다. 일본에서는 이를 기(Ki), 중국에서는 치(Qi), 인도에서는 프라나(Prana)라고 부르며, 레이키 철학은 이 에너지가 원활하게 흐를 때 건강과 조화를 이루고 치유가 촉진된다고 봅니다.

레이키 시술자는 우주의 생명 에너지를 받아들여 손을 통해 피시술자에게 전달하며, 이를 통해 신체적·정신적 치유가 이루어집니다. 이는 외부에서 주입되는 것이 아니라, 이미 존재하는 자연 치유력을 활성화하는 과정으로, 신체와 마음을 편안한 상태로 이끄는 데 도움을 줍니다.

1 에너지 치유로서의 레이키

레이키는 '레이'(우주의 생명 에너지)와 '키'(생명 에너지)의 조화로운 흐름을 기반으로 작용합니다. 신체에 에너지가 원활하게 순환하면 건강과 평온이 유지되지만, 에너지의 흐름이 막히거나 불균형해지면 질병이나 정서적 불안이 나타날 수 있습니다.

🪴 레이키의 치유 원리

레이키 시술자는 손을 통해 에너지를 전달하며, 피시술자는 따뜻함이나 가벼운 전류와 같은 감각을 경험할 수 있습니다. 이는 차단된 에너지가 해소되고, 원활한 흐름이 회복되면서 나타나는 반응입니다.

🪴 레이키의 치유 효과

레이키는 스트레스 완화 및 심리적 안정, 통증 감소 및 신체 회복 촉진, 면역력 강화 및 신진대사 활성화, 정서적 정화 및 긍정적 감정을 제공합니다. 시술 후 피시술자는 몸과 마음이 편안해지고 자연 치유력이 활성화됩니다.

2 레이키의 단계와 학습 과정

레이키는 학습 단계에 따라 에너지를 다루는 깊이와 범위가 확장됩니다. 단계별 교육을 통해 시술자는 자신의 치유 능력을 발전시키며, 점차적으로 더 깊은 수준의 에너지를 다룰 수 있습니다.

- ☙ 레벨 1 : 자기 치유와 가까운 사람, 반려동물에게 에너지를 전달하는 기본 기술을 배우는 단계입니다.
- ☙ 레벨 2 : 원격 치유 및 심화 기술을 배우며, 특정 심볼과 만트라를 활용해 에너지를 강화하는 과정을 포함합니다.
- ☙ 마스터 레벨 : 레이키를 가르칠 수 있는 단계로, 심화된 기술과 심볼을 익히며 어튠먼트를 통해 에너지 통로를 강화하고 안정화합니다.

어튠먼트(Attunement)

어튠먼트는 레이키 마스터가 수련자의 에너지 통로를 열어주는 과정으로, 이를 통해 수련자는 더욱 안정적이고 강한 에너지를 활용할 수 있게 됩니다. 이는 레이키의 본질을 깊이 이해하고 실천할 수 있도록 돕는 중요한 과정입니다.

3 에너지 전달 시 나타나는 반응과 결과

레이키 시술 중에는 신체적, 정서적 변화가 발생할 수 있으며, 사람과 반려동물 모두에서 긍정적인 반응이 관찰됩니다.

🌱 사람의 반응

① 몸이 따뜻해지거나 가벼운 전류가 흐르는 듯한 감각이 나타납니다.
② 통증 완화와 심리적 안정감을 느낍니다.
③ 시술 후 심리적 정화와 함께 안정감을 경험합니다.

🌱 반려동물의 반응

① 몸이 이완되며 꼬리나 귀가 미세하게 움직이는 행동이 관찰됩니다.
② 스트레스가 감소하며, 졸음과 같은 깊은 이완 상태를 보입니다.
③ 반복적인 레이키 세션 후, 전반적인 건강과 활력이 증가합니다.

4 레이키의 현대적 활용

현대 사회에서 레이키는 다양한 환경에서 반려동물을 위한 보완적 치유 기법으로 활용되고 있습니다.

이는 기본적인 이완 반응을 포함하여, 신체적 회복과 정서적 안정을 함께 지원하는 방법으로 인식되고 있습니다.

적용분야	예시 내용
스트레스 완화와 불안 해소	병원 방문 전후, 외출 중 긴장, 낯선 환경에서 진정 반응 유도
통증 경감과 회복 지원	수술 후 안정기를 보내는 동안, 움직임이 줄고 이완된 자세를 취함
보호자와의 유대 증진	보호자의 손길을 통해 안정을 느끼고 정서적 교감이 강화됨

특히 동물병원이나 보호 시설에서는 레이키를 보완적인 안정 요법으로 적용하여, 반려동물의 정서적 안정과 회복 환경 조성에 도움을 주고 있습니다.

5 레이키의 가치와 활용

레이키는 별도의 장비 없이 손길만으로 시술할 수 있는 자연 치유법으로, 누구나 배울 수 있으며 사람과 반려동물 모두에게 적용할 수 있습니다. 이를 통해 신체적 치유뿐만 아니라 정서적 안정과 조화를 이루는 데 도움을 줄 수 있습니다.

🪴 레이키가 제공하는 혜택

- 보호자와 반려동물이 깊이 교감할 수 있는 특별한 시간 제공
- 반려동물의 정서적 안정을 돕고 전반적인 건강을 증진하는 효과
- 신체적 치유뿐만 아니라 정신적 균형을 회복하여 긍정적인 변화 유도

우주의 생명 에너지를 활용하는 레이키는 사람과 반려동물 모두에게 평온과 조화를 선사하며, 균형 잡힌 삶을 위한 유용한 도구로 자리 잡고 있습니다. 보호자가 반려동물과 함께 레이키를 실천하면, 서로의 에너지를 조화롭게 조율하며 더욱 깊은 유대감을 형성할 수 있습니다.

레이키는 생명력 에너지(Ki)의 흐름을 조율하여 신체적·정신적 건강을 회복하고 조화를 이루는 자연 치유법입니다. 이를 통해 보호자는 반려동물과 함께 치유와 균형을 경험하며, 에너지 치유의 가치를 실생활에서 실천할 수 있습니다.

5.5 레이키의 기초 테크닉 : 심볼과 치유 방법

레이키에서 심벌은 에너지를 증폭하고 조율하는 중요한 도구로, 치유 효과를 극대화하는 역할을 합니다. 이 심벌들은 미카오 우스이에 의해 개발되었으며, 특정한 목적에 맞춰 활용하면 신체적·정신적 균형을 회복하는 데 도움이 됩니다. 심벌은 시술자와 피시술자 간의 에너지 연결을 강화하여 깊은 치유 경험을 제공하며, 의도와 함께 사용될 때 더욱 효과적입니다.

1 레이키 심벌의 기원과 목적

레이키 심벌은 일본 전통 치유법과 불교 철학에서 영감을 받아 개발되었으며, 우주의 에너지를 증폭하고 조율하는 역할을 합니다. 심벌을 활용하면 에너지의 흐름이 보다 원활해지며, 신체적 치유뿐 아니라 정서적 안정과 영적 성장을 촉진하는 데 도움이 될 수 있습니다. 심벌의 사용은 하나의 기술적 도구를 넘어서, 시술자의 의도와 집중력이 중요한 역할을 합니다.

2 레이키 심벌의 종류와 활용

레이키에서 심벌은 치유 에너지를 집중하고 조율하는 의미 있는 도구입니다. 각 심벌은 고유한 목적과 에너지의 특성을 지니고 있으며, 시술자는 이를 통해 에너지를 더욱 선명하게 인식하고 치유의도를 강화할 수 있습니다. 레이키 세션을 진행할 때는 심벌의 그림에 표시된 순서대로 손으로 그리거나 시각화하는 방식이 자주 활용됩니다.

심벌은 손으로 공중에 직접 그리거나, 머릿속에서 이미지화하여 시각화하는 방식으로 주로 사용됩니다. 이러한 과정은 에너지의 흐름을 조율하고 시술자의 의도를 더욱 또렷하게 만드는 데 도움이 됩니다.

🪴 초코 레이 (Cho Ku Rei)

초코 레이는 에너지를 증폭하고 보호하는 데 사용되는 기본적인 레이키 심벌입니다. 이 심벌은 지구의 에너지와 연결되어 있으며, 땅에 뿌리내리는 안정된 기운을 상징합니다.

시술자는 손이나 공중에 이 심벌을 그리고 시각화하여 에너지를 집중시킬 수 있습니다. 초코 레이는 신체적 피로를 회복하거나 에너지 순환을 촉진하는 데 활용되며, 보호막을 형성하여 부정적인 에너지로부터 피시술자를 감싸는 역할도 합니다.

레이키 세션의 시작과 끝에 사용하면 전체적인 에너지 흐름을 조화롭게 정리하는 데 도움이 됩니다.

🌱 세이 헤이 키 (Sei He Ki)

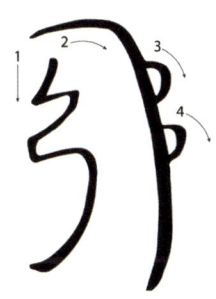

세이 헤이 키는 감정의 균형을 조절하고 정서적 안정을 유도하는 심벌입니다. 이 심벌은 '달의 에너지'를 상징하며, 감정의 흐름과 무의식의 깊은 영역을 부드럽게 정리하는 데 사용됩니다.

시술자가 세이 헤이 키를 손이나 공중에 그리거나 머릿속에서 시각화하면, 내면의 감정을 다독이고 진정시키는 데 도움이 됩니다.

스트레스와 불안이 누적된 상태나 과거의 감정적 기억이 현재에 영향을 미칠 때 유용하게 활용되며, 트라우마 회복이나 감정의 정화를 도울 수 있습니다.

정서적으로 예민하거나 불안해하는 사람과 반려동물에게도 적용할 수 있으며, 보호자가 이 심벌을 통해 감정 에너지를 전달할 경우, 신뢰 형성과 정서적 유대감 증진에 도움이 됩니다.

🌱 혼 샤 제 쇼 넨 (Hon Sha Ze Sho Nen)

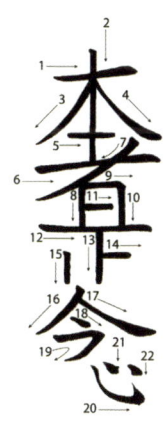

혼 샤 제 쇼 넨은 시간과 공간의 제약을 넘어서 원거리에서도 에너지를 전달하는 데 사용되는 심벌입니다. 이 심벌은 '본질로 돌아간다'는 의미를 내포하고 있으며, 과거·현재·미래를 연결하는 에너지의 흐름을 상징합니다.

시술자는 이 심벌을 시각화하여 물리적으로 떨어져 있는 사람이나 반려동물에게 레이키 에너지를 전달할 수 있습니다.

예를 들어, 먼 곳에 있는 가족이나 반려동물이 정서적 안정이나 치유가 필요한 상황일 때 이 심벌을 활용하면 보호자의 의도와 에너지를 전달할 수 있습니다.

또한, 과거의 상처나 트라우마를 회복하는 데도 사용되며, 시간에 얽힌 감정을 정리하고 내면의 평화를 찾는 과정에 도움을 줍니다.

치유가 필요한 순간을 떠올리며 이 심벌을 활용하면, 보호자의 의도와 에너지가 공간과 시간을 넘어 연결되어 내면의 회복을 지지하는 통로가 될 수 있습니다.

다이 코미오 (Dai Ko Myo)

다이 코미오는 '큰 빛' 또는 '위대한 밝음'을 의미하며, 깊은 치유와 영적 성장을 상징하는 레이키의 마스터 심벌입니다. 이 심벌은 레이키 에너지의 근원과 연결되어 있으며, 시술자의 의식과 더 깊은 차원의 조화를 돕는 역할을 합니다.

주로 레이키 세션의 마무리 단계에서 사용되며, 전체적인 에너지 흐름을 안정시키고 정서적 진정을 유도합니다.

다이 코미오는 명상과 내적 성찰에도 적합하며, 내면에 쌓여 있는 감정이나 에너지를 정리하는 데 유용하게 작용합니다.

보호자와 반려동물이 함께 치유 에너지에 집중할 수 있도록 돕는 도구로, 세션을 마무리하는 데 이상적인 심벌입니다.

3 레이키 심벌의 사용 방법

레이키 심벌을 효과적으로 활용하기 위해서는 올바른 사용법을 익히고 실천하는 것이 중요합니다. 심벌은 단순한 기호가 아니라, 시술자의 의도를 강화하고 특정 치유 목적을 위한 에너지를 전달하는 매개체 역할을 합니다. 이를 제대로 활용하면 치유 에너지가 원활하게 흐르며, 피시술자의 신체적·정신적 균형이 보다 안정적으로 조율됩니다.

🌱 시각화와 의도 설정

심벌을 사용할 때, 시술자는 심벌을 마음속에 선명하게 떠올리거나 손으로 공중에 그려 에너지를 집중합니다. 이를 통해 시술자는 특정 치유 목적을 명확히 하고, 피시술자의 에너지 흐름을 조율하여 더욱 깊은 치유 효과를 이끌어낼 수 있습니다.

🌱 심벌 이름 반복

심벌을 활용할 때, 해당 심벌의 이름을 조용히 반복하면 에너지가 더욱 활성화됩니다. 이는 시술자의 집중력을 높여 치유 과정에서 긍정적인 영향을 주며, 피시술자의 신체와 정신이 더욱 조화롭게 반응하도록 돕습니다.

🌱 적용 단계

심벌은 레이키 세션의 각 단계에서 다양한 방식으로 활용됩니다.

(① 세션 시작)

초코 레이를 사용하여 에너지 흐름을 강화하고 보호막을 형성합니다. 이를 통해 피시술자는 외부 에너지로부터 보호받으며, 더욱 안정적인 상태에서 치유를 시작할 수 있습니다.

② 중간 과정

치유 목적에 따라 감정적 균형이 필요한 경우에는 세이 헤이 키를, 원거리 치유가 필요할 때는 혼 샤 제 쇼 넨을 활용합니다. 이를 통해 피시술자의 신체적·정신적 상태에 맞춘 맞춤형 치유가 가능합니다.

③ 세션 종료

다이 코미오를 활용하여 전체적인 에너지 균형을 정리하고 안정화합니다. 마지막 단계에서 이 심벌을 사용하면, 피시술자가 받은 치유 에너지가 조화롭게 유지되며, 세션 종료 후에도 지속적인 안정감을 느낄 수 있습니다.

4 레이키 효과를 최적화하기 위한 환경 조성

레이키의 효과를 향상시키기 위해서는 신체와 마음이 편안한 상태에서 에너지를 자연스럽게 받아들일 수 있도록 환경을 조성하는 것이 중요합니다. 치유 공간의 분위기, 음악, 온도, 조명 등의 요소는 피시술자의 이완과 에너지 조율에 직접적인 영향을 미치며, 이를 적절하게 조정하면 치유 과정이 더욱 부드럽고 효과적으로 진행될 수 있습니다.

🌱 음악과 분위기 : 치유 주파수의 역할

음악은 레이키 세션에서 매우 중요한 요소로 작용하며, 피시술자가 긴장을 풀고 에너지를 자연스럽게 받아들이는 데 도움을 줍니다. 특히 $432Hz$,

528㎐, 639㎐와 같은 특정 주파수의 음악은 인체의 에너지 흐름과 공명하여 신체적·정서적 조화를 유도하는 데 효과적입니다.

432㎐ 음악은 자연계의 진동과 잘 어울리는 주파수로, 스트레스를 완화하고 정서적 안정을 돕는 데 유익한 것으로 보고됩니다.

528㎐ 주파수는 흔히 '사랑의 주파수'로 불리며, 세포의 회복력 증진, 마음의 안정, 치유 감각 강화에 긍정적인 영향을 주는 주파수로 소개되고 있습니다.

또한 639㎐ 주파수는 사람관계의 조화, 이해와 공감의 감정 활성화, 정서적 연결 형성에 도움을 주는 음파로 활용됩니다.

이러한 치유 주파수는 신체의 에너지 필드(오라)와 공명하며, 차크라의 활성화를 도와 레이키 에너지의 흐름을 정리하고 조율하는 데 기여합니다.

세션 중에는 부드러운 명상 음악이나 자연의 소리를 배경으로 사용하면, 피시술자의 긴장이 점차 이완되고 에너지 흐름이 원활해지는 데 도움이 됩니다.

유튜브 등 온라인 플랫폼에서는 '레이키 치유 음악', '432㎐ 명상 음악' 등으로 검색하면 다양한 주파수를 기반으로 한 음악을 쉽게 찾을 수 있으며, 치유에 적합한 조용하고 조화로운 환경을 구성하는 데 유용합니다.

온도와 조명 : 편안한 치유 환경 조성

레이키 세션을 보다 편안하게 경험하려면 실내 온도와 조명을 적절히 조절하는 것이 중요합니다. 신체가 이완된 상태에서 에너지가 원활하게 흐를 수 있도록 하기 위해, 실내 온도는 21~24°C로 유지하는 것이 이상적입니다. 차가운 환경에서는 근육이 긴장하고 혈액 순환이 저하될 수 있으므로, 따뜻한 온도를 유지하는 것이 치유 과정에 긍정적인 영향을 줍니다.

조명 또한 치유 공간을 조성하는 중요한 요소입니다. 강한 조명은 신경을 자극하고 긴장을 유발할 수 있으므로, 은은한 간접 조명을 활용하여 편안한 분위기를 조성하는 것이 좋습니다. 특히 촛불이나 따뜻한 색상의 조명을 사용하면 시각적 자극을 줄이고, 더욱 부드럽고 안정적인 환경을 만들 수 있습니다. 이러한 작은 변화만으로도 피시술자가 더욱 깊은 이완 상태에 들어갈 수 있으며, 레이키 에너지가 효과적으로 전달되는 데 도움을 줄 수 있습니다.

🪴 세션 전후 물과 차 제공의 중요성

레이키 세션을 마친 후에는 신체가 에너지를 조율하고 불필요한 노폐물을 배출하는 과정이 필요합니다. 이를 돕기 위해 따뜻한 물이나 허브차를 제공하면 신체의 에너지 순환을 촉진하고 자연 치유력을 높이는 데 효과적입니다.

카모마일 차는 긴장을 풀어주고 편안한 숙면을 유도하는 데 도움을 주며, 페퍼민트 차는 소화를 돕고 정신을 맑게 유지하는 효과가 있습니다. 또한 레몬 워터는 체내 해독을 촉진하고 면역력을 강화하는 데 유용합니다. 세션 전후 충분한 수분을 섭취하면 림프계와 혈액 순환이 원활해지며, 치유 에너지가 더욱 자연스럽게 몸 전체로 퍼질 수 있습니다.

음악, 온도, 조명, 그리고 세션 후 제공하는 차와 같은 작은 요소들이 피시술자의 감각을 더욱 예민하게 만들고, 레이키 세션 후에도 지속적인 안정감을 유지할 수 있도록 돕습니다. 적절한 환경을 조성하면 피시술자는 더욱 깊이 있는 치유 경험을 할 수 있으며, 레이키 에너지가 자연스럽게 흐를 수 있는 이상적인 상태를 유지할 수 있습니다.

5 레이키 심벌과 치유의 가치

레이키 심벌은 에너지 흐름을 강화하고 시술자와 피시술자 간의 연결을 더욱 깊게 만들어 줍니다. 올바르게 활용된 레이키 세션은 심리적 안정, 신체적 치유, 영적 성장을 지원하며, 삶의 질을 향상시키는 데 기여합니다.

레이키는 누구나 쉽게 배워 실천할 수 있는 자연 치유법으로, 특별한 장비 없이도 신체적·정신적 균형을 유지할 수 있습니다. 이는 보호자와 반려동물이 함께 조화를 이루는 과정으로, 삶을 보다 평온하고 균형 잡힌 방향으로 이끌어 줍니다.

에너지를 다루는 기술을 배우고 활용하면, 보다 깊이 있는 치유와 성장을 경험할 수 있습니다. 레이키는 우리 삶의 여러 순간에서 활용될 수 있으며, 이를 통해 신체적 건강뿐만 아니라 감정적·영적 안정을 유지하는 데 도움을 줍니다.

5.6 자기 치유와 타인 치유의 실천법 : 레이키 완벽 가이드

레이키는 신체와 정신의 균형을 조율하는 데 사용되는 에너지 치유 실천법입니다. 이를 효과적으로 수행하려면 시술자의 마음가짐과 준비 과정이 매우 중요합니다. 이 가이드는 자기 치유와 타인 치유를 실천할 수 있도록, 레이키를 단계적으로 익히고 활용하는 방법을 소개합니다.

1 레이키 준비 : 시술자의 마음가짐과 명상

레이키 치유의 성공 여부는 시술자의 내면 상태와 준비 과정에 크게 영향을 받습니다. 시술자는 자신의 역할을 "우주의 에너지를 전달하는 통로"로 인식하고, 맑고 고요한 마음을 유지하는 것이 중요합니다.

🪴 시술자의 마음가짐

시술을 하기 전, 불안이나 걱정을 내려놓고 순수한 의도를 가지는 것이 중요합니다. 맑은 강물이 흘러야 주변의 생명이 번성하듯, 시술자의 내면이 깨끗할수록 에너지는 자연스럽게 흐를 수 있습니다.

레이키를 시작하기 전에 "이 에너지가 치유와 평화를 가져오길 바랍니다"라고 마음속으로 다짐하며, 에너지가 조화롭게 흐를 수 있도록 준비합니다.

🌱 명상과 발영법(에너지 활성화)

조용한 공간에서 눈을 감고, 자신의 몸이 따뜻한 금빛 에너지로 감싸이는 모습을 상상합니다. 심호흡을 반복하며 머리에서 손끝으로 에너지가 흐르는 감각을 느낍니다. 손끝에서 따뜻함이나 미세한 전류 같은 감각이 느껴지면, 에너지가 활성화되었다는 신호입니다.

> **사례**
> 한 시술자는 명상 후 손끝에서 따뜻함을 느끼며 "에너지가 준비되었다는 확신을 얻는다"고 말했습니다.

🌱 치유 환경 조성

부드러운 음악, 은은한 조명, 그리고 차분한 분위기는 치유 공간을 더욱 평화롭게 만들어 줍니다. 물소리나 새소리가 포함된 명상 음악은 시술자와 피시술자의 긴장을 풀어주며, 에너지가 더욱 원활하게 흐를 수 있도록 돕습니다.

2 셀프 레이키 방법

레이키를 가장 쉽게 실천할 수 있는 방법 중 하나는 자기 치유(셀프 레이키)입니다. 이는 스트레스를 완화하고 신체적·정신적 균형을 유지하는 데 효과적인 방법입니다.

시작 및 명상(에너지 활성화)

두 손을 가볍게 들어 올려 에너지를 활성화하며, 깊은 호흡과 함께 몸이 따뜻한 빛으로 감싸이는 모습을 시각화합니다. "우주의 에너지가 나를 감싸며 치유를 시작합니다"라는 의도를 설정하며 차분한 상태를 유지합니다.

차크라 정렬과 호흡 조절

편안한 자세로 앉아 다리를 펴거나 가부좌를 틀고 몸을 안정시킵니다. 손바닥을 무릎이나 허벅지 위에 올려놓고, 깊은 호흡을 반복하며 에너지가 몸 안으로 자연스럽게 흐르는 것을 느낍니다. 몸과 마음이 차분해지는 것을 의식하며 현재의 순간에 집중합니다.

두 눈을 감고 양손을 눈 위에 가볍게 올려놓은 상태에서 깊은 호흡을 합니다.

눈 주위의 긴장이 풀리고, 눈과 이마를 통해 맑은 에너지가 스며드는 것을 느낍니다.

머리 차크라(왕관 차크라) 활성화

양손을 머리 위에 올려놓고 부드럽게 터치하거나 살짝 띄운 상태로 에너지를 전달합니다. 우주의 생명 에너지가 머리에서 몸으로 내려와 전신에 퍼지는 모습을 상상합니다. 이 과정은 스트레스 해소와 직관력 향상에 도움이 됩니다.

(양손을 양 볼 가까이에 두고 에너지를 전달합니다.)

얼굴 근육의 긴장을 풀고, 따뜻한 기운이 얼굴을 감싸는 느낌을 받습니다.

(양손을 뒤통수에 가져다 대고 에너지를 전달합니다.)

머리 뒤쪽의 긴장을 풀고, 정신적인 명확함과 안정을 촉진하는 에너지를 받습니다.

(두 손을 목 위에 올려놓고 에너지를 전달합니다.)

목을 부드럽게 감싸며 따뜻한 기운이 흘러 들어가 소통과 표현력이 강화되는 것을 상상합니다.

(양손을 가슴에 두거나 스스로를 포근히 안아준 후 에너지를 전달합니다.)

심장 차크라가 열리며 사랑과 평온한 감정이 몸 전체로 퍼지는 것을 느낍니다. 이 과정은 감정적 안정과 자기 사랑을 강화하는 데 도움이 됩니다.

> 양손을 태양 신경총(복부 중앙) 또는 배꼽 위에 올려놓고 에너지를 전달합니다.

몸의 중심부에서 따뜻한 빛이 퍼지는 것을 상상하며, 내면의 힘과 자신감이 회복되는 느낌을 받습니다.

> 양손을 아랫배 부위에 올려놓고 에너지를 전달합니다.

몸의 깊은 곳까지 에너지가 스며들어 안정감과 창의력이 증진되는 것을 느낍니다.

> 양손을 서혜부나 허벅지 위에 올려놓고 에너지를 전달합니다.

하체로 에너지가 원활하게 흐르며, 땅과 연결되는 느낌을 받습니다. 이는 안정감과 중심을 잡는 데 도움이 됩니다.

> 양손을 골반에 올려놓고 에너지를 전달합니다.

하체의 균형을 잡고 신체적인 안정감을 강화하며, 신체와 감정의 균형을 조율합니다.

> 양손으로 발등을 감싸고 에너지를 전달합니다.

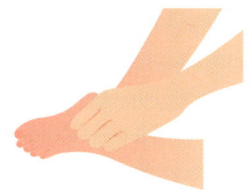

한쪽 발을 감싼 후 다른 발에도 동일한 과정을 반복합니다. 발을 통해 몸 전체로 에너지가 순환하는 느낌을 경험합니다.

> 한 손씩 발의 안쪽 아치 부분에 가져다 두고 에너지를 전달합니다.

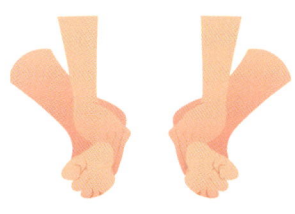

땅과의 연결이 더욱 강화되며, 몸 전체의 균형이 맞춰지는 것을 상상합니다. 온몸을 따뜻한 기운이 감싸며 치유 에너지가 완전히 순환하는 것을 느낍니다.

이 순서를 따라가며 셀프 레이키를 실천하면 몸과 마음의 균형을 회복하고 깊은 안정감을 경험할 수 있습니다.

각 동작에서는 충분한 시간을 가지며, 자신의 몸과 감각에 집중하는 것이 중요합니다. 천천히 호흡하며 몸의 변화를 관찰하고, 에너지가 자연스럽게 흐르는 느낌을 온전히 받아들이는 것이 핵심입니다.

셀프 레이키는 규칙적으로 실천할 때 더욱 효과를 발휘합니다. 아침과 저녁, 하루 두 번 10분씩 연습하면 신체와 마음의 균형을 유지하는 데 도움이 됩니다. 이는 마치 매일 물을 주어 식물을 건강하게 키우는 과정과 같습니다. 꾸준한 실천을 통해 몸과 마음이 안정되며, 하루를 차분하고 에너지가 충만한 상태로 시작하고 마무리할 수 있습니다.

마지막에는 감사의 마음을 가지며 세션을 마무리합니다. 자신에게 치유의 시간을 선물한 것에 대해 스스로를 격려하고, 필요하다면 따뜻한 차나 물을 마시며 몸을 정리하는 시간을 가집니다. 이는 에너지 순환을 돕고, 세션의 효과를 더욱 깊게 체험할 수 있도록 해줍니다.

3 타인 치유 레이키 방법

타인 치유 레이키는 피시술자의 신체와 정신의 에너지 균형을 회복시키는 데 초점을 둡니다. 시술자는 손을 통해 우주의 에너지를 전달하며, 피시술자가 편안한 상태에서 치유 에너지를 받아들일 수 있도록 돕습니다. 모든 과정은 부드럽고 자연스럽게 진행되며, 피시술자의 반응을 세심히 관찰하며 조율하는 것이 중요합니다.

🪴 앞면 치유

피시술자는 편안하게 천장을 보고 눕고, 시술자는 조용한 호흡과 함께 에너지를 조율하며 레이키 시술을 시작합니다.

(눈 치유)

시술자는 양손을 피시술자의 눈 위에 올려놓습니다. 손이 피부에 직접 닿아도 되지만, 가볍게 공중에 띄워놓는 것도 가능합니다. 눈의 피로를 해소하고 정신적 긴장을 완화하는 데 도움이 됩니다.

얼굴 치유

시술자는 양손을 피시술자의 양볼에 올려놓습니다. 부드러운 손길을 통해 감정적인 안정과 긴장 해소를 유도합니다.

머리 치유

양손을 머리 위에 올려놓고 따뜻한 에너지를 전달합니다. 머리 위쪽(왕관 차크라)은 영적인 균형과 깊은 내면의 평온을 담당하는 부위로, 시술자는 우주의 에너지가 이곳을 통해 자연스럽게 흘러들어가는 모습을 시각화합니다.

머리 측면과 뒷머리 치유

시술자는 양손을 피시술자의 머리 옆(측면) 또는 뒷통수에 놓습니다. 이 과정은 사고를 명확하게 하고, 불안을 해소하는 데 도움을 줍니다.

가슴과 쇄골 치유

시술자는 양손을 쇄골 아래, 가슴 부위에 올려놓습니다. 이곳은 감정을 조율하는 중심부로, 사랑과 안정의 에너지를 전달하는 과정입니다.

(목 치유)

시술자의 한 손은 피시술자의 앞목에, 다른 손은 뒷목에 올려놓습니다. 목은 의사소통과 감정 표현과 관련된 부위이므로, 긴장을 해소하고 에너지 흐름을 원활하게 하는 데 초점을 맞춥니다.

(복부 치유)

시술자는 양손을 피시술자의 배꼽 위에 두고 따뜻한 에너지를 전달합니다. 이어서 배꼽 아래로 손을 옮겨 몸의 중심을 안정시키고 소화기 계통의 균형을 조절하는 과정이 진행됩니다.

다리와 발 치유

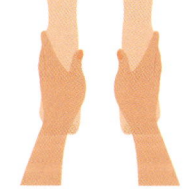

시술자는 양손을 이용하여 피시술자의 한쪽 발을 부드럽게 감싼 후, 반대쪽 발에도 동일한 방법으로 에너지를 전달합니다. 이후 양손을 발등에 올려놓아 전신의 에너지를 균형 있게 흐르게 합니다.

🪴 뒷면 치유

피시술자는 엎드린 자세로 편안하게 누운 상태에서 시술을 진행합니다.

어깨 치유

시술자는 양손을 피시술자의 어깨에 올려놓습니다. 어깨의 긴장을 완화하고 피로를 해소하는 데 도움을 줍니다.

등 중앙 치유

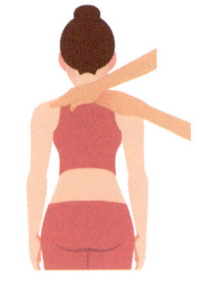

시술자는 양손을 피시술자의 견갑골(등 상부) 부위에 올려놓고 따뜻한 에너지를 전달합니다. 이 부위는 심장 차크라와 연결되어 있으며, 정서적 안정과 내면의 평온을 돕습니다.

허리 치유

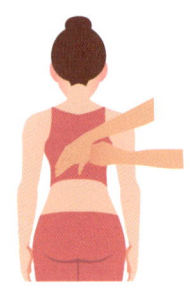

시술자는 양손을 피시술자의 허리 윗부분에 가볍게 올려 에너지를 전달합니다. 허리는 신체의 균형을 담당하는 중요한 부위이므로, 시술자는 허리 주변에 따뜻한 에너지가 흐르는 모습을 시각화합니다.

견갑골과 허리 조화 치유

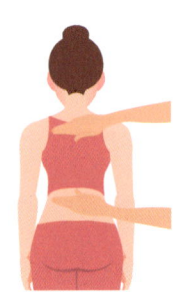

시술자의 한 손은 견갑골 사이에, 다른 한 손은 허리에 올려놓습니다. 이는 상체와 하체의 에너지를 조율하는 과정으로, 신체적 안정감을 제공하고 전반적인 균형을 조절하는 역할을 합니다.

🪴 마무리

에너지 정화

피시술자가 다시 편안하게 바로 누운 상태에서 시술자는 양손을 이용하여 피시술자 주변의 에너지를 정화합니다. 한 손은 머리 위쪽(왕관 차크라), 다른 한 손은 태양신경총(배꼽 위 차크라) 부위에 올려놓고, 따뜻하고 맑은 에너지가 몸 전체에 퍼지는 모습을 시각화합니다.

세션 종료 및 안정화

시술자는 피시술자의 전신을 가볍게 감싸는 듯한 동작을 하며 에너지를 마무리합니다. 마지막으로 피시술자가 편안하게 휴식을 취할 수 있도록 안내하며, 물을 마시거나 조용한 시간을 가질 수 있도록 돕습니다.

타인 치유 레이키는 신체의 특정 부위에 에너지를 전달하여 균형과 조화를 회복시키는 과정입니다. 시술자는 피시술자의 반응을 세심히 관찰하며, 필요에 따라 손의 위치나 시간을 조율할 수 있습니다. 부드럽고 편안한 손길로 에너지를 전달하면, 피시술자는 점차적으로 이완되고 몸과 마음이 안정되며 치유의 효과를 온전히 경험할 수 있습니다.

4 원격 치유 레이키 방법

원격 치유 레이키는 물리적 거리를 초월하여 피시술자에게 에너지를 전달하는 기법으로, 특정 심벌과 시각화를 활용하여 연결을 강화합니다. 이는 직접 손을 대지 않고도 에너지를 주고받을 수 있는 방법으로, 멀리 떨어진 가족, 친구, 반려동물에게도 적용할 수 있습니다.

심벌 활용

레이키 원격 치유에서 가장 중요한 요소는 혼 샤 제 쇼 넨(Hon Sha Ze Sho Nen) 심벌을 활용하는 것입니다. 시술자는 이 심벌을 마음속에 그리며 피시술자와 연결을 형성합니다. 이 심벌은 "시간과 공간을 초월한 연결"을 의미하며, 시술자의 의도를 피시술자에게 전달하는 역할을 합니다.

시각화 과정

피시술자의 모습을 머릿속에 떠올리고, 필요한 부위에 따뜻한 빛이 흘러드는 장면을 시각화합니다. 마치 빛의 다리를 건너 에너지가 자연스럽게 흘러가듯이 상상하며, 치유의 에너지가 피시술자에게 부드럽게 전달되는 느낌을 이미지화합니다.

> **사례**
>
> 한 시술자는 멀리 있는 가족에게 원격 치유를 시도한 후, 다음 날 가족이 "몸이 한결 가벼워졌다"고 말하며 긍정적인 변화를 경험했다고 전했습니다. 이는 에너지가 시간과 공간을 초월하여 작용할 수 있음을 보여주는 사례입니다.

5 레이키 실천의 핵심

레이키를 꾸준히 실천하면 신체적·정신적 건강이 조화롭게 유지되며, 치유 과정에서 시술자와 피시술자 모두 긍정적인 변화를 경험할 수 있습니다.

🪴 자기 치유의 중요성

매일 아침 레이키를 실천한 사람들은 "평온한 하루를 시작할 수 있었다"고 전합니다. 이는 자기 치유가 신체뿐만 아니라 감정적·정신적 균형을 유지하는 데 중요한 역할을 함을 보여줍니다.

🪴 타인 치유의 기쁨

레이키를 통해 타인의 고통을 덜어줄 때, 시술자 자신도 치유와 충만함을 느끼게 됩니다. 이는 단순한 에너지 전달이 아니라, 나눔과 공감 속에서 이루어지는 깊은 치유 과정입니다.

🪴 원격 치유의 가능성

거리가 멀어도 에너지는 연결될 수 있습니다. 시술자와 피시술자가 직접 접촉하지 않아도 에너지를 주고받으며 치유와 평화를 경험할 수 있습니다. 이는 레이키가 물리적인 한계를 넘어선 보편적인 치유 에너지임을 의미합니다.

6 레이키의 가치와 지속적인 실천

레이키는 신체적 건강과 감정적 안정, 영적 성장을 돕는 치유법입니다. 이 가이드는 독자가 레이키를 실천하여 자신과 주변 사람, 그리고 반려동물에게 긍정적인 변화를 선사할 수 있도록 안내합니다.

레이키는 특별한 장비 없이도 누구나 실천할 수 있는 자연 치유법입니다. 꾸준히 연습하고 실천하면, 삶의 질이 향상될 뿐만 아니라, 보다 평온하고 조화로운 삶을 살아갈 수 있습니다. 나아가, 레이키를 통해 자신뿐만 아니라 타인과 반려동물에게도 긍정적인 에너지를 나누며, 세상을 더욱 따뜻하고 균형 잡힌 공간으로 만들어 갈 수 있습니다.

레이키의 에너지는 언제나 우리와 함께하며,
조화롭고 평화로운 삶을 선물하는 강력한 힘이 될 것입니다.

5.7 반려동물과 레이키 : 에너지로 연결된 치유의 기초

1 반려동물과 레이키의 조화

반려동물도 사람과 마찬가지로 스트레스, 불안, 신체적 질환의 영향을 받으며, 이는 삶의 질을 저하시킬 수 있습니다. 레이키는 부드럽고 안정적인 에너지를 전달하여 반려동물의 심리적 평안과 신체적 치유를 돕고, 자연 치유력을 촉진합니다. 또한, 레이키 세션을 통해 보호자와 반려동물 간의 유대가 깊어지며, 서로의 에너지를 조화롭게 조율할 수 있습니다.

2 레이키 세션의 적용과 반응

세션 환경 조성

반려동물이 레이키 에너지를 편안하게 받아들이려면 조용하고 안정된 환경을 조성하는 것이 중요합니다. 부드러운 담요를 깔아주고, 은은한 조명과 잔잔한 플루트 연주가 흐르는 명상 음악을 배경으로 틀어두면 반려동물이 더욱 이완할 수 있습니다.

적정 온도(21~24℃)를 유지하면 신체적 긴장을 완화하는 데 도움이 되며, 보호자 역시 편안한 마음으로 세션을 진행할 수 있습니다.

또한, 유튜브에서 'Reiki Music' 또는 'Animal Reiki Healing Music'

을 검색하면 레이키 전용 명상 음악을 쉽게 찾을 수 있습니다. 이러한 음악은 에너지 흐름을 원활하게 하고, 보호자와 반려동물 모두가 세션 중 더 깊은 안정감을 느낄 수 있도록 돕습니다.

🪴 세션 중 반려동물의 반응

반려동물은 레이키 에너지를 받는 동안 신체와 마음이 이완되며, 다양한 반응을 보입니다.

사례 1
소음에 민감했던 반려견이 레이키 세션 동안 평화롭게 잠들었다는 보호자의 경험이 있습니다.

사례 2
한 고양이는 세션 중 부드러운 가르릉 소리를 내며 긴장을 풀고 보호자 곁에 더욱 가까이 머물렀습니다.

레이키는 반려동물이 스스로 긴장을 해소하고 보호자와의 유대감을 강화하는 데 기여할 수 있습니다.

🪴 레이키 적용 방법

레이키는 다양한 방식으로 반려동물에게 적용할 수 있으며, 반려동물의 반응에 따라 적절한 방법을 선택하는 것이 중요합니다.

① 접촉 치유
- 손을 반려동물의 신체 가까이에 두거나 특정 부위에 손을 올려 에너지를 직접 전달합니다.

※ 예시 : 심장 차크라(가슴 부위)나 태양신경총 차크라(복부 부위)에 손을 올리면 반려동물은 따뜻한 담요에 감싸인 듯한 안정감을 느낍니다.

② 비접촉 치유

반려동물이 직접적인 접촉을 불편해하는 경우, 손을 일정 거리에서 유지하며 에너지를 간접적으로 전달합니다.

※ 예시 : 수술 후 민감한 부위에 비접촉 치유를 적용하면, 반려동물이 스트레스를 받지 않고도 편안하게 에너지를 받을 수 있습니다.

③ 특정 차크라 집중

심장, 복부 등 특정 차크라에 집중하여 에너지를 조율하면 더욱 효과적인 치유가 가능합니다.

④ 원격 치유

반려동물과 물리적으로 가까이 있지 않더라도, 원격으로 에너지를 전달할 수 있습니다. 이 방법은 반려동물이 보호자와 떨어진 장소에 있을 때에도 정서적 안정과 회복을 도울 수 있는 유용한 접근법입니다.

※ 예시 : 반려동물이 외출 중이거나 병원에 머무는 동안, 또는 보호자가 출장이나 여행 등으로 장기간 떨어져 있을 때, 시술자는 마음을 집중하여 에너지를 보낼 수 있습니다.

원격 치유는 생각과 의도를 통해 이루어지며, 시술자의 집중력과 명상 상태가 에너지 전달의 핵심 요소로 작용합니다.

3 레이키의 효과와 장점

🌱 신체적 치유

레이키는 반려동물의 신체적 회복과 통증 완화에 도움을 줍니다.

사례 1

교통사고로 수술을 받은 강아지가 레이키 세션을 통해 통증이 줄어들고 회복 속도가 빨라졌다는 사례가 있습니다.

사례 2

관절염으로 인해 움직이기 어려웠던 노령 반려견이 레이키 후 움직임이 원활해졌다는 보호자의 경험이 보고되었습니다.

🌱 정서적 안정

레이키는 반려동물의 불안을 줄이고 새로운 환경에 적응하도록 돕습니다.

사례

한 보호자는 이사를 한 후 스트레스를 받던 반려묘에게 레이키 세션을 진행하였고, 이후 고양이가 긴장을 풀고 침구 위에서 편안히 쉬는 모습을 보였습니다.

🌱 보호자와의 유대 강화

레이키는 보호자와 반려동물 사이의 신뢰를 깊게 하고, 더욱 긴밀한 교감을 나누는 데 기여합니다.

> **사례**
> "레이키 세션 후 강아지가 저를 더욱 신뢰하고, 더 가까워졌다는 느낌이 들어요"라는 한 보호자의 경험은 레이키가 치유 이상의 효과를 나타내며 관계를 개선하는 데 도움을 준다는 점을 보여줍니다.

4 반려동물을 위한 레이키 심벌과 활용법

레이키 심벌은 에너지 조율을 지원하고, 특정 목적에 맞게 활용할 수 있습니다.

- **초크레이 (Cho Ku Rei)** : 에너지 증폭과 보호를 위해 사용됩니다. 반려동물의 머리 위에 손을 올리고 심벌을 시각화하며 3~5분간 에너지를 전달합니다.
- **세이헤키 (Sei He Ki)** : 감정적 안정과 스트레스 완화를 돕습니다. 반려동물의 심장 부근에 손을 올리고 약 5분간 에너지를 집중합니다.
- **혼샤제쇼넨 (Hon Sha Ze Sho Nen)** : 원격 치유와 에너지 연결에 사용되며, 물리적 거리에 관계없이 치유 효과를 제공합니다. 멀리 떨어진 반려동물에게 원격으로 에너지를 보내는 데 활용됩니다.

5 레이키 세션의 유의점

레이키는 반려동물의 신체적·정서적 치유를 지원하는 데 유용하지만, 몇 가지 주의해야 할 사항이 있습니다.

- **반려동물의 반응 존중** : 반려동물이 세션 중 자리를 피하려 하거나 긴장하는 경우, 무리하게 지속하지 않고 세션을 중단해야 합니다.
- **보완적 치유로 활용** : 레이키는 수의학적 치료를 대체하는 것이 아니라, 기존 치료와 병행하여 더 나은 결과를 얻는 보완 요법으로 활용되어야 합니다.
- **세션 시간 조정** : 세션은 10~20분 내외로 유지하며, 반려동물의 반응에 따라 시간을 조절하는 것이 좋습니다.

6 레이키를 통한 반려동물의 행복 증진

레이키는 보호자와 반려동물이 함께할 수 있는 특별한 순간을 제공합니다.

- **유대감 증진** : 레이키는 보호자와 반려동물이 서로의 에너지를 나누며 신뢰와 사랑을 더욱 깊이 쌓을 수 있습니다.
- **정신적 안정과 행복** : 스트레스 해소와 정서적 안정은 반려동물의 전반적인 삶의 질을 향상시킵니다.

레이키는 치유를 넘어서, 보호자와 반려동물이 서로의 에너지를 나누고 교감하는 깊은 연결의 과정입니다. 정성과 사랑을 담아 레이키를 실천한다면, 반려동물은 더욱 건강하고 행복한 삶을 영위할 수 있으며, 보호자는 깊은 만족감을 느낄 수 있습니다.

다음 장에서는 반려견, 반려묘, 소형 동물 등 다양한 반려동물을 대상으로 한 레이키 시술 방법과 효과를 다룹니다. 여기서 다루는 사례들은 신뢰할 수 있는 연구 및 전문가, 보호자의 경험을 바탕으로 작성되었으며, 특히 *Animal Reiki Source*와 *International Center for Reiki Training* 등의 기관에서 제공하는 자료와 사례를 참고하였습니다. 독자는 이를 통해 반려동물과의 깊은 교감을 형성하고, 치유 에너지를 실천하는 방법을 배울 수 있습니다.

5.8 반려견을 위한 레이키 치유법

레이키는 반려견의 신체적·정서적 건강을 지원하며, 보호자와 반려견 간의 신뢰와 유대를 강화하는 자연치유 기법입니다. 이를 통해 반려견은 스트레스와 불안을 완화하고, 통증을 줄이며 전반적인 삶의 질을 향상시킬 수 있습니다. 보호자가 정성을 다해 레이키를 실천하면, 반려견은 보호자의 에너지를 통해 깊은 안정감을 경험할 수 있습니다.

1 스트레스 및 불안 완화

반려견은 낯선 환경, 보호자의 부재, 소음 등 다양한 요인으로 인해 스트레스를 받을 수 있습니다. 레이키는 반려견에게 안정감과 평온함을 제공하며, 보호자가 전달하는 에너지는 따뜻한 위로와 같은 효과를 줍니다.

🌱 편안한 환경 조성

레이키 세션을 시작하기 전에 반려견이 편안함을 느낄 수 있는 공간을 조성하는 것이 중요합니다. 은은한 조명과 잔잔한 음악은 긴장을 푸는 데 도움을 줍니다.

> **사례**
>
> 반려견 '보리'는 폭죽 소리가 들리면 몸을 떨며 숨곤 했습니다. 보호자는 방 안의 조명을 낮추고 잔잔한 음악을 틀며 레이키 세션을 진행했습니다. 보리는 점차 긴장을 풀고 보호자의 손길 아래 편안히 누워 있었습니다.

> **Tip**
>
> 유튜브에서 "Reiki Music for Dogs"을 검색하면 반려견을 위한 레이키 전용 음악을 찾을 수 있습니다. 이러한 음악은 반려견이 심리적으로 안정을 찾는 데 도움을 줍니다.

🌱 초크레이 (Cho Ku Rei) 심벌 사용

초크레이 심벌은 에너지를 증폭하고 보호막을 형성하는 데 사용됩니다. 세션 시작 시 보호자는 심벌을 시각화하며 반려견의 머리나 척추 부근에 손을 올려 에너지를 전달합니다.

🌱 세이헤키 (Sei He Ki) 심벌 활용

세이헤키 심벌은 감정적 안정과 스트레스 해소에 효과적입니다. 가슴 부근이나 목에 손을 올리고 심벌을 시각화하며 에너지를 전송합니다. 이는 반려견에게 "안전하다"는 메시지를 전달하는 듯한 효과를 줍니다.

🌱 호흡과 에너지 동기화

보호자가 천천히 깊은 호흡을 하며 에너지를 전달하면, 반려견은 보호자의 호흡 리듬에 동화되어 안정감을 느낍니다. 이는 반려견의 심박 수를 부드럽게 조율하는 효과를 냅니다.

2 원격 레이키 치유법

원격 치유는 물리적 거리를 초월하여 에너지를 전달하는 방법으로, 병원에 있거나 멀리 떨어져 있는 반려견에게도 효과적입니다.

🪴 혼샤제쇼넨 (Hon Sha Ze Sho Nen) 심벌 활용

혼샤제쇼넨 심벌은 시공간을 초월한 연결을 가능하게 합니다. 조용한 장소에서 반려견의 이미지를 떠올리며 심벌을 시각화하여 에너지를 연결합니다.

🪴 에너지 전달 과정

손을 편안히 두고, 반려견이 바로 앞에 있는 듯 상상하며 에너지가 전달되는 모습을 떠올립니다. 반려견이 편안해하며 에너지를 받아들이는 모습을 상상하며 마무리합니다.

> **사례**
> 수술 후 병원에 입원 중이던 반려견 '루나'는 보호자의 원격 레이키를 통해 빠르게 회복되었습니다. 보호자는 집에서 루나를 떠올리며 에너지를 보내고, 건강이 회복되기를 기도했습니다. 며칠이 지나자 루나는 눈에 띄게 활기를 되찾고, 활동성을 회복했습니다.

3 신체적 통증 완화와 회복 촉진

레이키는 관절염, 부상, 수술 후 회복 중인 반려견에게 통증 완화와 치유를 돕는 데 유용합니다.

🌱 초크레이 심벌을 통한 통증 완화

초크레이 심벌은 통증 부위에 에너지를 집중시키는 데 효과적입니다. 마치 얼어붙은 부위를 따뜻한 햇살로 녹이는 듯한 느낌을 줍니다.

🌱 세이헤키 심벌로 정서적 안정 제공

통증으로 불안해하는 반려견에게 세이헤키 심벌을 활용하면 정서적 안정과 함께 통증 완화를 경험할 수 있습니다.

🌱 다이코미오 (Dai Ko Myo) 심벌 활용

다이코미오 심벌은 깊은 치유와 만성 통증 완화에 효과적입니다. 보호자는 손을 통증 부위에 올리고 심벌을 시각화하며 에너지를 전달합니다.

> **사례**
> 관절염으로 인해 걷기 어려웠던 반려견 '맥스'는 다이코미오 심벌을 활용한 레이키 세션 후 점차 움직임이 편안해지고 활력을 되찾았습니다.

4 레이키 적용 시 주의사항

반려견을 위한 레이키를 시행할 때는 반려견의 반응을 세심하게 살펴보고, 무리하게 진행하지 않는 것이 중요합니다.

🌱 반려견의 반응을 존중하기

반려견이 자리를 피하거나 긴장하는 경우에는 강요하지 않고 자유롭게 움직이도록 합니다.

> **사례**
>
> 레이키 세션 중 반려견 '코코'가 잠시 자리를 피했다가, 이내 보호자 곁으로 다가와 다시 에너지를 받는 모습을 보였습니다.

🪴 보완적 치유로 활용하기

레이키는 수의학적 치료를 대체하지 않으며, 기존 치료와 병행하여 사용하면 더 좋은 효과를 기대할 수 있습니다.

🪴 정기적 시행

주 2~3회, 15~20분 정도의 정기적인 세션은 반려견의 건강과 정서적 안정을 유지하는 데 도움을 줍니다.

5 레이키의 가치

레이키는 반려견과 보호자 간의 유대를 강화하는 특별한 경험을 제공합니다.

> **사례**
>
> 반려견 '벨라'는 이사 후 새로운 환경에 적응하지 못해 스트레스를 받았습니다. 보호자는 레이키 세션을 통해 벨라의 불안을 완화하고, 벨라가 침구에 편안히 눕는 모습을 보며 레이키의 효과를 체감했습니다.

레이키는 반려견의 신체적·정서적 치유를 돕는 동시에 보호자에게도 평온과 위안을 제공합니다. 꾸준한 실천을 통해 반려견과 보호자는 더 조화롭고 풍요로운 삶을 누릴 수 있습니다.

5.9 반려묘를 위한 레이키 치유법

레이키는 반려묘의 심리적 안정과 신체적 회복을 돕는 부드럽고 자연스러운 치유법입니다. 반려묘는 에너지에 민감하게 반응하는 동물로, 레이키 세션은 그들에게 심리적 안정감을 제공하고 건강을 증진하는 데 효과적입니다. 보호자는 이를 통해 반려묘와의 유대감을 강화하며, 반려묘는 더 평온하고 행복한 삶을 누릴 수 있습니다.

1 심리적 안정과 감정 치유

반려묘는 환경 변화, 낯선 사람, 소음 등으로 인해 쉽게 스트레스를 받을 수 있습니다. 레이키는 반려묘의 불안을 완화하고 감정을 안정시키는 데 도움을 줍니다.

🌱 세이헤키 (Sei He Ki) 심벌 활용

세이헤키 심벌은 감정적 안정과 스트레스 해소를 위해 사용됩니다. 보호자는 반려묘가 편안해하는 자세를 취할 때, 가슴 부근이나 머리 위에 손을 올려 심벌을 시각화하며 에너지를 전달합니다. 이는 반려묘의 내면을 부드럽게 안정시키는 데 효과적입니다.

🌱 부드러운 손길로 에너지 전달

반려묘가 보호자의 손길을 허락할 때, 머리, 목, 가슴 부위에 손을 올려 따뜻한 담요로 감싸는 듯한 편안함을 제공할 수 있습니다.

🌱 호흡과 에너지 동기화

보호자가 천천히 깊은 호흡을 하며 에너지를 전달하면, 반려묘는 점차 긴장을 풀고 안정감을 느낍니다.

> **사례**
> 반려묘 '루비'는 보호자의 손길 아래에서 눈을 감고 조용히 가르릉 소리를 내며 편안함을 표현했습니다.

2 건강 지원과 회복 촉진

레이키는 수술 후 회복 중이거나 만성 질환, 통증을 겪는 반려묘의 치유를 촉진하고 면역 체계를 강화하는 데 효과적입니다.

🌱 초크레이 (Cho Ku Rei) 심벌 활용

면역력 강화와 통증 완화를 위해 초크레이 심벌을 시각화하며 복부나 가슴 부위에 손을 올려 에너지를 전달합니다.

🌱 다이코미오 (Dai Ko Myo) 심벌 사용

다이코미오 심벌은 심층적인 치유와 에너지 회복을 위해 사용됩니다. 보호자는 손을 반려묘의 아픈 부위에 올리고 심벌을 시각화하며 치유 에너지를 전달합니다.

> **사례**
> 수술 후 레이키 세션을 받은 반려묘 '미아'는 통증이 줄어들며 부드러운 움직임을 보였고, 더 차분한 상태로 돌아갔습니다.

🌱 반응 관찰과 세션 조정

세션 중 반려묘의 움직임과 반응을 주의 깊게 살피며, 필요에 따라 세션을 잠시 멈추거나 지속 여부를 판단해야 합니다.

3 원격 레이키 치유법

반려묘가 물리적으로 접근하기 어려운 경우, 원격 레이키를 통해 에너지를 전달할 수 있습니다.

🌱 혼샤제쇼넨 (Hon Sha Ze Sho Nen) 심벌 활용

혼샤제쇼넨 심벌은 시공간을 초월한 연결을 가능하게 합니다. 조용한 공간에서 반려묘의 이미지를 떠올리며 심벌을 시각화하여 에너지를 전달합니다.

🌱 에너지 전달 과정

보호자는 반려묘가 가까이 있는 모습을 상상하며 손바닥에서 에너지가 흐르며 반려묘에게 전달되는 장면을 떠올립니다. 반려묘가 차분히 에너지를 받아들이는 모습을 시각화하며 세션을 진행합니다.

사례

외출 중 원격 레이키를 통해 반려묘 '누리'의 스트레스를 완화한 보호자는 집에 돌아와 누리가 한결 차분해진 모습을 확인했습니다.

🪴 마무리

세션 종료 후 감사의 마음을 전하며 치유가 이루어졌음을 신뢰합니다.

4 레이키 세션 시 유의사항

🪴 반려묘의 반응 존중하기

반려묘가 불편함을 보이거나 자리를 피하려 할 경우, 강요하지 않고 자유롭게 움직일 수 있도록 배려합니다.

🪴 편안한 환경 조성

레이키 세션은 조용하고 온화한 공간에서 진행하며, 은은한 조명과 명상 음악을 활용하면 반려묘의 긴장을 완화하는 데 도움이 됩니다.

Tip

유튜브에서 "Calm Reiki Music for Cats"을 검색하면 반려묘를 위한 레이키 음악을 쉽게 찾을 수 있습니다

🪴 세션 시간과 빈도

한 세션은 10~20분 이내로 진행하며, 필요에 따라 주 2~3회 정기적으로 시행합니다.

5 레이키의 가치

레이키는 반려묘의 신체적·정서적 건강을 개선하고, 보호자와의 신뢰를 더욱 깊게 하는 특별한 치유 기법입니다.

> **사례**
> 반려묘 '코코'는 새집으로 이사한 후 긴장 상태를 보였으나, 보호자의 레이키 세션을 통해 점차 안정감을 되찾고 편안하게 새로운 환경에 적응했습니다.

꾸준한 실천을 통해 반려묘는 건강과 행복을 누릴 수 있으며, 보호자는 이를 통해 더 큰 만족과 유대를 경험할 수 있습니다. 레이키는 반려묘와 보호자 모두의 삶을 풍요롭게 하는 에너지 교환의 순간을 제공합니다.

5.10 작은 반려동물을 위한 레이키 치유 가이드

소형 동물과 조류는 섬세한 감각과 민감한 체질을 가지고 있어, 레이키 시술 시 세심한 접근이 필요합니다. 이들은 스트레스와 환경 변화에 예민하게 반응하기 때문에 레이키를 통한 안정감과 치유는 신체적·정신적 건강을 유지하는 데 매우 효과적입니다. 레이키는 보호자가 동물들에게 안정감을 제공하며, 보호자와 동물 간의 깊은 교감을 가능하게 합니다.

1 소형 동물 대상 레이키 치유법

토끼, 햄스터, 기니피그와 같은 소형 동물은 천적 회피 본능이 강하며, 스트레스를 쉽게 받을 수 있습니다. 레이키를 통한 치유는 신체적 회복을 넘어 정서적 안정까지 지원하는 방향으로 진행해야 합니다.

🪴 환경 조성

소형 동물은 익숙한 환경에서 더 편안함을 느끼므로, 그들이 좋아하는 은신처 근처에서 세션을 진행하는 것이 좋습니다. 예를 들어, 기니피그가 은신처 옆에서 조용히 쉬고 있을 때, 조명을 부드럽게 조정하고 소음을 최소화하면 에너지를 더 편안하게 받아들일 수 있습니다.

🪴 원거리 에너지 전달

소형 동물은 직접적인 접촉보다는 손을 약간 띄운 상태에서 부드럽게 에너지를 전달하는 방식이 적합합니다. 초크레이(Cho Ku Rei) 심벌을 시각화하며 손을 공중에 둔 상태에서 부드럽게 에너지를 전달합니다. 초크레이는 안정감을 제공하고, 에너지를 증폭하는 데 유용합니다. 세이헤키(Sei He Ki) 심벌은 불안을 완화하고 감정적 안정을 도와줍니다.

🪴 세션 시간

세션은 5~10분 정도로 짧고 집중적으로 진행합니다. 동물의 반응에 따라 시간을 조정하며, 긴장하거나 불편해하는 모습이 보이면 즉시 중단합니다. 레이키 에너지는 소형 동물에게 따뜻한 담요처럼 느껴질 수 있어, 심리적 안정과 편안함을 제공합니다.

2 조류 대상 레이키 치유법

조류는 예민한 감각과 강한 경계심을 가지므로, 레이키 시술 시 간접적 접근이 가장 효과적입니다.

🪴 새장 밖에서의 에너지 전달

조류는 직접적인 접촉에 부담을 느낄 수 있으므로, 새장 밖에서 손을 약간 띄운 상태로 에너지를 전달하는 것이 좋습니다. 초크레이(Cho Ku Rei) 심벌을 시각화하여 보호 에너지를 형성하고 조류가 안정감을 느낄 수 있도록 돕습니다.

🪴 심벌 활용

① 초크레이 (Cho Ku Rei) : 보호 에너지를 형성하고 안정감을 제공합니다.

② 다이코미오 (Dai Ko Myo) : 심층적인 치유와 심리적 안정을 도모하는 심벌로, 조류가 불안하거나 충격을 받은 상황에서 효과적입니다.

🪴 세션 시간

조류는 집중 시간이 짧으므로, 세션은 3~5분 정도로 시작하며, 반응에 따라 최대 10분까지 조정합니다.

> **사례**
> 앵무새 '피코'는 초크레이 심벌을 활용한 세션 후 깃털을 다듬으며 평온한 모습을 보였습니다.

🪴 세심한 관찰

조류가 깃털을 다듬거나 눈을 감는다면 에너지를 잘 수용하고 있는 긍정적인 신호입니다. 반면, 불편함을 보일 경우 즉시 세션을 중단하는 것이 중요합니다.

3 공통 유의사항

소형 동물과 조류에게 레이키를 시술할 때는 동물의 반응을 세심하게 살펴보고, 필요에 따라 조정하는 것이 중요합니다.

🌱 반응 존중

소형 동물이나 조류가 자리를 뜨거나 거리를 두고 싶어 할 때는 강요하지 않고 자유롭게 움직일 수 있도록 허용해야 합니다.

> **사례**
> 기니피그 '루루'는 세션 중 잠시 자리를 떠났다가 다시 돌아와 편안한 자세로 머물렀으며, 이후 긴장이 풀린 듯 간식을 먹으며 차분한 모습을 보였습니다.

🌱 적절한 환경 조성

조용하고 온화한 환경에서 세션을 진행해야 합니다. 은은한 조명과 자연의 소리(새소리, 물소리) 또는 명상 음악은 심리적 안정감을 높이는 데 효과적입니다.

> **Tip**
> 유튜브에서 "Reiki Healing Music for Bunnies"와 같은 레이키 음악을 검색하면 소형 동물과 조류를 위한 편안한 레이키 음악을 찾을 수 있습니다.

🌱 세션 후 관리

세션이 끝난 후, 동물이 편안함을 유지할 수 있도록 도와야 합니다. 동물이 긴장을 풀고 안정감을 유지할 수 있도록 물을 제공하고, 원한다면 간식을 함께 제공하여 에너지가 안정적으로 통합되도록 지원합니다.

4 소형 동물과 조류 레이키의 가치

레이키는 소형 동물과 조류의 스트레스를 완화하고 건강을 유지하는 데 큰 도움을 줍니다. 또한, 보호자와 반려동물 간의 신뢰를 형성하며, 깊은 유대를 경험할 수 있도록 도와줍니다.

사례 1
토끼 '스노우'는 새로운 집으로 이사한 후 불안한 모습을 보였으나, 보호자의 정기적인 레이키 세션을 통해 점차 안정감을 되찾았습니다.

사례 2
앵무새 '코코'는 세션 후 보호자의 손길을 더 편안하게 받아들이며, 이전보다 활발한 행동을 보였습니다.

레이키는 동물들과의 교감을 깊게 하고, 그들의 삶의 질을 높이는 유용한 도구입니다. 꾸준히 실천함으로써 동물들의 건강과 행복을 지원하고, 보호자로서의 책임감을 실현할 수 있습니다.

5.11 레이키 치유 시 주요 유의사항

반려동물에게 레이키를 효과적으로 제공하려면 동물의 반응, 환경 조성, 보호자의 태도 등 다양한 요소를 세심하게 고려해야 합니다. 레이키는 강요해서는 안 되며, 반려동물이 에너지를 수용할 준비가 되었을 때 더욱 효과적으로 작용합니다. 아래의 유의사항을 참고하여 반려동물과 조화로운 치유 경험을 만들어 보세요.

1 세션 전 : 편안한 환경 조성

반려동물이 이완된 상태에서 에너지를 받아들일 수 있도록, 조용하고 안정적인 환경을 마련합니다.

- **조명** : 은은하고 눈부시지 않은 조명이 적합합니다.
- **음악** : 잔잔한 명상 음악이나 자연의 소리는 반려동물의 긴장을 완화합니다.
- **소음 차단** : 갑작스러운 소리나 움직임은 피하도록 합니다.

> **Tip**
> 유튜브에서 "Reiki Healing Music for Pets" 또는 "Calm Reiki for Animals"로 검색하면 세션에 적합한 배경 음악을 쉽게 찾을 수 있습니다.

2 세션 중 : 반려동물의 반응에 집중하기, 레이키 심벌 활용

반려동물은 각자의 리듬에 따라 에너지를 수용합니다. 레이키 세션 중에는 반려동물이 보내는 신호를 주의 깊게 살펴보고, 불편해하거나 자리를 피하려는 경우에는 억지로 진행하지 않고 자유롭게 움직일 수 있도록 배려하는 것이 중요합니다.

또한, 세션의 목적에 따라 적절한 레이키 심벌을 활용하면 에너지 흐름이 보다 안정적으로 조율되며, 치유 효과를 높이는 데 도움이 됩니다.

레이키 심벌의 실용적 활용 예

- 초크레이 (Cho Ku Rei) : 세션 시작 시 보호 에너지를 형성하고, 에너지를 증폭하는 역할을 합니다.
- 세이헤키 (Sei He Ki) : 감정적 안정과 스트레스 완화에 사용됩니다.
- 혼샤제쇼넨 (Hon Sha Ze Sho Nen) : 원거리 치유나 깊은 연결이 필요할 때 활용됩니다.
- 다이코미오 (Dai Ko Myo) : 심층적이고 영적인 치유를 제공하며, 세션 마무리 단계에서 사용됩니다.

반응 관찰과 유연한 대응

- 긍정적 신호 : 눈을 감거나 느리게 깜빡임, 부드러운 호흡 또는 가르릉(고양이), 보호자에게 가까이 다가오는 행동
- 주의가 필요한 반응 : 귀를 뒤로 젖히거나 몸을 움츠림, 자리를 피하려는 움직임, 손을 거부하거나 눈을 피하는 행동

> **사례**
> 반려묘 '마루'는 첫 세션에서 거리를 두었지만, 두 번째 세션에서는 스스로 보호자의 무릎에 올라와 조용히 에너지를 받아들였습니다. 이는 신뢰 형성 후 자연스럽게 에너지를 수용한 과정으로 해석할 수 있습니다.

3 세션 후 : 안정된 회복 지원

세션이 끝난 후에는 반려동물이 충분히 이완된 상태를 유지하도록 돕습니다.

- 휴식 제공 : 편안한 공간에서 잠시 누울 수 있도록 합니다.
- 수분 섭취 유도 : 신체 내 에너지 순환과 정화에 도움이 됩니다.
- 간식 또는 식사 : 안정감과 보상감을 유도하며, 세션을 긍정적인 기억으로 남깁니다.

4 레이키와 수의학적 치료 병행

레이키는 전통적인 수의학 치료를 대체하는 것이 아니라, 보완적으로 활용될 때 더 큰 시너지를 발휘합니다. 증상이 있는 경우, 반드시 수의사의 진단과 치료를 병행해야 하며 레이키는 정서적 안정과 회복 과정의 촉진 역할을 할 수 있습니다.

5 레이키, 보호자와 반려동물이 함께하는 치유의 순간

레이키는 보호자와 반려동물이 함께 공유하는 특별한 순간입니다.

보호자는 레이키를 통해 반려동물과 더 깊은 신뢰를 형성할 수 있습니다. 반려동물은 보호자의 따뜻한 에너지를 통해 심리적 안정과 신체적 회복을 경험합니다. 이 과정은 반려동물뿐만 아니라 보호자에게도 정서적 위안과 만족감을 제공합니다.

레이키를 꾸준히 실천하면 보호자와 반려동물 모두에게 긍정적인 변화를 가져올 수 있습니다. 이는 서로의 삶을 더욱 풍요롭고 조화롭게 만들어 주는 중요한 치유법으로 자리 잡을 것입니다.

6장

반려동물과 함께하는 아로마테라피와 레이키 실전

Reiki

6.1 아로마테라피와 레이키 : 반려동물과 함께하는 조화로운 치유법

아로마테라피와 레이키는 반려동물의 신체적·정서적 건강을 돕는 데 효과적인 치유법입니다. 아로마테라피는 향을 통해 심리적 안정과 신체적 치유를 유도하며, 레이키는 보호자의 손길을 통해 에너지를 전달하여 자연 치유력을 활성화합니다. 두 방법을 함께 활용하면 반려동물의 전반적인 건강을 증진하고, 보호자와의 유대감을 더욱 깊게 할 수 있습니다.

1 반려동물과 보호자의 유대감 형성

반려동물은 보호자의 감정을 민감하게 감지하며, 신뢰와 애정을 바탕으로 관계를 형성합니다. 아로마테라피와 레이키를 함께 적용하면 보호자의 따뜻한 손길과 향기가 반려동물에게 안정감을 주어 더욱 깊은 신뢰를 쌓을 수 있습니다.

향은 빠르게 감각을 자극하여 심리적 안정감을 제공하며, 레이키의 부드러운 에너지는 반려동물의 긴장을 풀어줍니다. 보호자가 차분한 상태에서 아로마테라피와 레이키 세션을 진행하면, 반려동물은 보호자의 존재만으로도 위안을 느끼고 편안함을 경험합니다.

2 반려동물의 정서적 안정과 스트레스 완화

반려동물은 환경 변화, 낯선 사람과의 만남, 보호자의 부재 등 다양한 요인으로 인해 스트레스를 받을 수 있습니다. 아로마테라피는 부드러운 향을 통해 반려동물이 심리적으로 안정될 수 있도록 돕고, 레이키는 보호자의 손길을 통해 따뜻한 에너지를 전달하여 정서적 균형을 유지하도록 합니다.

라벤더와 로만 카모마일 오일은 반려동물의 불안 완화에 효과적인 향으로 알려져 있으며, 레이키의 세이헤키(Sei He Ki) 심벌과 함께 사용하면 감정적인 안정 효과가 더욱 증대됩니다. 반려동물이 불안해하거나 긴장할 때 보호자가 직접 손을 올려 레이키를 시행하면, 신체적·정서적 안정이 빠르게 유도됩니다.

3 신체적 치유와 면역력 강화

아로마테라피와 레이키는 신체적 치유를 촉진하는 데도 효과적입니다. 프랑킨센스 오일과 초크레이(Cho Ku Rei) 심벌을 함께 활용하면 반려동물의 면역력을 높이고, 신체의 자연 치유력을 활성화할 수 있습니다.

레이키는 혈액 순환을 원활하게 하고 신체의 균형을 조절하는 역할을 하며, 보호자의 손길을 통해 반려동물의 피로를 해소하고 근육의 긴장을 완화하는 데 도움을 줍니다. 반려동물이 질병이나 부상에서 회복하는 과정에서도 레이키는 보호자의 따뜻한 에너지를 전달하여 신체가 자연적으로 치유될 수 있도록 지원합니다.

4 아로마테라피와 레이키 병행 시 유의사항

아로마테라피와 레이키를 병행할 때는 반려동물의 반응을 세심하게 관찰하는 것이 중요합니다.

🪴 에센셜 오일 선택 시 주의할 점

반려동물에게 적합한 에센셜 오일만 사용해야 하며, 반드시 저농도로 희석하여 적용해야 합니다. 특히 고양이는 티트리, 유칼립투스, 시트러스 계열 오일에 민감하게 반응할 수 있으므로 사용을 피해야 합니다.

🪴 반려동물의 반응 관찰

반려동물이 향을 맡은 후 재채기를 하거나 코를 비비고, 자리를 피하려는 모습을 보일 경우 즉시 사용을 중단해야 합니다.

🪴 의료 치료와 병행

아로마테라피와 레이키는 기존 의료 치료를 대체하는 방법이 아니라 보조적인 치유법으로 활용하는 것이 바람직합니다. 정기적인 건강 검진과 병행하여 진행할 때 더욱 효과적인 결과를 얻을 수 있습니다.

5 아로마테라피와 레이키의 조화로운 치유 효과

아로마테라피와 레이키는 반려동물의 신체적·정서적 건강을 증진시키고 보호자와의 유대감을 강화하는 데 도움을 줍니다. 꾸준히 실천하면 반려동물은 더욱 편안하고 안정적인 삶을 누릴 수 있으며, 보호자 역시 반려동물과 함께하는 치유의 순간을 통해 정서적 안정과 만족감을 경험할 수 있습니다.

향기와 에너지가 조화를 이루는 과정에서 반려동물과 보호자는 서로의 존재를 더욱 깊이 이해하며, 함께 성장하고 치유되는 특별한 경험을 하게 됩니다. 지속적인 실천을 통해 반려동물과 보호자가 조화로운 관계를 유지하고, 건강하고 행복한 일상을 만들어 나갈 수 있습니다.

6.2 반려동물을 위한 아로마테라피와 레이키의 실전 적용법

아로마테라피와 레이키를 조화롭게 결합하면, 반려동물의 신체적 회복과 정서적 안정을 동시에 지원할 수 있습니다. 특히 이 두 가지 자연 치유법을 함께 사용할 때는, 환경 조성, 오일 선택, 에너지 흐름 등 전체적인 세션 흐름을 고려하여 통합적으로 접근하는 것이 효과적입니다.

1 통합 세션의 핵심 원칙

반려동물은 사람보다 감각이 민감하기 때문에, 치유 에너지를 전달할 때는 항상 신중한 접근이 필요합니다. 보호자는 자신의 호흡과 감정을 안정시키고, 반려동물이 편안함을 느낄 수 있는 환경을 조성한 뒤 세션을 진행해야 합니다.

2 세션 전 준비

- **공간 설정**: 반려동물이 자주 머무는 조용한 공간을 선택합니다. 강한 조명이나 소음은 피하고, 은은한 조명을 사용하여 안정감을 유도합니다.
- **온도와 습도 조절**: 실내 온도는 21~24°C 정도가 적당하며, 습도는 반

려동물이 편안하게 호흡할 수 있도록 조절합니다.
- ❀ **음악 선택** : 432Hz 또는 528Hz 등 치유 주파수가 포함된 음악은 세션의 안정성을 높이는 데 효과적입니다. 유튜브에서 'Reiki Music for Pets' 또는 'Animal Healing Music' 등의 키워드로 쉽게 찾을 수 있습니다.
- ❀ **심리적 준비** : 보호자는 세션 전 조용히 앉아 깊은 호흡을 반복하고, 자신이 전하고자 하는 치유의 의도를 명확히 합니다.

3 아로마테라피 적용 (세션 전 혹은 초반)

- ❀ **사용 방법** : 아로마 확산기를 이용해 100mL의 물에 에센셜 오일 1~2방울을 넣어 사용합니다. 반려동물의 코보다 높은 위치에 두고, 공간 전체에 은은하게 퍼지도록 설정합니다.
- ❀ **권장 오일** : 라벤더(정서 안정), 프랑킨센스(면역 지원), 로만 카모마일(소화 안정), 네롤리(불안 완화)
- ❀ **주의사항** : 고양이와 조류에게는 오일 종류와 농도에 특히 주의해야 하며, 사용 후 반려동물의 반응을 반드시 관찰해야 합니다.

4 레이키 적용 단계

아로마테라피가 환경에 향기적 안정감을 제공한다면, 레이키는 손을 통해 직접 에너지를 전달하며 신체적·정서적 조화를 돕습니다.

접근과 교감

반려동물이 스스로 다가올 때까지 기다리며, 손을 비벼 따뜻하게 만든 후 조심스럽게 내밉니다.

에너지 전달과 손의 위치

손을 머리, 가슴, 배, 등 부위에 부드럽게 올리거나 약간 띄운 상태로 유지합니다.

손끝에서 따뜻한 에너지가 흐른다고 상상하며 레이키를 전달합니다.

심벌의 활용

- 초크레이 (Cho Ku Rei) : 세션 시작 시 보호 에너지 형성과 집중
- 세이 헤이 키 (Sei He Ki) : 정서 안정 및 감정 정화
- 다이 코묘 (Dai Ko Myo) : 세션 마무리 단계의 깊은 치유 에너지 활성화

반려동물의 반응 관찰

- 긍정적 반응 : 편안한 자세, 눈을 감고 쉬는 모습, 보호자에게 가까이 다가오는 행동
- 불편한 반응 : 자리를 피하려는 행동, 귀를 뒤로 젖히는 표정, 몸의 경직

세션 종료와 감사의 표현

손을 천천히 떼며 에너지 정리를 시각화하고, 조용히 감사의 마음을 전합니다.

이후 물을 제공하고 휴식을 취할 수 있는 공간을 마련해 줍니다

5 반려동물 상태별 아로마테라피와 레이키 적용 예시

상태	추천 오일	심벌	적용 부위
불안·긴장	라벤더	세이헤키	가슴 부위
관절 통증	프랑킨센스	초크레이	다리·등 부위
소화 불량	로만 카모마일	초크레이	복부 부위

🪴 실천 시 유의사항

- ❦ 반려동물이 자리를 피하거나 불편한 신호를 보낼 경우, 세션을 즉시 중단하고 기다려야 합니다.
- ❦ 세션 시간은 10~20분 이내로 유지하고, 짧고 정기적인 실천이 더욱 효과적입니다.
- ❦ 아로마테라피는 후각 자극이 강하므로 반드시 낮은 농도로 희석하여 사용합니다.
- ❦ 레이키와 아로마테라피는 의료 치료를 대체하지 않으며, 수의학적 치료와 병행해야 합니다.

6 아로마테라피와 레이키의 가치

아로마테라피와 레이키를 실전에서 효과적으로 적용하면 반려동물의 신체적·정서적 건강을 개선할 수 있습니다. 특히, 반려동물이 보호자의 감정을 민감하게 감지하는 만큼, 보호자가 차분하고 안정된 상태에서 세션을 진행하는 것이 중요합니다.

꾸준한 실천을 통해 보호자는 반려동물과 더욱 깊은 유대를 형성하고, 반려동물은 보다 평온하고 건강한 삶을 누릴 수 있습니다. 향과 에너지가 조화롭게 어우러질 때, 반려동물과 보호자는 함께 성장하고 치유되는 특별한 경험을 하게 될 것입니다.

6.3 아로마테라피와 레이키를 활용한 반려동물 치유 사례

아로마테라피와 레이키는 반려동물의 신체적·정서적 회복을 돕는 자연 치유법으로, 다양한 상황에서 긍정적인 효과를 보인 사례들이 있습니다. 이 장에서는 신뢰할 수 있는 연구와 보호자들의 실제 경험을 바탕으로 반려동물의 건강과 삶의 질을 향상시킨 사례들을 소개합니다.

1 스트레스와 불안 완화 사례

반려동물은 새로운 환경, 보호자의 부재, 강한 소음 등으로 인해 불안과 스트레스를 경험할 수 있습니다. 아로마테라피와 레이키를 병행하면 이러한 불안을 완화하고 심리적 안정을 제공할 수 있습니다.

분리 불안을 겪던 반려견 '보리'

- **상황**: 보호자가 출근할 때마다 심한 분리불안을 보이며, 짖거나 가구를 물어뜯는 행동을 반복함.
- **적용 방법**: 보호자는 라벤더 오일을 아로마 확산기에 한 방울 넣고, 세이헤키(Sei He Ki) 심벌을 사용한 레이키 세션을 병행함. 매일 출근 전 10분간 보호자가 반려견에게 레이키를 실시하고, 에너지를 부드럽게 전달함.

- 변화 : 2주 후 보호자가 외출할 때도 짖는 빈도가 줄어들고, 혼자 있을 때 차분한 모습을 보이기 시작함.

(참고 연구)

Journal of Veterinary Behavior (2017년)에서는 라벤더 오일이 반려견의 심박 수를 낮추고 긴장을 완화하는 데 도움을 준다고 보고함.

2 신체적 회복과 통증 완화 사례

레이키와 아로마테라피는 신체적 치유를 촉진하고 통증을 완화하는 데 도움을 줍니다. 특히 관절염, 수술 후 회복, 피부 질환 등의 문제에 긍정적인 영향을 미친 사례들이 있습니다.

관절염을 앓던 노령 반려묘 '미루'

- 상황 : 15세 반려묘가 관절염으로 인해 움직임이 둔해지고, 소파 위에 오르거나 높은 곳에 다가가려 하지 않는 모습을 보임.
- 적용 방법 : 프랑킨센스 오일을 캐리어 오일에 희석하여 마사지에 활용함. 초크레이(Cho Ku Rei) 심벌을 사용한 레이키 세션을 매일 15분간 진행함.
- 변화 : 3주 후 반려묘의 움직임이 부드러워지고, 이전에 머뭇거리던 낮은 소파 끝단에 앞발을 올리고 올라가려는 시도를 보임.

(참고 연구)

Veterinary Dermatology Journal (2018년)에서는 프랑킨센스 오일이 항염 작용을 하여 관절염 완화에 긍정적인 영향을 미친다고 보고함.

3 소화 문제 개선 사례

소화 불량과 위장 문제는 반려동물에게 흔한 건강 문제이며, 아로마테라피와 레이키를 활용하면 소화 기능을 지원하는 데 도움이 됩니다.

🪴 **위장 장애로 식욕을 잃었던 기니피그 '루루'**

☙ 상황 : 기니피그가 사료를 먹지 않고, 배변이 원활하지 않음.

☙ 적용 방법 : 로만 카모마일 오일을 희석하여 주변 환경에 은은하게 확산함. 반려동물의 복부 주변에서 손을 띄운 상태로 레이키 에너지를 전달함.

☙ 변화 : 5일 후 식욕이 회복되었고, 배변 상태도 정상적으로 돌아옴.

(참고 연구)

Pet Aromatherapy Journal (2021년)에서는 카모마일 오일이 반려동물의 소화기 건강과 정서적 안정에 효과적이라고 보고함.

4 외상 및 피부 질환 치유 사례

아로마테라피와 레이키는 피부 문제와 외상 회복에도 도움을 줄 수 있습니다.

🪴 **수술 후 회복 중이던 반려견 '루나'**

☙ 상황 : 교통사고로 다리를 수술한 후, 상처 회복이 더딘 상태.

☙ 적용 방법 : 프랑킨센스 오일을 희석하여 상처 부근에 국소 도포함. 보

호자는 매일 혼샤제쇼넨(Hon Sha Ze Sho Nen) 심벌을 사용한 원격 레이키 세션을 진행함.

- 변화 : 2주 후 상처 부위의 염증이 줄어들었으며, 반려견이 스스로 일어나 걷는 모습이 관찰됨.

참고 연구

International Journal of Aromatherapy (2020년)에서는 프랑킨센스 오일이 피부 세포 재생과 염증 완화에 효과적이라고 보고함.

5 사례를 통해 얻은 교훈과 주의사항

반려동물에게 아로마테라피와 레이키를 적용할 때는 반드시 신중한 접근이 필요합니다.

에센셜 오일 사용 시 주의사항

① 반드시 반려동물에게 적합한 오일을 희석하여 사용해야 합니다.
② 고양이에게 독성이 있는 티트리, 유칼립투스, 시트러스 오일 등은 사용하지 않습니다.
③ 반려동물이 향을 싫어하는 경우 억지로 노출시키지 않고, 자유롭게 벗어날 수 있도록 해야 합니다.

레이키 세션 진행 시 유의사항

① 반려동물이 편안함을 느낄 수 있도록 자유로운 환경을 제공합니다.
② 반려동물이 불편해할 경우 세션을 강요하지 않고 즉시 중단합니다.

③ 레이키는 의료 치료를 대체하는 것이 아니라 보완적 치유법으로 활용됩니다.

6 아로마테라피와 레이키가 제공하는 긍정적인 변화

아로마테라피와 레이키는 반려동물의 신체적·정서적 건강을 개선할 뿐만 아니라, 보호자와 반려동물 간의 유대감을 강화하는 역할을 합니다.

- **심리적 안정** : 스트레스와 불안을 줄이고, 반려동물이 보호자와의 관계에서 더 신뢰감을 느낄 수 있도록 돕습니다.
- **신체적 회복 촉진** : 염증 완화, 면역력 강화, 소화 기능 개선 등을 통해 반려동물의 건강을 증진합니다.
- **유대감 강화** : 보호자가 직접 에너지를 전달하고 교감을 나누며, 반려동물이 정서적 안정감을 느낄 수 있도록 합니다.

꾸준한 실천을 통해 보호자는 반려동물과 함께 건강하고 조화로운 삶을 만들어 갈 수 있습니다.

6.4 반려동물 맞춤형 아로마테라피와 레이키 세션 구성법

반려동물은 개별적인 신체적·정서적 특성을 가지고 있으며, 이를 고려한 맞춤형 치유 접근이 필요합니다. 아로마테라피와 레이키를 반려동물의 종, 건강 상태, 성향에 맞게 조화롭게 적용하면 보다 효과적인 치유와 안정감을 제공할 수 있습니다. 이 장에서는 반려동물의 특성에 따라 맞춤형 세션을 구성하는 방법을 소개합니다

1 반려동물의 성향과 상태에 따른 맞춤형 접근

반려동물마다 성향과 기질이 다르므로, 세션을 시작하기 전에 개별적인 특성을 파악하는 것이 중요합니다.

- **활동적인 성향** : 활발하고 경계심이 적은 반려동물은 짧고 빈번한 세션이 효과적입니다.
- **예민하고 소극적인 성향** : 낯선 환경이나 접촉에 민감한 경우, 비접촉 방식의 레이키와 은은한 아로마테라피가 적합합니다.
- **특정 질환을 가진 경우** : 관절염, 소화 문제, 면역력 저하 등 건강 상태를 고려해 레이키 에너지 조율과 아로마 활용법을 조정해야 합니다.

반려동물의 반응을 관찰하며 맞춤형 세션을 조정하는 것이 중요합니다.

2 반려견을 위한 맞춤형 아로마테라피와 레이키 세션

🌱 스트레스와 불안 완화 세션

① 추천 아로마 : 라벤더, 로만 카모마일

② 추천 레이키 심벌 : 세이헤키(Sei He Ki) – 감정 치유

③ 세션 방법 : 라벤더 오일을 디퓨저로 은은하게 확산시켜 편안한 분위기를 조성합니다. 반려견이 긴장을 푸는 시간을 가지며, 자연스럽게 접근할 수 있도록 유도합니다. 세이헤키 심벌을 시각화하며, 반려견의 심장 부위나 머리에 손을 가볍게 얹어 레이키 에너지를 전달합니다. 보호자는 깊은 호흡을 하며 반려견과 교감하는 시간을 가집니다.

🌱 신체적 치유와 회복 촉진 세션

① 추천 아로마 : 프랑킨센스, 스위트 마조람

② 추천 레이키 심벌 : 초크레이(Cho Ku Rei) – 에너지 활성화

③ 세션 방법 : 반려견의 통증 부위에 손을 가볍게 올려놓고 따뜻한 에너지를 전달하는 느낌을 시각화합니다. 초크레이 심벌을 활용하여 신체 에너지를 조율하고 회복을 촉진합니다. 반려견의 반응을 확인하며 에너지 전달 강도를 조절합니다.

3 반려묘를 위한 맞춤형 아로마테라피와 레이키 세션

🌱 환경 변화로 인한 스트레스 완화 세션

① 추천 아로마 : 네롤리, 샌달우드

② 추천 레이키 심벌 : 세이헤키(Sei He Ki) – 정서적 안정

③ 세션 방법 : 아로마를 확산기에 넣어 공간에 은은하게 퍼지도록 합니다. 반려묘가 자연스럽게 다가올 때까지 기다리며, 억지로 다가가지는 않습니다. 손을 약간 띄운 상태에서 레이키 에너지를 전달하며, 반려묘의 반응을 확인합니다.

🌱 면역력 강화 및 회복 촉진 세션

① 추천 아로마 : 프랑킨센스

② 추천 레이키 심벌 : 다이코미오(Dai Ko Myo) – 깊은 치유

③ 세션 방법 : 반려묘가 편안한 곳에 있을 때, 천천히 손을 머리나 몸 가까이에 둡니다. 다이코미오 심벌을 시각화하며, 반려묘의 신체 깊숙이 에너지가 흐르는 모습을 상상합니다. 반려묘가 반응을 보이면 세션을 계속 진행하며, 불편함을 느끼는 경우 세션을 중단합니다.

4 소형 반려동물을 위한 맞춤형 세션

햄스터, 기니피그, 토끼와 같은 소형 동물은 예민한 감각을 가지고 있어 신중한 접근이 필요합니다.

🔱 비접촉 방식 선호 : 소형 동물은 직접적인 접촉보다 에너지를 간접적으

로 전달하는 방식이 적합합니다.
- ⚜ 은은한 아로마 활용 : 피부에 직접 닿지 않도록 공간에서 향을 확산하는 방식이 적절합니다.
- ⚜ 세션 방법 : 조용한 환경에서 초크레이 심벌을 시각화하며 에너지를 전달합니다. 반려동물이 긴장하지 않도록 간접적인 방식으로 레이키를 적용합니다. 아로마 확산기는 반려동물이 직접 접근하지 않는 위치에 배치하여 은은하게 퍼지도록 합니다.

5 세션 구성 시 유의할 점

🪴 반려동물의 반응을 최우선으로 고려

아로마테라피와 레이키는 강제로 진행하는 것이 아니라, 반려동물이 편안함을 느낄 때만 수행해야 합니다.

🪴 안전한 아로마테라피 사용

고양이에게 독성이 있는 오일은 절대 사용하지 않습니다. 강한 향보다는 은은한 향을 활용하는 것이 좋으며 에센셜 오일은 반드시 희석하여 사용합니다.

🪴 반려동물의 상태에 따라 유연하게 조정

모든 반려동물이 동일한 방식의 치유법을 선호하는 것은 아니므로, 개별적인 반응을 관찰하며 조정해야 합니다.

6 맞춤형 세션을 통해 기대할 수 있는 변화

맞춤형 세션을 꾸준히 실천하면 반려동물과 보호자가 함께 경험하는 긍정적인 변화는 신체적 치유뿐만 아니라 정서적 안정과 유대감을 강화하는 과정으로 이어집니다.

(정서적 안정)
레이키 에너지는 불안과 긴장을 해소하는 데 도움을 주며, 꾸준한 적용을 통해 반려동물이 더욱 차분한 상태를 유지할 수 있습니다.

(신체적 치유 촉진)
면역력 강화, 통증 완화, 염증 감소 등 신체적 회복 속도를 높이는 데 기여할 수 있습니다.

(보호자와의 유대감 강화)
보호자의 손길과 따뜻한 에너지는 반려동물에게 신뢰를 형성하는 중요한 요소가 되며, 이를 통해 더욱 깊은 관계를 유지할 수 있습니다.

반려동물에게 맞춘 세심한 접근을 통해 보호자는 더욱 효과적으로 아로마테라피와 레이키를 활용할 수 있으며, 이를 통해 반려동물의 건강과 행복을 증진하는 데 기여할 수 있습니다. 꾸준한 실천과 세심한 관찰을 통해 반려동물이 최적의 치유 환경을 경험할 수 있도록 돕는 것이 중요합니다. 보호자와 반려동물 모두가 함께 성장하며, 더욱 깊은 신뢰와 애정을 쌓아가는 과정이 될 것입니다.

7장

펫로스 증후군
(Pet Loss Syndrome)의 치유 여정

Pet Loss Syndrome

7.1 펫로스 증후군의 정의와 본질 : 상실의 아픔 이해하기

반려동물과의 이별은 보호자에게 깊은 상실감을 남깁니다. 함께한 시간이 길수록 그 존재는 단순한 반려동물을 넘어 가족, 친구, 그리고 삶의 일부가 됩니다. 그들과 나누었던 사랑과 유대가 깊을수록, 이별의 순간이 남기는 공허함은 더욱 크게 다가옵니다.

반려동물의 죽음이나 상실로 인해 보호자가 겪는 심리적·정서적 변화를 '펫로스 증후군(Pet Loss Syndrome)'이라 합니다. 이는 슬픔 이상의 감정으로, 깊은 애정과 유대가 끊어졌을 때 나타나는 자연스러운 심리적 반응입니다. 때때로 보호자는 상실감뿐만 아니라 우울, 불안, 무기력, 신체적 증상(식욕 저하, 만성 피로, 불면증 등)을 경험하기도 합니다. 심한 경우 외상 후 스트레스 장애(PTSD)로 이어질 수도 있습니다.

그러나 애도의 과정은 치유의 일부이며, 반려동물과 함께한 소중한 순간을 간직하고 이별을 받아들이는 것은 그 사랑을 이어가는 또 다른 방식이 될 수 있습니다.

1 펫로스 증후군의 감정적 흐름 : 애도의 5단계

펫로스 증후군을 겪는 보호자는 다양한 감정적 단계를 경험합니다. 심리학자 엘리자베스 퀴블러 로스(Elisabeth Kübler-Ross)가 제시한 '애도의 5단계

(Five Stages of Grief)' 모델은 이러한 감정을 이해하는 데 도움이 됩니다.

> **부정(Denial) : "아직도 저 문을 열고 들어올 것 같아."**

반려동물이 곁에 없다는 사실을 쉽게 받아들이지 못하는 단계입니다. 보호자는 무의식적으로 사료를 준비하거나, 반려동물이 있던 자리를 습관적으로 바라보기도 합니다.

> **분노(Anger) : "왜 이렇게 갑자기 떠나야 했을까?"**

반려동물의 죽음에 대한 분노가 자신 또는 주변 사람(수의사, 가족, 심지어 본인)에게 향할 수 있습니다. 때로는 "더 잘해줬다면 어땠을까?"라는 자책으로 이어지기도 합니다.

> **타협(Bargaining) : "조금만 더 곁에 있어 줬다면 좋았을 텐데."**

과거를 되돌리고 싶은 마음이 커지며, "내가 더 신경을 썼다면, 더 많은 시간을 함께 보냈다면" 하는 후회가 반복됩니다.

> **우울(Depression) : "이제 아무 의미가 없어."**

깊은 슬픔과 무기력감이 일상을 무겁게 만들 수 있습니다. 반려동물과의 추억을 떠올릴 때마다 눈물이 흐르고, 모든 것이 무의미하게 느껴질 수도 있습니다.

> **수용(Acceptance) : "이제 너를 떠나보낼 시간이야."**

반려동물과의 이별을 받아들이고, 소중한 기억을 간직한 채 새로운 일상을 시작하려는 마음가짐이 생기는 단계입니다. 하지만 수용이 슬픔을 없애는 것은 아닙니다. 다만 보호자가 슬픔과 함께 살아가는 방법을 찾아가는 과정이라 할 수 있습니다.

이러한 과정은 사람마다 다르게 나타나며, 같은 단계를 반복할 수도 있습니다. 중요한 것은 자신의 감정을 억누르지 않고 자연스럽게 받아들이며, 충분한 애도의 시간을 허용하는 것입니다.

2 펫로스 증후군을 극복하는 치유 방법

🪴 감정을 표현하며 치유하기

반려동물과의 추억을 간직하며 슬픔을 건강하게 표현하는 것은 애도의 과정에서 중요한 부분입니다. 감정을 억누르기보다는 자연스럽게 표출하는 것이 치유에 도움이 됩니다.

추모 일기를 쓰는 것은 감정을 정리하는 가장 직접적인 방법입니다. 반려동물과 함께했던 특별한 날, 그리고 아무렇지 않게 지나쳤던 평범한 순간들을 기록하면 보호자는 그들과 나누었던 사랑을 다시 한번 되새길 수 있습니다.

사진 앨범을 만들거나 그림을 그려보는 것도 좋은 방법입니다. 반려동물이 남긴 흔적을 시각적으로 정리하면서, 보호자는 점차 상실의 아픔을 긍정적인 추억으로 받아들일 수 있습니다. 또한, 떠난 반려동물에게 편지를 써보는 것도 감정 정리에 도움이 됩니다. "네가 있어서 행복했어, 고마워"라는 마음을 글로 표현하며 내면에 쌓인 감정을 정리할 수 있습니다.

🪴 공감할 수 있는 사람들과 소통하기

슬픔은 나눌 때 치유됩니다. 비슷한 경험을 한 사람들과 이야기를 나누는 것은 보호자가 혼자가 아님을 깨닫게 해주며, 위로받을 수 있는 중요한 과정이 됩니다.

반려동물 애도 커뮤니티에 참여하면 유사한 상실을 경험한 보호자들과 감정을 공유할 수 있습니다. 온라인 커뮤니티나 SNS 그룹에서 다른 보호자들과 이야기를 나누거나, 반려동물 추모 행사에 참석하는 것도 도움이 됩니다.

또한, 동물 보호소에서 봉사활동을 하는 것은 반려동물을 잃은 후의 공허함을 채우는 데 도움이 될 수 있습니다. 새로운 동물들과 교감하며 따뜻한 감정을 나누는 과정에서 보호자는 다시 사랑을 주고받는 경험을 하게 됩니다.

🌱 새로운 의미 찾기 : 반려동물이 남긴 유산

반려동물과 함께한 시간은 단순한 기억이 아니라 보호자의 삶을 더욱 풍요롭게 만든 소중한 유산입니다. 그들이 남긴 사랑과 따뜻한 기억은 보호자의 마음속에서 계속 살아 있으며, 이를 새로운 의미로 승화시키는 과정이 필요합니다.

반려동물을 기리는 작은 기념물을 만드는 것도 치유 방법이 될 수 있습니다. 예를 들어, 반려동물의 이름이 새겨진 액세서리를 제작하거나, 반려동물이 사용하던 물건을 특별한 공간에 보관하는 것도 감정 정리에 도움이 됩니다.

더 나아가, 동물 복지를 위한 활동에 참여하는 것도 의미 있는 치유 방법입니다. 유기동물 보호소에 기부하거나 후원 활동을 하는 것은 떠난 반려동물이 남긴 사랑을 또 다른 생명에게 전하는 실천이 될 수 있습니다.

3 사랑의 추억을 간직하며 나아가기

펫로스 증후군은 보호자와 반려동물 사이의 깊은 관계를 반영하는 자연스러운 감정의 흐름입니다. 그러나 이별은 끝이 아니라, 사랑을 기억하고 이어가는 또 다른 과정일 수 있습니다.

반려동물이 떠난 후에도 보호자는 그 사랑을 가슴에 품고 살아가야 합니다. 함께했던 따뜻한 순간을 기억하며, 그 사랑을 삶 속에서 이어가세요.

> "반려동물과 함께한 시간은 끝이 아니라,
> 우리 안에 영원히 남아 있는 사랑의 흔적입니다.
> 그 사랑을 간직하며 살아가는 것이야말로,
> 반려동물이 보호자에게 남긴 가장 소중한 선물입니다."

7.2 펫로스 증후군의 원인 : 유대감의 상실과 그 여파

　반려동물과 보호자 사이의 관계는 친밀함을 넘어 깊은 정서적 유대감을 바탕으로 형성됩니다. 반려동물은 보호자에게 무조건적인 사랑과 안정감을 제공하며, 보호자의 삶에 중요한 정서적 지지 역할을 합니다. 하지만 이러한 존재를 떠나보낸 후 보호자는 심리적·신체적 고통을 경험하며, 펫로스 증후군이 발생할 가능성이 높아집니다. 상실이 남긴 충격과 공허함은 보호자의 삶의 균형을 무너뜨릴 수 있으며, 이는 다양한 감정적·신체적 반응으로 이어질 수 있습니다.

1　정서적 유대의 깊이와 상실감

　반려동물은 보호자의 일상 속에서 중요한 위치를 차지하는 존재입니다. 보호자는 반려동물과의 교감을 통해 정서적 위로를 받으며, 힘든 순간에도 안정감을 찾곤 합니다. 이처럼 반려동물이 제공하는 무조건적인 사랑과 지지는 보호자의 정신적 건강에도 영향을 미칩니다. 그러나 이 관계가 단절될 때 보호자는 깊은 공허함과 심리적 충격을 경험할 수 있습니다.

　갑작스러운 사고나 예상치 못한 질병으로 반려동물을 잃은 경우, 보호자는 상실의 현실을 받아들이는 것이 더욱 어려워질 수 있습니다. 특히 반려동물이 마지막 순간까지 곁에서 함께했던 보호자에게는 마지막 순간을 지켜주지 못했다는 죄책감이 남아 슬픔을 더욱 깊게 만들기도 합니다.

> **사례**
>
> 한 보호자는 반려견이 갑작스러운 사고로 세상을 떠난 후 "마치 한순간에 모든 것이 무너진 것 같았다"고 표현했습니다. 반려동물이 보호자에게 주는 정서적 안정감이 얼마나 중요한지를 보여주는 사례입니다.

2 반려동물의 행동 특성과 보호자의 죄책감

반려동물은 야생의 본능을 지닌 채 살아가기 때문에 아픔을 쉽게 드러내지 않는 경우가 많습니다. 특히 고양이는 몸이 아파도 보호자에게 이를 알리지 않으려는 경향이 강합니다. 이러한 특성으로 인해 보호자가 반려동물의 건강 이상 신호를 늦게 발견하게 되며, 반려동물이 갑자기 세상을 떠난 경우 보호자는 "내가 더 신경을 썼다면…"이라는 후회와 자책을 하게 됩니다.

죄책감은 보호자의 애도 과정을 더욱 힘들게 만들며, 감정적인 소진을 유발할 수 있습니다. 하지만 반려동물의 건강 이상을 조기에 알아채지 못했다고 해서 보호자가 이를 전적으로 책임져야 하는 것은 아닙니다.

> **사례**
>
> 한 보호자는 "내가 더 자주 건강 상태를 확인했더라면 결과가 달랐을지도 모른다"고 자책했습니다. 하지만 전문가 상담을 통해 반려동물의 본능적 특성을 이해하며, 자신의 노력이 부족하지 않았음을 깨닫게 되었습니다.

3 심리적 영향

펫로스 증후군이 심화될 경우 보호자는 우울증과 불안 장애를 경험할 수 있습니다. 특히 반려동물을 잃은 후 또 다른 반려동물과의 이별을 두려워하며 새로운 관계를 맺는 것을 피하는 경우도 많습니다. 이로 인해 보호자는 사회적 활동을 줄이고 혼자 있는 시간이 늘어나며, 이는 더욱 깊은 정서적 고립으로 이어질 수 있습니다.

갑작스러운 사고나 급격한 건강 악화로 반려동물을 떠나보낸 경우, 보호자는 외상 후 스트레스 장애(PTSD)를 겪을 수도 있습니다. 특정한 상황이나 소리를 접할 때 당시의 감정이 되살아나며 심한 불안을 느끼는 경우가 이에 해당합니다. 이러한 심리적 변화는 보호자의 전반적인 삶의 질을 저하시킬 수 있습니다.

4 신체적 영향

펫로스 증후군은 단순한 심리적 현상으로 끝나지 않고, 보호자의 신체에도 직접적인 영향을 미칠 수 있습니다. 장기간의 스트레스와 슬픔은 신체적 건강에 부정적인 영향을 미치며, 여러 가지 증상을 유발할 수 있습니다.

- **만성 스트레스와 면역력 저하** : 슬픔이 지속될 경우 스트레스 호르몬이 증가하며 면역 체계가 약화될 수 있습니다.
- **소화 장애와 피로** : 슬픔과 스트레스는 위장에 영향을 주어 소화 불량과 복통, 식욕 저하를 유발할 수 있습니다. 체중 감소나 영양 불균형이 나타날 가능성도 높아집니다.

❀ **수면 장애** : 반려동물과 함께했던 일상을 떠올리며 잠을 쉽게 이루지 못하거나, 수면 중 자주 깨는 등의 증상이 발생할 수 있습니다.

특히 보호자가 반려동물과 함께한 일상의 루틴이 사라질 경우, 생활 패턴이 갑자기 무너질 수도 있습니다. 예를 들어, 매일 산책을 하던 반려견이 떠난 후 보호자가 운동량이 급격히 줄어드는 등의 변화를 겪을 수 있습니다.

5 펫로스 증후군의 대처 필요성

펫로스 증후군은 보호자의 정신적·신체적 건강에 장기적인 영향을 미칠 수 있으므로, 이를 건강하게 극복하기 위한 노력이 필요합니다.

❀ **감정을 수용하세요** : 슬픔과 죄책감은 애도의 과정에서 자연스럽게 나타나는 감정입니다. 감정을 억누르지 말고, 자신을 비난하지 않도록 하세요.

❀ **전문가의 도움을 받아보세요** : 심리 상담이나 펫로스 지원 그룹에 참여하여 정서적 지지와 실질적인 도움을 얻으세요. 상담을 통해 감정을 정리하는 과정은 치유를 앞당길 수 있습니다.

❀ **추억을 기록하고 기념하세요** : 반려동물과 함께했던 소중한 순간을 사진이나 글로 남기거나, 기념물을 만들어 보세요. 이는 상실의 아픔을 긍정적인 기억으로 전환하는 데 도움이 됩니다.

6　펫로스 증후군을 이해하고 극복하기

　반려동물과의 유대가 깊었던 만큼, 그 빈자리는 보호자의 마음에 큰 아픔으로 남습니다. 그러나 상실에서 비롯된 감정을 인정하고, 반려동물이 남겨준 사랑을 가슴에 품는다면 점차 마음의 평온을 되찾을 수 있습니다. 함께한 시간과 추억은 단지 지나간 기억이 아니라, 보호자의 삶을 더욱 따뜻하게 밝혀주는 소중한 흔적입니다. 그들의 존재는 언제나 보호자 곁에 머무르며 삶에 따스한 온기를 더해 줍니다. 시간이 흘러도 그 사랑은 여전히 살아 있으며, 보호자는 그 사랑을 통해 다시 삶의 방향을 조율하고 앞으로 나아갈 힘을 얻게 됩니다.

7.3 보호자를 위한 대처와 관리 방법

펫로스 증후군은 반려동물을 떠나보낸 보호자가 경험하는 깊은 슬픔과 공허감에서 비롯됩니다. 하지만 이러한 감정을 건강하게 받아들이고 관리하는 방법을 실천하면 상실의 아픔을 치유와 성장의 기회로 전환할 수 있습니다. 감정을 자연스럽게 표현하고, 주변의 지지를 받으며, 반려동물과의 소중한 기억을 간직하는 과정은 보호자가 새로운 균형을 찾고 마음의 평화를 되찾는 데 큰 도움이 됩니다.

1 감정의 수용과 표현

펫로스 증후군을 극복하는 첫걸음은 자신의 감정을 있는 그대로 받아들이고 표현하는 것입니다.

🌱 슬픔을 인정하세요

반려동물의 상실은 보호자의 삶에 큰 변화를 가져옵니다. "내가 지금 슬프다"라고 스스로 인정하는 것은 애도의 과정에서 중요한 단계입니다. 감정을 억누르지 않고 자연스럽게 받아들이는 태도가 치유로 나아가는 첫걸음이 될 수 있습니다.

🌱 감정을 다양한 방식으로 표현하세요

감정을 표현하는 방법은 사람마다 다릅니다. 반려동물과의 추억을 일기나 편지로 기록하거나, 사진을 정리해보는 것도 도움이 됩니다. 그림을 그리거나 음악을 감상하는 등 창작 활동을 통해 감정을 정리하는 것도 좋은 방법입니다. 이렇게 감정을 밖으로 표출하면 내면의 불안을 완화하고 마음을 안정시키는 데 효과적입니다.

2 주변의 지지와 관계 맺기

슬픔을 혼자 감당하기보다는 주변의 도움을 받으며 감정을 공유하는 것이 치유에 도움이 됩니다.

🌱 가족과 친구의 지지를 받으세요

반려동물과 함께했던 추억을 가까운 사람들과 이야기하면서 마음을 나누는 것은 보호자에게 큰 위안이 될 수 있습니다. 사랑하는 존재를 떠나보낸 슬픔을 이해하고 공감해 줄 사람이 곁에 있다는 사실은 보호자의 정서적 안정을 돕습니다.

🌱 공감할 수 있는 사람들과 소통하세요

비슷한 경험을 한 사람들과 교류하는 것은 큰 도움이 됩니다. 반려동물 애도 커뮤니티나 추모 모임에 참여해 같은 경험을 나누면 고립감을 해소하고 정서적인 지지를 받을 수 있습니다. 이러한 공간에서 보호자들은 서로의 이야기를 공유하며 위로를 얻고, 슬픔을 건강한 방식으로 표현할 수 있습니다.

🪴 동물 보호 활동에 참여하세요

보호소 봉사활동이나 후원을 통해 반려동물과의 추억을 뜻깊게 이어가는 것도 좋은 방법입니다. 새로운 동물들과 교감하며 사랑을 나누는 과정은 상실의 아픔을 긍정적인 에너지로 전환하는 데 도움을 줄 수 있습니다.

3 반려동물과의 추억 기리기

반려동물과 함께한 소중한 순간을 간직하는 것은 보호자가 감정을 정리하고 치유하는 과정에서 중요한 역할을 합니다.

🪴 기념 공간을 만들어 보세요

반려동물의 사진을 전시하거나, 사용하던 물건을 보관하는 공간을 마련해보세요. 작은 화분이나 나무를 심어 그들의 존재를 기억하는 것도 의미 있는 방법입니다.

🪴 추억을 기록하세요

사진을 정리해 추모 앨범을 제작하거나, 반려동물과의 순간을 담은 글을 남기는 것도 보호자에게 큰 위안을 줄 수 있습니다. 반려동물에게 편지를 써보는 것도 감정을 정리하는 좋은 방법이 될 수 있습니다.

🪴 추모의식에 참여하세요

반려동물과의 이별을 기리는 작은 의식을 진행하는 것도 심리적 안정을 돕습니다. 보호자가 원한다면 반려동물의 이름으로 기부를 하거나, 동물 보호를 위한 캠페인에 참여하는 것도 그들의 사랑을 의미 있게 이어가는 방법이 될 수 있습니다.

4 전문가의 도움 받기

때로는 반려동물의 상실이 남긴 감정적 충격이 보호자가 스스로 감당하기 어려운 수준에 이를 수도 있습니다. 이럴 때는 전문가의 도움을 받는 것이 필요합니다.

🪴 심리 상담을 고려하세요

전문 상담가는 애도 과정에서 보호자가 겪는 감정을 이해하고 건강하게 극복할 수 있도록 도와줍니다. 상담을 통해 보호자는 감정을 정리하고, 슬픔을 다루는 새로운 방법을 배울 수 있습니다.

🪴 그룹 테라피에 참여하세요

비슷한 경험을 공유하는 사람들과 함께하는 그룹 상담은 보호자가 정서적 지지를 받을 수 있는 좋은 방법입니다. 같은 슬픔을 겪고 있는 사람들과 대화하며 감정을 나누는 과정에서 보호자는 혼자가 아님을 깨닫고 위안을 얻을 수 있습니다.

🪴 인지 행동 치료(CBT)를 활용하세요

인지 행동 치료(Cognitive Behavioral Therapy, CBT)는 부정적인 감정을 긍정적인 사고로 전환하는 데 도움을 줄 수 있습니다. 보호자는 상담을 통해 감정과 행동 패턴을 점검하고, 건강한 정서적 반응을 형성하는 방법을 배울 수 있습니다.

5 새로운 일상으로의 전환

반려동물을 떠나보낸 후에도 보호자는 그들과의 추억을 가슴에 품고 새로운 일상을 시작해야 합니다.

🪴 새로운 취미와 활동을 시작해 보세요

반려동물과 함께했던 일상을 소중히 간직하면서도, 새로운 활동을 통해 삶의 활력을 찾아보세요. 독서, 예술, 운동, 여행 등 자신이 좋아하는 활동을 시작하면 감정을 건강하게 전환하는 데 도움이 됩니다.

🪴 자신을 돌보는 시간을 가지세요

규칙적인 식사와 충분한 수면을 유지하며 신체적인 건강을 관리하는 것도 감정 회복에 중요한 요소입니다. 가벼운 운동이나 자연 속에서 산책하는 시간을 가지면 스트레스를 해소하는 데 도움이 됩니다.

6 펫로스 증후군 극복 : 치유와 성장의 여정

펫로스 증후군을 극복하는 과정은 슬픔을 마주하고 받아들이며, 그 경험을 통해 삶의 새로운 의미를 발견해 가는 여정입니다. 반려동물과 함께했던 기억은 보호자의 삶을 더욱 깊이 있게 만들며, 앞으로 나아갈 수 있는 힘이

되어 줍니다.

 이별의 슬픔은 쉽게 사라지지 않지만, 반려동물이 남긴 사랑과 추억은 보호자의 마음속에서 계속 살아갈 것입니다. 보호자는 감정을 솔직하게 인정하고 주변의 도움을 받아 치유하는 과정을 거치며 새로운 삶의 방향을 찾아갈 수 있습니다.

 반려동물이 남긴 사랑은 과거의 기억에 머무는 것이 아니라, 보호자가 살아갈 날들을 더욱 의미 있게 만들어 주는 원동력이 됩니다. 그들의 따뜻한 존재를 기억하며, 새로운 길을 향해 한 걸음 내디뎌 보세요.

7.4 펫로스 증후군과 아로마테라피 & 레이키 활용법

반려동물을 떠나보낸 후 보호자가 경험하는 감정적 상실과 정서적 충격은 매우 깊을 수 있습니다. 펫로스 증후군을 극복하는 과정에서 자연 치유법을 활용하는 것은 슬픔을 건강하게 수용하고 감정을 조화롭게 다스리는 데 큰 도움이 됩니다. 특히, 아로마테라피와 레이키는 각각 독자적인 치유 효과를 가지며, 함께 활용하면 더 큰 시너지 효과를 발휘할 수 있습니다. 이 두 가지 방법을 실천함으로써 보호자는 내면의 평온을 되찾고, 감정을 안정시키며, 새로운 삶의 균형을 찾을 수 있습니다.

1 아로마테라피로 감정 안정하기

아로마테라피는 향을 통해 감각을 자극하여 감정을 안정시키고 보호자가 치유와 회복의 과정을 시작할 수 있도록 돕습니다. 반려동물을 잃은 후 경험하는 슬픔과 불안, 우울감은 특정한 향을 통해 완화될 수 있으며, 보호자의 마음을 차분하게 정리하는 데 유용합니다.

- 라벤더 : 불안을 완화하고 숙면을 돕는 데 효과적입니다. 디퓨저에 몇 방울 떨어뜨려 사용하거나, 따뜻한 목욕물에 첨가하여 하루의 긴장을 풀어보세요.
- 로즈 : 마음에 위로를 주는 따뜻한 향기는 슬픔을 덜어주는 데 도움을

줍니다. 손목이나 관자놀이에 소량을 발라 감정을 다독여 보세요.
- 🌿 **카모마일** : 스트레스를 줄이고 몸과 마음을 이완하는 데 유용합니다. 베개나 침구에 뿌려 편안한 분위기를 조성하거나 따뜻한 차로 마시며 긴장을 해소하세요.
- 🌿 **프랑킨센스** : 깊은 안정감과 내면의 평온을 가져다줍니다. 명상 중 흡입하거나 디퓨저를 활용하면 정서적인 치유에 도움이 됩니다.

아로마테라피는 감정을 자연스럽게 조절하고 보호자가 반려동물과의 이별을 받아들이는 과정에서 심리적 균형을 유지하도록 돕습니다.

2 레이키로 에너지 균형 회복

레이키는 몸과 마음의 에너지를 조화롭게 조절하여 감정을 안정시키고 보호자가 치유의 과정을 원활하게 이어갈 수 있도록 돕습니다. 반려동물과의 이별 후 경험하는 슬픔과 스트레스는 에너지 흐름을 방해할 수 있는데, 레이키를 실천함으로써 감정적 균형을 회복할 수 있습니다.

(가슴에 손을 얹고 세이헤키 심벌을 시각화하세요)

감정적 균형이 회복되며, 억눌린 슬픔이 부드럽게 해소됩니다.

(초크레이 심벌을 활용하세요)

에너지를 증폭시키고 신체적·정서적 피로를 해소하는 데 도움이 됩니다. 머리나 손에 손을 얹고 심벌을 시각화하며 에너지를 정돈해 보세요.

(정기적인 레이키 세션을 진행하세요)

조용한 공간에서 차분한 음악과 함께 하루 10~15분 동안 심벌을 시각화하며 깊은 호흡을 병행하면 감정이 안정되고 내면의 평온이 찾아옵니다.

레이키는 슬픔을 자연스럽게 흘려보내는 과정에서 몸과 마음을 조율하며 보호자가 스스로 감정을 다스릴 수 있도록 돕는 역할을 합니다.

3 아로마테라피와 레이키의 병행

아로마테라피와 레이키를 함께 활용하면 감정적 안정과 신체적 회복을 더욱 효과적으로 도모할 수 있습니다.

(라벤더 오일과 세이헤키 심벌의 조합)

라벤더 오일을 디퓨저에 사용하며 가슴에 손을 얹고 세이헤키를 시각화하면 긴장이 완화됩니다.

(프랑킨센스 오일과 초크레이 심벌의 활용)

명상 중 프랑킨센스 오일을 흡입하며 초크레이 심벌을 시각화하면 깊은 안정감을 경험할 수 있습니다.

(카모마일 오일 목욕 후 레이키 세션 진행)

따뜻한 물에 카모마일 오일을 첨가한 후, 초크레이 심벌을 활용한 레이키 세션을 진행하면 긴장이 완화되고 편안한 수면을 유도할 수 있습니다.

아로마테라피의 향과 레이키의 에너지는 서로 보완적인 역할을 하며 보호자의 감정적 치유를 보다 효과적으로 이끌어 줄 것입니다.

4 펫로스 증후군 극복을 위한 치유 루틴

일상에서 아로마테라피와 레이키를 활용한 루틴을 실천하면 보호자는 점진적으로 감정의 균형을 되찾고 치유의 과정에 더욱 집중할 수 있습니다.

- 🌸 **아침** : 라벤더 오일 디퓨저를 사용하며 10분간 간단한 레이키 세션으로 하루를 시작하세요.
- 🌸 **명상 시간** : 프랑킨센스 오일 향기를 맡으며 명상 시간을 가져 보세요. 가슴에 손을 얹고 세이헤키 심벌을 시각화하며 마음을 안정시키고, 떠난 반려동물에게 사랑과 감사의 마음을 전해 보세요. 이때 "고마워, 사랑해"라는 메시지를 마음속으로 반복하며 세션을 마무리해 보세요.
- 🌸 **저녁** : 카모마일 오일을 활용한 목욕 후 초크레이 심벌을 시각화하며 몸과 마음을 이완하세요.

이러한 루틴을 유지하면 보호자는 점진적으로 감정을 정리하고 새로운 일상에 적응할 수 있습니다.

5 자연 치유를 통한 감정적 성장

아로마테라피와 레이키는 보호자에게 치유를 넘어 깊은 정서적 의미를 지닌 실천입니다. 이러한 자연 치유법은 슬픔을 자연스럽게 받아들이고, 반려동물과의 소중한 기억을 마음속에 간직한 채 새로운 일상으로 나아갈 수 있도록 돕는 정서적 지지의 역할을 합니다.

꾸준한 실천과 균형 잡힌 치유 과정은 보호자가 마음의 평온을 회복하고 삶의 방향을 재정립하는 데 필요한 내면의 힘이 되어 줄 것입니다. 반려동물이 남긴 사랑과 추억은 시간이 흘러도 잊히지 않는 소중한 흔적으로 남아, 앞으로의 삶을 살아갈 용기와 위로를 전해 줍니다.

> "반려동물과 함께한 시간은 단순한 기억이 아니라,
> 우리 안에 남아 있는 사랑의 흔적입니다.
> 그 사랑을 간직하며 살아가는 것이야말로,
> 반려동물이 보호자에게 남긴 가장 소중한 선물입니다."

7.5 펫로스 증후군 대상 아로마테라피 & 레이키 적용 사례

반려동물을 떠나보낸 보호자는 깊은 상실감과 감정적 혼란을 경험합니다. 펫로스 증후군을 극복하기 위해서는 심리적 안정과 정서적 회복을 돕는 다양한 접근법이 필요합니다. 아로마테라피와 레이키는 자연 치유법으로서 보호자의 감정을 다독이고, 내면의 균형을 되찾도록 돕는 효과적인 방법입니다. 이 장에서는 실제 적용 사례를 통해 아로마테라피와 레이키가 보호자의 심리적 안정을 어떻게 지원하는지 살펴보겠습니다.

1 아로마테라피를 활용한 정서적 치유

아로마테라피는 향을 통해 감정을 부드럽게 다듬고, 슬픔과 불안을 완화하는 데 도움을 줍니다. 특히 펫로스 증후군을 겪는 보호자들에게 아로마테라피는 일상의 작은 위안을 제공하는 중요한 도구가 될 수 있습니다.

🪴 라벤더 오일을 통한 불안 완화와 수면 개선

2021년 *Journal of Complementary and Alternative Medicine* 연구에 따르면, 라벤더 오일 디퓨저를 매일 사용한 보호자들은 불안이 40% 감소하고 수면의 질이 크게 향상된 것으로 보고되었습니다. 한 보호자는 반려견을 떠나보낸 후, 라벤더 오일을 사용하여 침실을 채우고 심호흡을 하면서 마음의 안정을 찾았다고 말합니다.

🪴 로즈 오일로 상실감과 슬픔 다스리기

2018년 *International Journal of Aromatherapy* 연구에서는 로즈 오일이 슬픔과 우울감을 완화하는 데 효과적이라는 결과를 발표했습니다. 반려묘를 떠나보낸 한 보호자는 손목에 로즈 오일을 바르고, 매일 반려묘와의 추억을 떠올리며 감사의 시간을 가졌습니다. 이 과정은 상실의 아픔을 긍정적인 기억으로 전환하는 데 도움을 주었습니다.

🪴 프랑킨센스 오일을 활용한 내면의 평화 찾기

프랑킨센스 오일은 명상과 심리적 안정에 도움을 주는 향으로 잘 알려져 있습니다. 한 보호자는 프랑킨센스 오일을 흡입하며 떠난 반려동물을 추억하는 시간을 가졌고, 이를 통해 감정적 혼란을 해소하고 차분함을 되찾았습니다.

2 레이키를 활용한 정서적 회복

레이키는 에너지의 균형을 조절하여 보호자가 감정을 안정시키고 내면의 치유를 경험할 수 있도록 돕습니다.

🪴 레이키 세션을 통한 슬픔 완화

2022년 *International Journal of Holistic Healing* 연구에 따르면, 6

주간 레이키 세션을 받은 보호자들은 스트레스와 정서적 고통이 50% 감소한 것으로 나타났습니다. 반려동물 상실 후 깊은 상실감을 겪던 한 보호자는 초크레이(Cho Ku Rei) 심벌을 활용한 레이키 세션을 통해 감정이 점차 가라앉고 심리적 안정을 회복할 수 있었습니다.

🌱 세이헤키 심벌을 활용한 불면증 완화

미국 국립보건원(NIH) 연구에서는 세이헤키(Sei He Ki) 심벌을 활용한 레이키 세션이 불면증 완화에 효과적이라고 보고하였습니다. 한 보호자는 매일 밤 세이헤키 심벌을 활용한 레이키 명상을 진행하며 점차 안정적인 수면을 취할 수 있었습니다.

3 아로마테라피와 레이키 병행을 통한 치유 사례

아로마테라피와 레이키를 함께 활용하면 정서적 안정과 심리적 회복을 더욱 효과적으로 이끌어낼 수 있습니다.

🌱 라벤더 오일과 레이키 병행을 통한 불안 완화

2023년 *Integrative Therapy Center* 연구에서는 라벤더 오일과 주 2회 레이키 세션을 병행한 보호자들이 불안과 슬픔이 현저히 감소했다고 발표했습니다. 약 6주간의 치료 후, 한 보호자는 일상으로 복귀하며 심리적 안정감을 되찾았습니다.

🌱 프랑킨센스와 다이코미오 심벌을 활용한 감정 정리

Reiki.org 사례 연구에 따르면, 프랑킨센스 오일과 다이코미오(Dai Ko Myo) 심벌을 활용한 레이키 세션이 감정적 트라우마를 극복하는 데 효과적이었다고 보고되었습니다. 한 보호자는 이 세션을 통해 떠난 반려동물과의 연결을 느끼며 죄책감을 해소하고 평화를 얻었습니다.

4 문화적 접근과 글로벌 사례

세계 각국에서는 다양한 방식으로 펫로스 증후군을 극복하기 위한 치유법이 활용되고 있습니다.

🌱 한국의 펫로스 치유 문화

한국에서는 반려동물 장례 서비스와 추모공원이 점차 확대되면서, 보호자들이 반려동물을 기리는 공간에서 감정을 정리하고 위로를 받을 수 있도록 돕고 있습니다. 또한, 아로마테라피와 레이키를 접목한 심리 상담 프로그램이 일부 시도되고 있으며, 이에 대한 관심이 증가하는 추세입니다.

🌱 일본의 반려동물 추모 문화

일본에서는 반려동물 추모공원이 보편화되어 있으며, 보호자들이 명상과 아로마테라피를 활용하여 슬픔을 치유하는 프로그램을 운영하고 있습니다.

🌱 미국의 펫로스 지원 그룹

미국에서는 펫로스 지원 그룹이 활발히 운영되며, 보호자들이 서로의 경험을 공유하고 위안을 얻을 수 있는 장이 마련되고 있습니다. 이들 그룹에서는 아로마테라피와 레이키를 병행한 정서적 회복 프로그램이 제공되기도 합니다.

5 펫로스 증후군 극복을 위한 실천 방법

(하루 10분 아로마 명상)
라벤더나 프랑킨센스 오일을 활용한 명상으로 내면의 평화를 되찾아 보세요.

(매일 5분 레이키 실천)
손을 가슴에 얹고 세이헤키 심벌을 시각화하며 감정을 정리하는 시간을 가져 보세요.

(추모 의식 진행)
반려동물과의 추억을 소중히 간직할 수 있도록 작은 추모 공간을 마련해 보세요.

6 치유를 넘어 사랑으로

펫로스 증후군을 극복하는 과정은 감정을 회복하는 것에 그치지 않고, 떠난 반려동물과 나눈 깊은 사랑을 되새기며 감사의 마음을 다지는 시간이 될 수 있습니다. 아로마테라피와 레이키는 이러한 여정에서 보호자가 슬픔을 건강하게 받아들이고, 새롭게 균형 잡힌 삶과 내면의 평온을 찾도록 이끄는 치유의 도구입니다.

반려동물이 남긴 사랑과 추억은 보호자의 삶을 지탱하는 소중한 에너지로 남게 됩니다. 슬픔을 치유로 전환하는 과정을 통해 보호자는 새로운 희망을 발견하고, 잃어버린 평화를 되찾으며, 반려동물과의 유대는 언제나 마음속 깊은 곳에서 삶을 따뜻하게 밝혀줄 것입니다.

"사랑했던 존재는 결코 사라지지 않습니다.
그들의 따뜻한 흔적은 우리의 마음속에서 영원히 살아 숨 쉬고 있습니다."

8장

아로마테라피와 레이키 Q&A

Aromatherapy

8.1 아로마테라피 기초와 사용법

Q1. 아로마테라피란 무엇인가요? 반려동물에게도 효과가 있을까요?

A 아로마테라피는 식물에서 추출한 고농축 에센셜 오일을 활용해 심리적·신체적 건강을 돕는 자연 치유법입니다. 반려동물에게도 스트레스 완화, 불안 해소, 환경 적응 등 긍정적인 효과를 줄 수 있습니다. 예를 들어, 라벤더 오일은 진정 효과가 있어 반려동물에게 편안함을 제공합니다. 단, 에센셜 오일을 사용할 때는 반려동물의 종류와 상태에 맞는 오일을 신중히 선택하고, 희석 비율을 철저히 지켜야 합니다.

Q2. 반려동물에게 아로마테라피를 적용할 때 가장 중요한 점은 무엇인가요?

A 첫째, 반려동물에게 안전한 오일만 선택해야 합니다(예: 라벤더, 카모마일). 둘째, 아로마 확산기를 활용해 간접 흡입 방식으로 사용하며, 반려동물이 향에서 자유롭게 벗어날 수 있는 환경을 제공해야 합니다. 마지막으로, 반려동물의 반응을 면밀히 관찰하여 이상 징후가 보이면 즉시 사용을 중단하고 방을 환기해야 합니다.

Q3. 아로마테라피는 심리 안정 외에도 다른 용도로 사용할 수 있나요?

A 네, 가능합니다. 이동 중 불안을 완화하거나 새로운 환경에 적응할 때 도움을 줄 수 있습니다. 예를 들어, 라벤더 오일은 긴장을 완화하고, 카모마일은 낯선 환경에서 보호자와의 유대감을 강화합니다. 또한, 피부 건강 관리나 벌레 퇴치와 같은 실용적인 용도로 사용할 수 있는 오일도 있습니다.

Q4. 반려동물에게 아로마테라피를 처음 사용할 때 가장 좋은 시기는 언제인가요?

A 스트레스를 받는 상황(예: 이사, 병원 방문 전후, 여행)에서 사용하는 것이 좋습니다. 낮은 농도로 시작하여 반려동물의 반응을 관찰하면서 천천히 적용 범위를 확대하세요.

Q5. 모든 반려동물이 아로마테라피에 반응하나요?

A 대부분의 반려동물은 라벤더나 로만 카모마일 같은 부드러운 향에 긍정적인 반응을 보이지만, 종류와 체질에 따라 향에 대한 민감도는 다를 수 있습니다. 특히 고양이, 토끼, 조류 등 후각이 예민한 동물은 티트리, 유칼립투스, 시트러스 계열 오일에 독성 반응을 보일 수 있으므로 주의가 필요합니다. 체구가 작은 소형 동물은 에센셜 오일 대신 하이드로졸처럼 순한 대체제를 사용하는 것이 더 안전합니다.

Q6. 반려동물에게 사용하면 안 되는 오일은 무엇인가요?

A 고양이에게는 티트리, 유칼립투스, 시트러스류(레몬, 오렌지 등) 오일이 독성을 유발할 수 있으므로 피해야 합니다. 개의 경우도 특정 오일에 민감할 수 있으니 사용 전 전문가의 조언을 받는 것이 안전합니다.

Q7. 아로마 확산기를 사용 중 반려동물이 불편해한다면 어떻게 해야 하나요?

A 즉시 아로마 확산기를 끄고 방을 환기하세요. 반려동물이 자리를 피하거나 불안한 모습을 보인다면, 향이 없는 공간으로 이동하도록 도와주세요.

Q8. 반려동물이 좋아하는 향을 알아내려면 어떻게 해야 하나요?

A 희석한 에센셜 오일의 뚜껑을 닫은 상태로 천천히 반려동물에게 향을 맡게 하세요. 향에 다가가거나 차분한 자세를 보이면 긍정적으로 반응하는 것입니다. 반대로, 자리를 피하거나 거부 반응을 보인다면 해당 향은 피하는 것이 좋습니다.

캐리어 오일에 소량 희석한 오일을 손등에 발라 향을 맡게 하는 것도 방법입니다. 반려동물이 흥미를 보이거나 가까이 다가오면 적합한 향일 가능성이 높습니다. 강제로 맡게 하지 말고, 반려동물이 자유롭게 선택할 수 있는 환경을 제공하세요.

Q9. 반려동물이 에센셜 오일을 섭취했을 경우 어떻게 해야 하나요?

A 즉시 수의사에게 연락하고, 섭취한 오일의 종류와 양을 가능한 한 정확히 전달하세요. 에센셜 오일은 절대 직접 섭취하도록 해서는 안 됩니다.

Q10. 반려동물이 특정 오일에 부정적으로 반응할 경우 대체 오일은 무엇이 있나요?

A 라벤더나 카모마일 대신 프랑킨센스와 같은 오일이 대체제가 될 수 있습니다. 그러나 대체 오일을 선택하기 전에 전문가의 조언을 받는 것이 안전합니다.

8.2 에센셜 오일의 희석 비율과 사용법

Q1. 반려동물에게 에센셜 오일을 사용할 때 적정 희석 비율은 무엇인가요?

🅐 개는 1% 이하, 고양이 및 소형 동물은 0.25% 이하로 희석하여 사용하는 것이 권장됩니다. 이는 에센셜 오일 1~2방울을 50mL의 캐리어 오일에 섞는 비율로, 반려동물의 피부와 후각을 안전하게 보호하기 위한 기준입니다. 처음에는 더 낮은 농도로 시작해 반려동물의 반응을 관찰하며 점차 농도를 조정하는 것이 좋습니다.

Q2. 캐리어 오일로 사용할 수 있는 오일은 무엇인가요?

🅐 코코넛 오일, 호호바 오일, 올리브 오일이 반려동물에게 안전합니다.
* 코코넛 오일 : 보습과 진정 효과가 뛰어나며 가벼운 질감을 가집니다.
* 호호바 오일 : 피부 친화적이며 빠르게 흡수됩니다.
* 올리브 오일 : 피부를 부드럽게 하고 에센셜 오일을 안전하게 전달하는 데 적합합니다.
* 캐리어 오일은 에센셜 오일의 자극을 줄이고 피부에 안전하게 전달하는 역할을 합니다.

Q3. 반려동물의 크기에 따라 희석 비율을 다르게 해야 하나요?

🅐 네, 체구가 작을수록 희석 비율을 낮게 설정해야 합니다. 소형견이나 고양이는 0.25% 이하로 희석하고, 아로마 확산기를 활용할 때는 향이 은은하게 퍼지도록 설정해 반려동물이 부담을 느끼지 않도록 해야 합니다.

Q4. 에센셜 오일을 직접 반려동물의 피부에 발라도 되나요?

A 직접 바르는 것은 추천되지 않습니다. 반드시 캐리어 오일에 희석한 후 간접적으로 사용하는 것이 안전합니다. 반려동물의 피부가 민감하기 때문에 원액 사용 시 자극이나 알레르기 반응을 유발할 수 있습니다. 희석한 오일은 반려동물이 핥을 수 없는 부위(등, 목)에 가볍게 적용하는 것이 좋습니다.

Q5. 반려동물의 나이에 따라 희석 비율을 다르게 해야 하나요?

A 네, 나이가 많거나 어린 반려동물은 더 민감하므로 희석 비율을 낮춰야 합니다. 새끼 동물 0.1% 이하, 노령 동물 0.25% 이하. 이러한 희석 비율은 반려동물의 연령에 따라 피부와 신진대사에 맞춘 안전한 접근을 제공합니다.

Q6. 계절에 따라 에센셜 오일 사용법이 달라지나요?

A 네, 계절적 요인을 고려해 사용하는 것이 효과적입니다.

* 여름철 : 벌레 물림 방지를 위해 시트로넬라 오일을 디퓨저로 소량 사용합니다.
* 겨울철 : 피부 보습을 위해 로즈힙 오일이나 카모마일 오일을 추가적으로 사용하는 것이 좋습니다.

Q7. 반려동물과 함께 여행할 때 사용할 수 있는 안전한 에센셜 오일은 무엇인가요?

A 라벤더와 카모마일 오일은 여행 중 불안감을 완화하고 차분함을 유지하는 데 적합합니다. 디퓨저로 은은하게 향을 퍼뜨리거나 희석 스프레이를 사용해 케이지나 침구에 뿌려 안정적인 환경을 조성할 수 있습니다.

Q8. 에센셜 오일을 희석할 때 물에 섞어서 사용해도 되나요?

A 물은 오일을 제대로 희석하지 못하므로 권장되지 않습니다. 디퓨저를 사용하거나 캐리어 오일에 희석해 사용하는 것이 안전합니다.

Q9. 에센셜 오일을 사용한 후 반려동물이 이상 반응을 보인다면 어떻게 해야 하나요?

A 구토, 설사, 가려움증, 침 흘림 등의 이상 반응이 나타나면 즉시 사용을 중단하고, 수의사에게 상담하세요. 사용한 오일의 종류와 희석 비율을 기록해 정확한 정보를 제공하세요.

Q10. 에센셜 오일을 장시간 사용해도 되나요?

A 장시간 사용은 후각 피로를 유발할 수 있으므로 하루 30분~1시간 이내로 제한하는 것이 좋습니다. 반려동물이 향을 피하려 하거나 불편해하는 행동을 보이면 즉시 중단해야 합니다.

Q11. 여러 가지 에센셜 오일을 섞어 사용해도 괜찮을까요?

A 혼합 사용이 가능하지만, 각 오일의 특성과 안전성을 충분히 이해한 후 소량으로 테스트하는 것이 중요합니다. 반려동물에게 안전한 오일을 확인하고 혼합 비율을 낮게 유지하세요.

Q12. 아로마 확산기 사용 시 반려동물과 사람이 함께 있어도 안전한가요?

A 네, 아로마 확산기 사용은 일반적으로 안전합니다. 다만, 향의 강도가 너무 높지 않도록 주의하고, 환기가 잘 되는 환경에서 사용하는 것이 좋습니다.

Q13. 희석한 에센셜 오일을 얼마나 자주 사용할 수 있나요?

A 일주일에 2~3회 정도가 적절하며, 반려동물의 상태와 반응에 따라 빈도를 조절해야 합니다. 과도한 사용은 후각 피로나 피부 자극을 유발할 수 있습니다.

Q14. 특정 건강 문제를 가진 반려동물에게도 에센셜 오일을 사용할 수 있나요?

A 호흡기 질환, 알레르기, 피부 질환이 있는 반려동물은 민감하게 반응할 수 있습니다. 반드시 수의사와 상의한 후 사용 여부를 결정해야 합니다.

8.3 아로마테라피의 효과와 사례

Q1. 아로마테라피가 반려동물의 스트레스를 줄이는 데 어떻게 도움이 되나요?

A 라벤더 오일은 진정 효과로 잘 알려져 있으며, 반려견의 심박수를 낮추고 심리적 안정감을 제공합니다. 일본 니혼 대학교의 연구에서는 라벤더 향이 반려동물의 스트레스 호르몬을 감소시키고 불안 증상을 완화하는 데 효과적이라고 밝혔습니다. 라벤더 오일은 환경 변화나 보호자와의 일시적 이별로 인한 스트레스 해소에 유용하며, 아로마 확산기나 침구 주변에 소량 적용하여 반려동물이 차분함을 느끼게 할 수 있습니다.

Q2. 반려동물의 불면증에 아로마테라피가 효과적인가요?

A 네, 라벤더 오일은 반려동물의 수면 질을 높이는 데 효과적입니다. 콜로라도 주립대학의 연구에 따르면 라벤더 향이 반려동물의 깊은 수면을 유도하고 수면 지속 시간을 늘리는 데 도움을 준 것으로 나타났습니다. 아로마 확산기를 사용하거나 반려동물의 침구에 희석한 오일을 소량 뿌리는 방식으로 활용하면 반려동물이 안정감을 느끼며 쉽게 잠들 수 있습니다.

Q3. 반려동물의 소화 불량에 효과적인 오일이 있나요?

A 생강 오일과 페퍼민트 오일이 소화 불량과 위장 불편을 완화하는 데 효과적입니다. 미국 수의학 저널의 연구에 따르면 생강 오일은 반려동물의 장 운동을 촉진하고 소화를 개선하는 데 긍정적인 영향을 미쳤습니다. 이동 중 멀미나 식욕 저하로 소화 문제가 발생할 때, 생강 오일을 저농도로 희석하여 귀 뒤에 소량 도포하거나

아로마 확산기로 간접 사용하면 유용합니다.

Q4. 아로마테라피가 반려동물의 공격성을 줄이는 데 도움이 될 수 있나요?

A 라벤더와 카모마일 오일은 심리적 안정과 진정 효과가 있어, 반려동물의 공격성을 완화하는 데 유용합니다. 스트레스나 불안에서 비롯된 공격적인 행동에는 보호자가 라벤더 오일을 희석하여 손에 묻힌 뒤 부드럽게 쓰다듬거나, 카모마일 향을 공간에 퍼뜨려 안정된 환경을 조성할 수 있습니다.

Q5. 반려동물의 지나친 짖음이나 울음에 아로마테라피가 효과적일까요?

A 네, 라벤더와 네롤리 오일이 효과적입니다. 라벤더는 진정 작용으로 불안을 완화하고, 네롤리는 정서적 안정감을 제공합니다. 아로마 확산기를 통해 향을 공간에 퍼뜨리거나, 반려동물의 침구 근처에 소량을 사용하면 반려동물이 차분해질 가능성이 높습니다. 반복적인 행동이 지속된다면 스트레스 원인을 파악하고, 환경 개선과 함께 아로마테라피를 활용하는 것이 중요합니다.

Q6. 반려동물이 특정 오일에 민감하게 반응한다면 어떻게 해야 하나요?

A 반려동물이 오일 향에 과민 반응하거나 이상 행동을 보인다면 즉시 사용을 중단하고 방을 환기시켜야 합니다. 오일 농도를 낮추거나 안전성이 높은 다른 오일로 대체하는 것이 방법이며, 새로운 오일 사용 시에는 소량으로 시작하며 반려동물의 반응을 세심히 관찰하는 것이 중요합니다.

Q7. 분리불안을 겪는 반려동물에게 아로마테라피를 사용할 수 있나요?

A 라벤더와 베르가못 오일은 분리불안을 완화하는 데 효과적입니다. 외출 전에 아로마 확산기를 통해 공간에 향을 퍼뜨리거나 반려동물이 좋아하는 담요에 소량을 묻혀 안정감을 유도할 수 있습니다. 단, 사용 전에는 향에 익숙해지도록 짧은 시간 동안 노출시키는 것이 중요하며, 반려동물의 반응을 관찰하여 조절해야 합니다.

Q8. 아로마테라피와 레이키를 병행하면 반려동물의 행동 교정에도 도움이 될까요?

🅐 스트레스와 불안에서 비롯된 과도한 짖음, 물건 물기 등 행동 문제를 완화하는 데 병행 사용이 효과적일 수 있습니다. 라벤더 오일을 아로마 확산기로 사용하고, 레이키 세션에서는 초크레이(Cho Ku Rei) 심벌을 시각화하여 에너지를 전달하면, 반려동물이 차분해지고 안정감을 느끼면서 긍정적인 행동 변화를 보일 가능성이 높습니다.

Q9. 아로마테라피를 정기적으로 사용할 수 있나요?

🅐 정기적인 사용은 가능하지만, 하루 30분~1시간 이내로 제한하며 일주일에 2~3회 정도 사용하는 것이 적절합니다. 과도한 사용은 후각 피로를 초래할 수 있으므로, 사용 후 충분한 환기와 휴식을 제공해야 합니다.

Q10. 보호자와 반려동물이 함께 아로마테라피를 즐길 방법이 있나요?

🅐 라벤더나 로즈 오일처럼 보호자와 반려동물 모두에게 안전한 오일을 선택하여 아로마 확산기를 사용하거나, 목욕 중 함께 향기를 즐기는 것이 좋습니다. 이러한 경험은 스트레스 완화뿐만 아니라 보호자와 반려동물 간의 유대감을 강화하는 데도 도움을 줍니다.

Q11. 관절염과 같은 질환을 가진 반려동물에게 아로마테라피를 사용할 수 있나요?

🅐 관절염이나 만성 통증을 가진 반려동물에게는 프랑킨센스나 생강 오일이 효과적입니다. 캐리어 오일에 희석하여 관절 부위를 부드럽게 마사지하면 혈액순환을 돕고 통증을 완화하는 데 유용합니다. 사용 전 수의사와 상의하여 안전성을 확인하는 것이 중요합니다.

Q12. 반려동물에게 처음 아로마테라피를 적용할 때 어떤 오일이 적합한가요?

A 라벤더와 카모마일 같은 부드럽고 진정 효과가 있는 오일이 적합합니다. 낮은 농도로 시작하며, 반려동물이 향에 익숙해질 수 있도록 천천히 적응 과정을 거치는 것이 바람직합니다.

※ 에센셜 오일 사용 시 항상 반려동물의 반응을 세심히 관찰하고, 필요할 경우 전문가의 조언을 받는 것이 좋습니다.

8.4 아로마테라피와 레이키 병행 사용

Q1. 아로마테라피와 레이키를 병행하면 어떤 효과가 있나요?

A 아로마테라피와 레이키를 병행하면 심리적 안정과 신체적 치유 효과가 증대됩니다. 라벤더와 카모마일 오일의 진정 효과는 레이키의 에너지 흐름을 강화하고, 반려동물이 더 깊은 편안함을 느낄 수 있도록 돕습니다. 이러한 조합은 스트레스 해소, 회복 촉진, 정서적 균형 유지에 시너지 효과를 발휘합니다.

Q2. 병행 시 주의할 점은 무엇인가요?

A 안전한 에센셜 오일의 선택과 희석 비율 준수가 가장 중요합니다. 티트리나 유칼립투스 오일은 고양이에게 독성이 있을 수 있으므로 피해야 하며, 라벤더, 로즈, 카모마일과 같은 안전한 오일을 선택해야 합니다. 향이 강하지 않도록 낮은 농도로 희석하고, 반려동물이 자유롭게 움직일 수 있는 환경을 조성하며, 세션 중에는 반려동물의 반응을 지속적으로 관찰해야 합니다.

Q3. 아로마테라피와 레이키를 함께 사용할 때, 특정 에센셜 오일이 더 효과적인가요?

A 라벤더 오일은 진정 효과와 스트레스 해소에 탁월하며, 프랑킨센스는 감정적 안정과 영적 치유를 지원합니다. 카모마일은 불안 완화에 유용하며, 레이키 세션과 함께 사용할 때 반려동물이 차분함을 느끼도록 돕습니다. 반려동물의 상태와 필요에 따라 적합한 오일을 선택하는 것이 중요합니다.

Q4. 병행 사용 시 가장 적합한 환경은 무엇인가요?

A 조용하고 안정된 환경이 필수적입니다. 자연 채광이 은은하게 들어오는 공간이나 부드러운 조명이 있는 방에서 디퓨저에 라벤더 오일을 몇 방울 떨어뜨려 공간에 향을 채우세요. 반려동물이 편안하게 누울 수 있도록 담요나 쿠션을 준비하는 것도 효과적입니다.

Q5. 아로마테라피와 레이키 병행 사용은 반려동물의 특정 건강 문제에도 도움이 되나요?

A 관절염과 같은 만성 통증, 수술 후 회복 촉진, 스트레스와 불안 완화에 특히 효과적입니다. 프랑킨센스 오일을 희석해 디퓨저로 사용하고, 레이키의 다이코미오(Dai Ko Myo) 심볼을 활용하면 치유와 통증 관리에 도움을 줄 수 있습니다.

Q6. 아로마테라피와 레이키를 동시에 사용하는 것이 반드시 더 좋은가요?

A 상황과 반려동물의 상태에 따라 다릅니다. 각 방법을 따로 사용하는 것도 효과적일 수 있지만, 병행 사용은 더 깊은 안정감과 빠른 치유를 제공할 수 있습니다.

Q7. 아로마테라피와 레이키 병행 사용은 사람과 반려동물 모두에게 적용할 수 있나요?

A 그렇습니다. 보호자와 반려동물이 함께 세션에 참여하면 유대감이 강화되고 치유 효과가 증대됩니다. 라벤더 향을 사용하며 레이키 세션을 진행하면 보호자와 반려동물 모두 심리적 안정과 편안함을 느낄 수 있습니다.

Q8. 병행 사용이 반려동물의 행동 교정에도 도움을 줄 수 있나요?

A 스트레스와 불안에서 기인한 과도한 짖음, 물건 물기 등의 행동 문제를 완화하는 데 효과적입니다. 라벤더 오일을 아롸 확산기로 사용하고, 레이키 세션에서 초크레이(Cho Ku Rei) 심볼을 활용하면 반려동물이 차분해지고 긍정적인 행동 변화를 보일 가능성이 높습니다.

8.5 펫로스 증후군을 위한 아로마테라피와 레이키

Q1. 펫로스 증후군을 겪는 보호자에게 아로마테라피와 레이키가 어떻게 도움이 되나요?

A 아로마테라피와 레이키는 보호자가 펫로스 증후군으로 인한 슬픔과 고통을 건강하게 극복하도록 돕습니다. 라벤더와 로즈 오일은 불안과 슬픔을 완화하고 심리적 안정감을 제공합니다. 라벤더는 긴장을 풀어주며, 로즈는 사랑과 그리움을 따뜻하게 감싸줍니다. 레이키는 세이헤키(Sei He Ki) 심볼을 활용해 감정적 치유를 촉진하며, 에너지 균형을 조화롭게 만들어 보호자가 평온함을 느낄 수 있도록 돕습니다.

Q2. 펫로스 증후군을 위한 추모의식으로 할 수 있는 것은?

A 라벤더와 사이프러스 오일을 아로마 확산기에 넣어 은은한 향으로 공간을 채운 후, 반려동물과의 추억을 떠올리며 편지나 일기를 작성하는 의식을 추천합니다. 의식 중 레이키 세션을 병행하면 감정의 흐름을 차분히 안정시키고, 떠난 반려동물의 평안을 기원할 수 있습니다. 초크레이(Cho Ku Rei)와 세이헤키 심볼을 시각화하며 마음속의 따뜻한 메시지를 전하는 과정은 보호자와 반려동물 간의 영적 연결을 이어주는 데 도움을 줍니다.

Q3. 추모의식을 진행할 때 준비해야 할 것은 무엇인가요?

A 추모의식을 위해 조용하고 편안한 공간, 디퓨저, 라벤더나 사이프러스 오일, 반려동물의 사진 또는 소중한 물건을 준비합니다. 명상 음악이나 자연의 소리를 배경으로 깔아 감정적으로 안정된 분위기를 조성할 수 있습니다. 레이키 세션을 병행한다면 보호자가 깊게 호흡하며 차분해질 시간을 가지는 것이 중요합니다.

Q4. 펫로스 증후군으로 수면에 어려움을 겪을 때 도움을 줄 방법이 있나요?

A 라벤더 오일을 아로마 확산기로 사용하거나 베개에 한 방울 떨어뜨려 차분한 향기를 통해 수면을 돕는 방법이 효과적입니다. 레이키 세션에서는 초크레이 심볼을 활용해 가슴이나 이마에 손을 얹고 에너지를 전달하면 마음이 안정되어 깊은 수면을 취할 수 있습니다.

Q5. 펫로스 증후군으로 인한 죄책감을 해소하는 데 아로마테라피와 레이키가 도움이 될 수 있나요?

A 로즈와 프랑킨센스 오일은 자기 연민을 치유하고 내면의 평화를 되찾는 데 유용합니다. 레이키 세션에서 세이헤키 심볼을 사용해 감정을 수용하고, 죄책감을 긍정적인 기억으로 전환할 수 있는 시간을 가지는 것이 좋습니다. 이는 보호자가 반려동물과의 추억을 건강하게 받아들이는 데 큰 도움이 됩니다.

Q6. 펫로스 증후군을 겪는 보호자가 주기적으로 아로마테라피와 레이키를 활용하면 어떤 효과가 있나요?

A 주기적인 활용은 감정의 안정을 돕고 상실을 자연스럽게 수용하게 합니다. 예를 들어, 매주 라벤더 오일로 명상을 진행하거나 레이키 세션을 받으면 슬픔이 점차 완화되고 새로운 일상에 적응할 에너지와 내면의 안정감을 얻을 수 있습니다.

Q7. 아로마테라피와 레이키를 동시에 사용하는 것이 필수적인가요?

A 필수는 아니지만 병행하면 더 깊은 치유 효과를 경험할 수 있습니다. 아로마테라피의 향은 감정을 안정시키고, 레이키는 에너지의 흐름을 조화롭게 만들어 보호자가 슬픔을 건강하게 받아들이도록 돕습니다. 단독 사용도 효과적이나, 병행했을 때 더 큰 위안을 제공합니다.

Q8. 펫로스 증후군 치유를 위해 몇 번의 레이키 세션이 필요한가요?

A 보호자의 상태에 따라 다르지만, 보통 첫 세션 이후 감정적 안정을 느끼기 시작하며 주 1회 기준으로 4~6회 정도의 정기적인 세션이 권장됩니다. 세션의 횟수와 간격은 보호자의 감정 회복 속도에 맞추어 유연하게 조정하는 것이 좋습니다.

8.6 기타 자주 묻는 질문

Q1. 아로마테라피에 사용되는 에센셜 오일이 반려동물의 후각에 영향을 줄까요?

A 네, 반려동물의 후각은 사람보다 훨씬 민감하므로 향이 너무 강하면 스트레스나 불편함을 유발할 수 있습니다. 에센셜 오일은 항상 희석하여 은은한 농도로 사용해야 하며, 아로마 확산기를 사용할 경우 방안에 강한 향이 가득 차지 않도록 조정해야 합니다. 또한, 반려동물이 자유롭게 공간을 이동할 수 있도록 배려하며, 향에 대한 반응을 주의 깊게 관찰하는 것이 중요합니다. 반려동물이 편안해 하는 환경을 유지한다면 안전하게 아로마테라피를 활용할 수 있습니다.

Q2. 하이드로졸은 반려동물에게 안전한가요?

A 하이드로졸은 에센셜 오일보다 희석된 형태로, 반려동물에게 상대적으로 안전하게 사용할 수 있습니다. 라벤더 하이드로졸은 스트레스 완화와 피부 진정에 자주 사용되며, 직접적인 접촉보다는 공기 중 분무 형태로 사용하는 것이 좋습니다. 사용 전 소량으로 반려동물의 반응을 확인하고, 상처나 민감한 부위에는 뿌리지 않는 것이 중요합니다. 안전성을 위해 항상 반려동물의 상태를 관찰하며 적용하세요.

Q3. 에센셜 오일과 하이드로졸을 동시에 사용해도 되나요?

A 에센셜 오일과 하이드로졸은 동시에 사용할 수 있지만, 각각 낮은 농도로 희석하고 적절한 용도로 분리해 사용하는 것이 중요합니다. 예를 들어, 아로마 확산기에 라벤더 오일을 사용하면서 피부 진정을 위해 라벤더 하이드로졸을 스프레이로 적용할 수 있습니다. 다만, 반려동물이 불편해하는 반응을 보일 경우 즉시 사용을 중단하고 환기하는 것이 필요합니다.

Q4. 특정 반려동물 종(예: 고양이, 토끼)에게는 아로마테라피가 위험하지 않나요?

A 고양이, 토끼와 같은 동물은 특정 에센셜 오일(예: 티트리, 유칼립투스, 시트러스 계열)에 민감하거나 독성이 있을 수 있습니다. 이러한 종에게는 반드시 매우 낮은 농도로 사용하며, 하이드로졸이 더 안전한 대안이 될 수 있습니다. 반려동물의 종류와 건강 상태에 따라 안전한 오일을 선택하고, 사용 전 전문가의 조언을 받는 것이 중요합니다.

Q5. 에센셜 오일과 하이드로졸을 사용할 때 반려동물이 피하거나 불편해하면 어떻게 해야 하나요?

A 반려동물이 향이 나는 공간을 피하거나 불편한 행동을 보이면 즉시 사용을 중단하고 방을 환기시켜야 합니다. 향은 반려동물마다 다르게 반응할 수 있으므로 한 번에 한 가지 제품만 사용하며, 반려동물의 행동을 세심히 관찰하는 것이 중요합니다. 반려동물이 편안해하는 향을 찾아 사용하는 것이 핵심입니다.

Q6. 아로마테라피를 처음 시도하는 보호자가 주의해야 할 점은 무엇인가요?

A 처음 사용하는 경우, 반드시 낮은 농도로 시작하며 반려동물의 반응을 주의 깊게 관찰해야 합니다. 아로마 확산기를 사용할 때 반려동물이 향이 나는 공간에 머무르며 편안한 모습을 보이는지 확인하세요. 또한, 피부나 코에 직접 닿지 않도록 간접적으로 사용하는 것이 중요하며, 사용 후 충분히 환기하는 것을 잊지 마세요.

Q7. 반려동물의 나이나 건강 상태에 따라 하이드로졸 사용법이 달라지나요?

A 네, 반려동물의 나이나 건강 상태에 따라 하이드로졸 사용법이 달라질 수 있습니다. 나이가 많은 동물이나 새끼 동물은 더 민감할 수 있으므로 처음에는 소량만 사용하며, 짧은 시간 동안만 적용합니다. 만성 질환이 있거나 약물을 복용 중인 반려동물에게는 사용 전에 반드시 수의사와 상의하여 안전성을 확인해야 합니다.

별첨자료

반려동물 아로마테라피 가이드 및 치유 기록지

Companion animals

A 반려동물 아로마테라피 제품 안전 테스트 가이드

반려동물에게 아로마테라피 제품을 안전하고 효과적으로 적용하려면, 각 제품에 대한 사전 테스트가 필수적입니다. 반려동물의 신체적, 정서적 특성을 고려하여 적절한 제품을 선택하고, 안전성을 확인하는 과정을 거쳐야 합니다. 이 가이드는 다양한 아로마 제품의 안전 테스트 방법을 소개하며, 반려동물이 편안하고 긍정적인 반응을 보이는 제품을 찾는 데 도움을 줄 것입니다.

1 에센셜 오일 피부 테스트

(목적)

반려동물의 피부 자극이나 알레르기 반응 여부 확인

(방법)

- ❀ **희석 준비** : 에센셜 오일을 캐리어 오일에 0.25~1% 비율로 희석
  예) 50mL 캐리어 오일에 1방울 희석
- ❀ **적용 부위 선택** : 털이 적고 피부가 민감한 귀 뒤, 배 부위 선택
- ❀ **소량 적용** : 면봉을 이용해 극소량을 바른 후 반응을 관찰
- ❀ **관찰 시간** : 24~48시간 동안 발적, 부기, 가려움 여부 확인

> 주의사항

고양이는 에센셜 오일을 대사하는 능력이 낮으므로 사용 시 신중해야 합니다. 피부 반응이 나타나면 즉시 제거하고 수의사와 상담합니다.

2 하이드로졸(허브 워터) 테스트

> 목적

하이드로졸의 향과 성분이 반려동물에게 적합한지 확인

> 방법

- **소량 적용** : 반려동물 주변에 1~2회 분사
- **반응 확인** : 반려동물이 냄새를 맡고 거부 반응을 보이는지 관찰
- **피부 테스트** : 피부에 소량 뿌린 후 발적, 가려움 여부 확인

> 주의사항

하이드로졸은 비교적 순하지만, 고양이는 특정 성분에 민감할 수 있으므로 성분을 확인한 후 사용합니다.

3 아로마 스프레이 테스트

> 목적

환경용 아로마 스프레이의 적합성과 안전성 확인

> 방법

- **소량 분사** : 반려동물이 자주 머무는 공간에 1~2회 분사
- **관찰 시간** : 반려동물이 향을 회피하거나 불편해하지 않는지 확인

❀ 확산 테스트 : 일정 시간 후 방을 환기하고 반려동물의 반응을 체크

(주의사항)

침구나 장난감에 직접 뿌리지 않습니다. 고양이에게 시트러스, 페퍼민트 계열 향은 피합니다.

4 아로마 확산기(디퓨저) 테스트

(목적)

확산기 사용 시 오일의 확산 효과가 반려동물에게 적합한지 확인

(방법)

❀ 소량 확산 : 물과 에센셜 오일 1~2방울을 넣어 5~10분간 작동
❀ 반응 확인 : 반려동물이 재채기, 기침, 눈물 흘림 등의 반응을 보이는지 확인
❀ 환경 조절 : 반려동물이 향이 없는 공간으로 이동할 수 있도록 배려

(주의사항)

사용 중에는 환기를 충분히 합니다. 고양이의 경우 확산기와의 거리를 유지하고, 장시간 사용을 피해야 합니다.

5 마사지 오일 테스트

(목적)

마사지 오일이 반려동물의 피부에 자극을 유발하는지 확인

방법

- 🌸 **희석 준비** : 에센셜 오일을 캐리어 오일에 0.25~1% 비율로 희석
- 🌸 **적용 부위 선택** : 귀 뒤, 발바닥 등 피부가 민감한 부위를 선택
- 🌸 **소량 적용** : 손끝으로 부드럽게 발라 반응을 관찰
- 🌸 **관찰 시간** : 24~48시간 동안 발적, 가려움 여부 확인

주의사항

피부 손상 부위에는 사용하지 않습니다. 고양이에게는 피부 직접 도포를 피합니다.

6 반려동물의 행동 테스트

목적

특정 향에 대해 반려동물이 스트레스를 받지 않고 편안하게 반응하는지 확인

방법

반려동물이 있는 공간에 희석한 에센셜 오일 또는 하이드로졸을 소량 분사하고 반려동물이 향에 익숙해지는지, 회피하는지 확인

주의사항

낮은 농도로 희석한 후 테스트하며, 스트레스 반응이 있으면 즉시 사용을 중단합니다. 반려동물의 거부 반응이 강한 경우 해당 향을 사용하지 않는 것이 좋습니다.

7 테스트 결과 활용

- **적합성 평가** : 테스트 후 반려동물이 긍정적으로 반응하면 점진적으로 적용 범위를 확대합니다.
- **테스트 기록** : 각 테스트 결과를 기록하여 반려동물의 특성과 반응을 파악하고 최적의 제품을 선택합니다.
- **수의사 상담** : 이상 반응이 나타날 경우 즉시 사용을 중단하고 수의사와 상담합니다.

8 반려동물 아로마테라피 사용 시 기본 원칙

모든 아로마 제품은 반려동물의 종, 체질, 건강 상태에 따라 반응이 다를 수 있습니다. 따라서 신중한 접근이 필요합니다.

- 제품 사용 전 소량 테스트를 진행하여 안전성을 확인하세요.
- 반려동물이 향에서 자유롭게 벗어날 수 있도록 환경을 조성하세요.
- 반려동물에게 유해할 수 있는 성분을 철저히 확인하세요.
- 필요 시 전문가(수의사, 아로마테라피스트)의 조언을 받는 것이 안전합니다.

반려동물에게 아로마테라피를 적용할 때는 신중한 접근이 필수적입니다. 테스트 과정을 거쳐 반려동물의 개별적인 반응을 확인하고, 안전하게 활용하는 것이 가장 중요합니다.

적절한 아로마 제품을 선택하고 반려동물의 신체적·정서적 특성에 맞게 조절한다면, 아로마테라피는 반려동물과 보호자 모두에게 긍정적인 영향을 미칠 수 있습니다.

　반려동물의 건강과 행복을 위해 항상 세심한 관찰과 주의를 기울이며 아로마테라피를 활용하세요.

B 아로마테라피 & 레이키 치유 기록지 작성 가이드

반려동물의 건강과 정서적 안정을 체계적으로 관리하려면 치유 과정을 기록하는 것이 중요합니다. 기록지는 보호자가 반려동물의 상태 변화를 확인하고, 아로마테라피와 레이키의 효과를 분석하여 맞춤형 치유 계획을 수립하는 데 유용한 도구가 됩니다.

1 치유 기록지 작성법

치유 기록지는 반려동물의 상태를 분석하고, 최적의 치유 방법을 찾는 데 도움을 줍니다. 정기적으로 기록하여 치유 과정의 변화를 평가할 수 있습니다.

항목	내용
기본 정보	반려동물의 이름, 종, 품종, 생년월일, 입양일, 현재 건강 상태
세션 전 상태	신체 상태(피부, 체중, 모질), 정서 상태(불안, 스트레스), 증상(통증, 소화 문제 등)
치유 방법 및 세부사항	사용한 레이키 심볼, 에센셜 오일, 하이드로졸 및 적용 방법(디퓨저, 스프레이, 마사지 등)
세션 중 반응	반려동물이 보인 반응(긴장, 편안함, 졸음, 호기심 등)
세션 후 변화	신체 및 정서적 변화(예: 피부 개선, 불안 완화, 기력 회복 등)
세션 전후 비교	점수 척도(1~5점)를 활용하여 상태 변화 평가
추가 항목	환경 조건(조명, 온도, 음악), 사용한 심볼의 효과 및 오일 선택 이유 등

2 치유 기록지 작성 예시

일	세션 시간	반려 동물 이름	주요 증상	사용 한 심볼	사용 오일 & 방법	세션 중 반응	세션 후 변화	보호자 소감
04.01	10분	초코 (강아지)	불안 및 스트레스	초크 레이	라벤더 디퓨저 사용	눈을 감고 차분해짐	긴장이 풀리고 편안해짐	보호자 로서도 안정감을 느낌
04.10	15분	루나 (고양이)	소화 문제 및 기력 저하	세이 헤키	카모마일 하이드로졸을 침구에 소량 분사	조용히 눕고 편안한 모습	식욕 증가, 기력 회복	소화 개선 효과를 체감
04.20	20분	벨라 (토끼)	새로운 환경 적응 불안	다이 코미 오	일랑일랑 디퓨저 사용	긴장된 자세에서 점차 안정	주변을 탐색하며 신뢰 형성	새로운 환경에서 적응력이 향상됨

3 장기 기록 및 활용 방법

(추적 관리)

- 일정 기간 동안 기록하여 반려동물의 상태 변화를 체계적으로 추적
- 특정 시기에 변화가 있는지 패턴을 분석

(효과 분석)

- 사용한 아로마테라피와 레이키 방법의 효과를 비교하여 최적의 접근법 선택
- 반려동물의 반응이 가장 긍정적인 방법을 지속적으로 활용

(맞춤형 관리)

- 반려동물의 개별 특성과 필요에 맞춘 치유 계획을 수립
- 장기적으로 정서적 안정과 건강을 유지하는 방향으로 관리

4 치유 기록지 작성의 중요성

- ♣ 반려동물의 신체 및 정서적 변화를 체계적으로 분석
- ♣ 맞춤형 치유 계획을 세워 지속적인 건강 관리 가능
- ♣ 보호자와 반려동물 간의 신뢰와 유대감을 형성하는 도구
- ♣ 치유 효과를 확인하고, 불필요한 자극이나 변화를 최소화

반려동물의 건강과 정서적 안정을 위해 치유 기록을 꾸준히 작성하는 것은 보호자에게도 의미 있는 과정입니다. 아로마테라피와 레이키를 활용한 치유법이 보호자의 직관적인 경험과 데이터 기반 접근을 통해 더욱 효과적으로 자리 잡을 수 있도록, 기록을 습관화하여 반려동물에게 최적의 치유 환경을 제공하세요.

반려동물 생활 패턴 기록지 작성 가이드

반려동물의 일상적인 행동과 건강 상태를 체계적으로 기록하면 보호자가 반려동물의 변화를 인식하고 최적의 관리 계획을 수립할 수 있습니다. 특히, 아로마테라피와 레이키를 병행하는 경우, 생활 패턴과 치유 효과를 비교·분석하여 보다 효과적인 치유 환경을 조성할 수 있습니다.

1 기록지 작성 항목 및 예시

항목	기록 내용
날짜 및 시간	기록 날짜와 시간 (예 : 4월 1일 오전 9시)
식사 패턴	급여 시간, 급여량(g), 음식 종류, 먹는 속도 (예: 아침 8:00, 건식 사료 100g, 천천히 섭취)
배변 상태	배변 횟수, 색과 형태 (예: 2회, 정상)
운동량 및 활동	산책 거리 및 시간, 놀이 시간, 놀이 도구 및 반응 (예: 산책 30분, 공놀이 20분, 활발함)
감정 상태	반려동물의 기분 및 행동 (예: 약간 긴장, 차분함, 호기심)
특이 사항	치유 세션이나 아로마 제품 사용 여부 및 반응 (예: 라벤더 디퓨저 사용 후 편안한 모습)
계절별 변화	계절에 따른 활동량 변화 및 건강 상태 (예: 겨울철 피부 건조, 여름철 식욕 저하)
치유 세션 연계	치유 세션 연계

2 생활 패턴 기록지 예시

항목	세부 내용	오전	오후	저녁	기타
식사	급여 시간	8:00	13:00	18:00	-
	급여량 (g)	100g	100g	100g	-
	먹는 속도	천천히	빠르게	보통	-
운동/놀이	산책 시간	-	15:00	-	-
	놀이 시간	9:00	-	19:00	-
	놀이 도구 및 반응	공놀이, 활발	-	장난감 물기, 활기참	-
배변	배변 시간	7:30	14:00	20:00	-
	배변 상태 (색, 형태)	정상	정상	연한 황색	-
수면	수면 시작 시간	-	-	22:00	-
	수면 장소	거실 침대	-	-	-
	수면 중 행동	깊은 잠	-	-	-
	일일 총 수면시간 (시간)	12시간	-	-	-

3 기록지 활용 팁

(정기적인 기록 습관)

매일 일정한 시간에 기록하여 데이터의 일관성을 유지하세요.

(장기적인 비교 분석)

월별·계절별 데이터를 비교하여 반려동물의 건강 및 행동 패턴 변화를 평가하세요.

`개인화된 항목 추가`

반려동물의 나이, 종, 성격에 따라 추가적인 기록 항목을 설정하면 더 정확한 관리가 가능합니다.

`치유 효과 평가`

기록된 데이터를 통해 아로마테라피와 레이키 세션의 효과를 객관적으로 분석하고, 필요 시 계획을 조정하세요.

4 기록지 작성 시 주의사항

`객관적인 기록 유지`

주관적인 표현보다 실제 관찰한 내용을 중심으로 작성하세요.

(예: "기운 없음" 대신 "활동량 감소, 놀이 시간 단축")

`긴급 상황 대처`

기록 중 건강 이상이 발견되면 즉시 수의사와 상담하세요.

(예: "배변 상태 변화 3일 지속 → 수의사 상담 필요")

`환경 적응 확인`

계절별 생활 패턴 변화를 기록하여 반려동물이 환경 변화에 적응하는지 확인하세요.

5 기록지를 활용한 치유 계획 수립

`효과 분석`

기록된 데이터를 바탕으로 아로마테라피와 레이키 세션의 효과를 평가하세요.

(예: "카모마일 오일 사용 후 3일 연속 수면 상태 개선")

⬚ 맞춤형 계획 수립

반려동물의 개별 특성에 맞춘 맞춤형 치유 및 관리 계획을 세우세요.

(예: "겨울철 피부 건조 심화 → 하이드로졸 추가 사용")

⬚ 장기적인 변화 이해

지속적인 기록을 통해 반려동물의 건강 변화 패턴을 파악하고 최적의 환경을 조성하세요.

생활 패턴 기록은 반려동물의 건강과 정서적 안정을 유지하는 데 필수적인 도구입니다. 보호자가 정기적으로 기록하고 분석하면 반려동물의 행동과 건강 변화를 보다 깊이 이해할 수 있으며, 이를 바탕으로 최적의 환경과 맞춤형 관리 계획을 제공할 수 있습니다. 꾸준한 기록이 반려동물의 행복한 삶을 위한 첫걸음이 될 것입니다.

D 반려동물 추억 기록지 작성 가이드

반려동물과 함께한 소중한 순간을 기록하는 것은 보호자와의 유대감을 깊게 하고, 반려동물의 건강과 정서적 변화를 이해하는 데 큰 도움이 됩니다. 종이에 기록하는 방법은 감정적으로 더 가까운 연결을 제공하며, 손으로 직접 쓴 기록은 시간이 지나도 감동을 줍니다. 또한, 일상적인 변화나 중요한 순간을 종이에 적어두면 언제든지 돌아보며 추억을 간직할 수 있습니다.

SNS를 활용한 기록은 실시간으로 소중한 순간을 남기고, 친구나 가족들과 즉시 공유할 수 있어 유용합니다. 편리하게 사진과 글을 추가하며 반려동물의 일상을 기록하고, 이를 통해 건강과 변화를 추적할 수 있습니다. 또한, SNS에서 다른 보호자들과 정보를 공유하고 지원을 받을 수 있어 심리적 지원도 가능합니다.

종이와 SNS 기록을 결합하면 더욱 풍성한 추억을 만들 수 있습니다. 예를 들어, 중요한 순간을 종이에 적고 SNS로 공유하는 방식으로 두 가지 방법을 함께 활용하면, 물리적으로 보관하는 동시에 디지털로도 쉽게 추억을 되새길 수 있습니다. 이 두 가지 방식을 적절히 활용하면 반려동물과의 추억을 풍성하게 남길 수 있습니다.

1 추억 기록지 작성 항목 및 예시

항목	기록 내용
날짜	특별한 순간이 발생한 날짜
장소	반려동물과 함께한 장소
활동 내용	산책, 놀이, 훈련, 치유 세션 등
반려동물 반응	표정, 행동, 감정 변화
사진 첨부	해당 날의 반려동물 사진
특이 사항	기억에 남는 에피소드, 건강 변화

2 추억 기록지 예시

항목	기록 내용
날짜	04월 20일
장소	반려동물이 가장 좋아하는 공원
활동 내용	함께 산책하며 노을을 바라봄, 강아지가 풀밭에서 뒹굴며 즐거워함
반려동물 반응	신나게 뛰어다니며 밝은 표정을 지음, 새로운 향기를 탐색하며 활발하게 움직임
사진 첨부	(반려동물이 공원에서 뛰어노는 사진 추가)
특이 사항	평소보다 활발한 모습, 새로운 강아지 친구와 어울리며 긍정적인 반응을 보임

3 활용법

기억을 간직하는 방법

- ❀ 추억 기록지를 모아 앨범 또는 일기 형식으로 정리할 수 있습니다.
- ❀ 반려동물의 성장 과정과 보호자와의 유대감을 추억할 수 있는 자료로 활용하세요.

공유 및 치유의 과정

- ❀ 가족이나 가까운 사람들과 공유하며 반려동물과의 추억을 함께 나눌 수 있습니다.
- ❀ 반려동물을 떠나보낸 후, 소중한 기억을 되새기며 정서적 치유의 시간을 가질 수 있습니다.

반려동물의 건강 관리에 활용

- ❀ 정기적인 기록을 통해 반려동물의 활동 패턴과 정서적 변화를 분석할 수 있습니다.
- ❀ 아로마테라피 또는 레이키 세션 후 반려동물의 반응을 기록하여 맞춤형 치유 계획을 수립하는 데 참고할 수 있습니다.

4 장기 기록 및 맞춤형 활용

특별한 이벤트 기록

생일, 입양 기념일, 새로운 장소 방문 등 특별한 날을 기록하여 추억을 더욱 의미 있게 보관하세요.

반려동물의 성격과 행동 변화 추적

시간이 지나면서 반려동물의 성격, 건강, 행동 패턴이 어떻게 변하는지 기록해 두면, 보호자로서 더욱 세심한 관리가 가능합니다.

🔲 치유 과정 연계

아로마테라피 및 레이키 세션과 함께 반려동물의 정서적 변화를 기록하면, 향후 치유 방법을 조정하는 데 유용하게 활용할 수 있습니다.

반려동물과 함께한 시간은 단순한 일상의 일부가 아니라, 보호자에게 따뜻한 위로와 의미 있는 순간이 됩니다. 기록하는 과정 자체가 보호자와 반려동물 사이의 유대를 강화하며, 보호자가 반려동물의 삶을 더욱 깊이 이해하는 기회가 됩니다.

이러한 기록들은 반려동물이 떠난 후에도 소중한 기억으로 남아 보호자에게 따뜻한 위로를 전해 줄 것입니다.

E 기타 기록지

1 건강 및 수의학 관리 기록지

목적

반려동물의 건강 상태 및 수의학적 관리 내역을 체계적으로 기록

활용법

- 반려동물의 건강 변화를 지속적으로 추적하여 이상 신호를 조기에 발견
- 수의사 방문 시 참고 자료로 활용
- 특정 음식, 환경 변화가 반려동물에게 미치는 영향을 분석

항목	내용
날짜	건강 상태를 기록한 날짜
체중 및 신체 상태	몸무게, 모질 상태, 피부 상태 등
질병 및 증상	최근 건강 이상(예: 기침, 설사, 식욕 저하 등)
예방접종 내역	백신 종류, 접종 날짜, 다음 접종 예정일
정기 건강검진 기록	수의사 방문 일자, 검진 내용, 특이 사항
투약 기록	처방받은 약물, 복용 방법 및 반응
식이 변화	음식 변경 사항 및 반응
보호자 메모	건강과 관련한 특이 사항 기록

2 감정 및 행동 변화 기록지

(목적)

반려동물의 정서적 상태 및 행동 변화를 기록하여 스트레스 요인과 안정 요소를 파악

(활용법)

- 반려동물의 정서적 변화를 장기적으로 분석하여 적절한 대응 방법을 찾을 수 있음
- 보호자의 상호작용에 대한 반려동물의 반응을 파악하여 긍정적인 행동을 강화
- 새로운 환경 변화(이사, 새로운 가족 구성원 등)에 대한 반려동물의 적응력 평가

항목	내용
날짜	반려동물의 감정 및 행동을 기록한 날짜
기분 상태	활발함, 차분함, 불안, 짜증 등
반려동물이 보인 행동	평소와 다른 행동(예: 숨기, 짖기 증가, 식욕 저하)
스트레스 요인	주변 환경 변화, 새로운 반려동물 또는 사람과의 만남 등
긍정적인 반응	보호자의 칭찬, 마사지, 산책 후 반응 등
아로마 및 레이키 반응	특정 향, 세션 후 반응 기록
보호자 소감	반려동물의 감정 변화와 보호자의 관찰 내용

3 놀이 및 사회화 기록지

(목적)

반려동물의 놀이 활동 및 사회적 교류 기록

(활용법)

- 반려동물의 놀이 습관과 선호도를 파악하여 적절한 활동을 제공

♧ 사회적 상호작용을 기록하여 훈련 및 사회화 과정에 반영

♧ 반려동물의 에너지 수준과 건강 상태를 고려한 놀이 계획 수립

항목	내용
날짜	놀이 및 사회화 기록 날짜
놀이 유형	공놀이, 터그 놀이, 숨바꼭질 등
놀이 시간	놀이에 소요된 시간
놀이 반응	활발한 참여, 흥미 없음, 피곤해 보임 등
새로운 친구	새로운 반려동물 또는 사람과의 만남 여부
사회화 반응	다른 동물과 잘 어울림, 경계심 보임 등
보호자 메모	놀이 후 행동 및 개선할 점

에필로그

향기와 에너지가 만들어내는,
반려동물과의 특별하고 따뜻한 여정

어린 시절, 제 곁에는 사랑스러운 친구이자 가족이었던 요크셔 테리어 또미가 있었습니다. 1992년 6월 6일, 저는 아버지와 함께 대문을 페인트칠하고 있었고, 또미는 마당에서 뛰놀고 있었습니다. 그런데 순간 열린 대문 밖으로 나간 또미를 끝내 찾을 수 없었습니다. 예상치 못한 이별은 가족 모두에게 깊은 슬픔을 남겼고, 그날의 기억은 지금도 가슴 깊이 남아 있습니다.

또미와의 이별 이후에도 몇몇 반려견이 제 삶에 찾아왔고, 그들과 함께한 시간은 언제나 소중했습니다. 하지만 시간이 흐를수록 이별은 더 큰 아픔이 되었고, 반려동물을 떠나보낼 때마다 공허함과 슬픔이 가슴 한편에 자리 잡았습니다. 그때 아로마테라피와 레이키의 힘을 알았다면, 이별의 아픔을 더 평온하게 치유하는 데 도움이 되었을 것입니다. 그리고 반려동물들의 신체적·정서적 변화를 조금 더 세심하게 돌보며, 깊은 교감을 나눌 수 있었을 거라 생각합니다.

이 책은 반려동물과의 인연과 이별을 경험하며 얻은 깨달음과 치유법을 담고 있습니다. 아로마테라피와 레이키는 단순한 건강 관리법이 아니라, 보호자와 반려동물이 서로의 감정을 나누고 치유하는 다리 역할을 합니다. 향기를 통한 안정감, 레이키를 통한 에너지의 흐름이 반려동물과 보호자 모두에게 조화로운 균형을 가져다줍니다. 이 책이 반려동물과 보호자가 서로의 존재를 더욱 소중히 여기고, 함께하는 시간이 평온하고 따뜻하게 이어지도록 돕기를 바랍니다.

아로마테라피는 오랜 시간 사람과 동물의 건강을 돕는 역할을 해왔으나, 부주의한 사용은 오히려 해로울 수 있습니다. 이 책에서는 반려동물의 특성에 맞춘 안전한 아로마테라피 활용법을 안내하고, 국내에서는 아직 익숙하지 않은 레이키의 치유 에너지를 통해 반려동물의 정서적 안정과 건강을 돕는 방법을 소개하고자 했습니다.

반려동물과 함께하는 소중한 순간들은 계속해서 이어질 것입니다. 모든 보호자들이 사랑하는 반려동물과 함께 평온한 일상을 나누기를 바랍니다. 이 책이 반려동물과 보호자의 건강하고 조화로운 삶을 위한 작은 길잡이가 되길 바랍니다.

장윤정 드림

참고문헌

1 Journal Articles

- Akhila, A., & Rani, K. (2002). "Chemistry and Biogenesis of Mono- and Sesquiterpenoids from Cymbopogon Species." Phytochemistry, 61(5), 617–633.

- Alasalvar, C., et al. (2001). "Turkish tombul hazelnut (Corylus avellana L.): a review of its phytochemicals, health effects, and flavor characteristics." Studies in Natural Products Chemistry, 25, 123–153.

- Alasalvar, C., et al. (2009). "Turkish tombul hazelnut (Corylus avellana L.): a review of its phytochemicals, health effects, and flavor characteristics." Studies in Natural Products Chemistry, 36, 123–153.

- Ali, B., Al-Wabel, N. A., Shams, S., et al. (2015). "Essential Oils: A Comprehensive Review of Their Therapeutic Potential." Asian Pacific Journal of Tropical Biomedicine, 5(3), 601–611.

- Baldwin, A. L., & Hammerschlag, R. (2014). "Reiki for pain and anxiety." Journal of Alternative and Complementary Medicine, 20(5), A92.

※ Baldwin, A. L., Wagers, C., & Schwartz, G. E. (2008). "Reiki improves heart rate homeostasis in laboratory rats." The Journal of Alternative and Complementary Medicine, 14(4), 417-422.

※ Bamford, J. T., Ray, S., Musekiwa, A., et al. (2013). "Oral Evening Primrose Oil and Borage Oil for Eczema." Cochrane Database of Systematic Reviews, (4), CD004416.

※ Bayles, B., & Usatine, R. (2009). "Evening Primrose Oil, Borage Oil, and Black Currant Oil for Treatment of Atopic Dermatitis: A Systematic Review." Journal of the American Academy of Dermatology, 63(4), 558-564.

※ Beard, C., Stason, W. B., Wang, Q., Manola, J., Dean-Clower, E., Dusek, J. A., & Benson, H. (2011). "Effects of complementary therapies on clinical outcomes in patients being treated with radiation therapy for prostate cancer." Cancer, 117(1), 96-102.

※ Bent, S., & Ernst, E. (2005). "Valerian for Anxiety and Insomnia: A Systematic Review and Meta-Analysis." The American Journal of Medicine, 119(12), 1001-1009.

※ Borges, R. S., et al. (2019). "Rosmarinus officinalis essential oil: A review of its phytochemistry, anti-inflammatory activity, and mechanisms of action involved." Journal of Ethnopharmacology, 229, 29-45.

※ Borges, R. S., Ortiz, B. L. S., Pereira, A. C. M., et al. (2019). "Rosmarinus officinalis Essential Oil: A Review of Its Phytochemistry, Anti-Inflammatory Activity, and Mechanisms of Action Involved." Journal of Ethnopharmacology, 229, 29-45.

✿ Boskabady, M. H., Shafei, M. N., Saberi, Z., et al. (2011). "Pharmacological Effects of Rosa damascena." Iranian Journal of Basic Medical Sciences, 14(4), 295–307.

✿ Bourque, L. B., & Barasch, M. I. (2007). "Reiki healing: a physiological perspective." The Journal of Alternative and Complementary Medicine, 13(1), 59–66.

✿ Bowden, D., Goddard, L., & Gruzelier, J. (2011). "A randomized controlled single-blind trial of the efficacy of Reiki at benefitting mood and well-being." Evidence-Based Complementary and Alternative Medicine, 2011, 381862.

✿ Budiarto, R., et al. (2024). "Antioxidant properties of lemon essential oils: a meta-analysis of plant parts, extraction methods, dominant compounds, and antioxidant assay categories." Chemical and Biological Technologies in Agriculture, 11, Article number: 147.

✿ Butterweck, V. (2003). "Mechanism of action of St John's Wort in depression: what is known?" CNS Drugs, 17(8), 539–562.

✿ Callaway, J. C. (2004). "Hempseed as a Nutritional Resource: An Overview." Euphytica, 140(1), 65–72.

✿ Carson, C. F., Hammer, K. A., & Riley, T. V. (2006). "Melaleuca alternifolia (Tea Tree) Oil: A Review of Antimicrobial and Other Medicinal Properties." Clinical Microbiology Reviews, 19(1), 50–62.

✿ Cavanagh, H. M. A., & Wilkinson, J. M. (2002). "Biological Activities of Lavender Essential Oil." Phytotherapy Research, 16(4), 301–308.

✿ Chao, L. K., Hua, K. F., Hsu, H. Y., et al. (2008). "Cypress (Cupressus sempervirens) Essential Oil and Its Major Component α-Pinene Exhibit Antitumor and Anti-inflammatory Activities." Journal of Ethnopharmacology, 117(3), 400-408.

🕸 Charrouf, Z., & Guillaume, D. (2008). "Argan Oil: Occurrence, Composition and Impact on Human Health." European Journal of Lipid Science and Technology, 110(7), 632-636.

🕸 Crawford, S. E., Leaver, V. W., & Mahoney, S. D. (2006). "Using Reiki to decrease memory and behavior problems in mild cognitive impairment and mild Alzheimer's disease." The Journal of Alternative and Complementary Medicine, 12(9), 911-913.

🕸 DebMandal, M., & Mandal, S. (2011). "Coconut (Cocos nucifera L.: Arecaceae): In Health Promotion and Disease Prevention." Asian Pacific Journal of Tropical Medicine, 4(3), 241-247.

🕸 DePorter, T. L., et al. (2019). "Evaluation of the efficacy of an appeasing pheromone diffuser product vs placebo for management of feline aggression in multi-cat households: a pilot study." Journal of Feline Medicine and Surgery, 21(4), 293-305.

🕸 Dolara, P., Corte, B., Ghelardini, C., et al. (2000). "Local Anaesthetic, Antibacterial and Antifungal Properties of Sesquiterpenes from Myrrh." Planta Medica, 66(4), 356-358.

🕸 Faria, A. C. L., et al. (2013). "Evaluation of the effects of sweet almond oil on the skin of newborns." Revista da Escola de Enfermagem da USP, 47(6), 1367-1373.

🕸 Frank, D., & Beauchamp, G. (2006). "Comparison of the efficacy of a synthetic dog-appeasing pheromone with clomipramine for the treatment of separation-related disorders in dogs." The Veterinary Record, 159(17), 547–549.

Gonzelez, S., et al. (2016). "Topical application of an antioxidant mixture containing vitamin C and ferulic acid prevents ultraviolet-induced photodamage in human skin." Journal of Clinical and Aesthetic Dermatology, 9(3), 28–34.

Goodwin, S., & Reynolds, H. (2018). "Can aromatherapy be used to reduce anxiety in hospitalised felines." The Veterinary Nurse, 9(3), 136–141.

Graham, L., Wells, D. L., & Hepper, P. G. (2005). "The influence of olfactory stimulation on the behaviour of dogs housed in a rescue shelter." Applied Animal Behaviour Science, 91(1-2), 143–153.

Graham, L., Wells, D. L., & Hepper, P. G. (2006). "Aromatherapy for Travel-Induced Excitement in Dogs." Journal of the American Veterinary Medical Association, 229(6), 964–967.

Habashy, N. H., Abdel-Naim, A. B., Khalifa, A. E., et al. (2005). "Anti-inflammatory Effects of Jojoba Liquid Wax in Experimental Models." Pharmacological Research, 51(2), 95–105.

Halls, V. (2005). "Aromatherapy for animals: An holistic approach to veterinary care." The Veterinary Nurse, 20(9), 18–21.

Haze, S., Sakai, K., & Gozu, Y. (2002). "Effects of fragrance inhalation on sympathetic activity in normal adults." Japanese Journal of Pharmacology, 90(3), 247–253.

Intahphuak, S., Khonsung, P., & Panthong, A. (2010). "Anti-inflammatory, analgesic, and antipyretic activities of virgin coconut oil." Pharmaceutical Biology, 48(2), 151-157.

- Joyce, J., & Herbison, G. P. (2015). "Reiki for depression and anxiety." Cochrane Database of Systematic Reviews, (4), CD006833.

- Kim, J. T., et al. (2007). "Effect of lavender oil on motor function and dopamine receptor expression in the olfactory bulb of mice." Journal of Ethnopharmacology, 111(3), 548-551.

- Kim, Y., & Lee, S. (2016). "The effect of aromatherapy on stress and stress-related behavior of dogs." Journal of Veterinary Clinics, 33(2), 88-92.

- Kogan, L. R., et al. (2012). "Behavioral effects of auditory and olfactory enrichment on shelter dogs." Journal of Veterinary Behavior, 7(3), 179-185.

- Kogan, L. R., Schoenfeld-Tacher, R., & Simon, A. A. (2012). "Behavioral effects of auditory and olfactory enrichment on shelter dogs." Journal of Veterinary Behavior, 7(3), 179-185.

- Koulivand, P. H., Khaleghi Ghadiri, M., & Gorji, A. (2013). "Lavender and the nervous system." Evidence-Based Complementary and Alternative Medicine, 2013, Article

- Kumar, S., & Saroj, A. (2014). "Therapeutic potentials of essential oils of Rosa damascena Mill. and Pelargonium graveolens L'Her." Journal of Essential Oil Research, 26(6), 409-417.

- Kwon, J. A., et al. (2007). "Chemical composition and antimicrobial activity of essential oil from Abies koreana." Flavour and Fragrance

Journal, 22(6), 535-540.

❀ Lee, M. S., Pittler, M. H., & Ernst, E. (2008). "Effects of Reiki in clinical practice: a systematic review of randomised clinical trials." International Journal of Clinical Practice, 62(6), 947-954.

❀ Lis-Balchin, M., & Hart, S. (1999). "Studies on the mode of action of the essential oil of Pelargonium graveolens." Phytotherapy Research, 13(6), 540-542.

❀ Martenez-González, M. A., & Sánchez-Villegas, A. (2004). "The emerging role of Mediterranean diets in cardiovascular epidemiology: monounsaturated fats, olive oil, red wine or the whole pattern?" European Journal of Epidemiology, 19(1), 9-13.

❀ Meamarbashi, A., & Rajabi, A. (2013). "The effects of peppermint on exercise performance." Journal of the International Society of Sports Nutrition, 10, 15.

❀ Miles, P., & True, G. (2003). "Reiki—review of a biofield therapy history, theory, practice, and research." Alternative Therapies in Health and Medicine, 9(2), 62-72.

❀ Mills, D. (2005). "Pheromonatherapy: theory and applications." In Practice, 27(5), 272-277.

❀ Morero, J. A. P., & Esteves, R. B. (2021). "Effects of Reiki on Mental Health Care: A Systematic Review." Holistic Nursing Practice, 35(4), 191-198.

❀ Navarra, M., Mannucci, C., Delbe, M., & Calapai, G. (2015). "Citrus bergamia essential oil: from basic research to clinical application."

Frontiers in Pharmacology, 6, 36.

※ Owen, C., & Grigg, E. (2020). "Effects of Lavender Aromatherapy on Dogs Undergoing Veterinary Procedures." Veterinary Behavior Journal, 25(3), 72-79.

※ Parente, L. M. L., et al. (2012). "Wound healing and anti-inflammatory effect in animal models of Calendula officinalis L. growing in Brazil." Evidence-Based Complementary and Alternative Medicine, 2012, Article

※ Perry, N., & Perry, E. (2006). "Aromatherapy in the management of psychiatric disorders: Clinical and neuropharmacological perspectives." Central Nervous System Agents in Medicinal Chemistry, 6(4), 273-287.

※ Pultrini, A. M., Galindo, L. A., & Costa, M. (2006). "Effects of the essential oil from Citrus aurantium L. in experimental anxiety models in mice." Life Sciences, 78(15), 1720-1725.

※ Ranzato, E., Martinotti, S., & Burlando, B. (2011). "Wound healing properties of jojoba liquid wax: An in vitro study." Journal of Ethnopharmacology, 134(2), 443-449.

※ Rao, B. R. R., & Rajput, D. K. (2011). "Essential oil profiles of Vetiveria zizanioides (L.) Nash cultivated in India." Industrial Crops and Products, 33(3), 548-552.

※ Richeson, N. E., Spross, J. A., Lutz, K., & Peng, C. (2010). "Effects of Reiki on anxiety, depression, pain, and physiological factors in community-dwelling older adults." Research in Gerontological Nursing, 3(3), 187-199.

✿ Sabate, J., & Ang, Y. (2009). "Nuts and health outcomes: new epidemiologic evidence." American Journal of Clinical Nutrition, 89(5), 1643S–1648S.

✿ Sadlon, A. E., & Lamson, D. W. (2010). "Immune-Modifying and Antimicrobial Effects of Eucalyptus Oil and Simple Inhalation Devices." Alternative Medicine Review, 15(1), 33–47.

✿ Salles, L. F., et al. (2024). "Therapeutic effects of Reiki on interventions for anxiety: a meta-analysis." BMC Palliative Care, 23(1), 14.

✿ Seol, G. H., et al. (2013). "Antidepressant-like effect of Salvia sclarea is explained by modulation of dopamine activities in rats." Journal of Ethnopharmacology, 148(2), 450–456.

✿ Sharma, M., & Levenson, C. (2013). "Sandalwood oil and its active component α-santalol inhibit the growth of human prostate cancer cells by causing cell cycle arrest and apoptosis." Planta Medica, 79(7), 546–549.

✿ Shore, A. G. (2004). "Long-term effects of energetic healing on symptoms of psychological depression and self-perceived stress." Alternative Therapies in Health and Medicine, 10(3), 42–48.

✿ Shu, H., & Gu, X. (2021). "Effect of a synthetic feline facial pheromone product on stress during transport in domestic cats: a randomised controlled pilot study." Journal of Feline Medicine and Surgery, 23(9), 789–797.

✿ Shukla, S. (2013). "Therapeutic importance of jasmine flowers: A review." International Journal of Pharmaceutical Sciences and

Research, 4(3), 102-109.

⚜ Singh, G., Maurya, S., de Lampasona, M. P., & Catalan, C. (2005). "Chemical constituents, antifungal and antioxidative potential of Zingiber officinale." Food Chemistry, 91(2), 293-303.

⚜ Su, S., et al. (2012). "Evaluation of the anti-inflammatory and analgesic properties of individual differences in sensitivity to myrrh." Phytotherapy Research, 26(4), 557-563.

⚜ Thrane, S., & Cohen, S. M. (2014). "Effect of reiki therapy on pain and anxiety in adults: an in-depth literature review of randomized trials with effect size calculations." Pain Management Nursing, 15(4), 897-908.

⚜ Vitale, A. T., & O'Connor, P. C. (2006). "The effect of Reiki on pain and anxiety in women with abdominal hysterectomies: a quasi-experimental pilot study." Holistic Nursing Practice, 20(6), 263-272.

⚜ Viuda-Martos, M., et al. (2008). "Chemical composition of the essential oils obtained from some spices widely used in Mediterranean region." Acta Chimica Slovenica, 55(4), 792-797.

⚜ Wells, D. L. (2006). "Aromatherapy for travel-induced excitement in dogs." Journal of the American Veterinary Medical Association, 229(6), 964-967.

⚜ Wells, D. L. (2006). "Effects of lavender oil on dogs housed in a rescue shelter." Physiology & Behavior, 89(3), 385-389.

⚜ Wells, D. L. (2009). "The Effects of Auditory Stimulation on the Behaviour of Dogs Housed in a Rescue Shelter." Animal Welfare,

18(4), 321-329.

※ Zhao, L., et al. (2011). "Patchouli oil attenuates the inflammatory response in LPS-induced acute lung injury in mice." European Journal of Pharmacology, 667(1-3), 227-235.

2 Books

※ American College of Veterinary Behaviorists. (2014). Decoding Your Dog: Explaining Common Dog Behaviors and How to Prevent or Change Unwanted Ones. Mariner Books.

※ Baldwin, Ann. (2020). Reiki in Clinical Practice: A Science-Based Guide. Singing Dragon.

※ Barnett, Libby, & Chambers, Maggie. (1996). Reiki Energy Medicine: Bringing Healing Touch into Home, Hospital, and Hospice. Healing Arts Press.

※ Buckle, Jane. (2003). Clinical Aromatherapy: Essential Oils in Practice. Churchill Livingstone.

※ Bell, Kristen Leigh. (2002). Holistic Aromatherapy for Animals: A Comprehensive Guide to the Use of Essential Oils & Hydrosols with Animals. Findhorn Press.

※ Jones, Mary. (2020). Essential Oils for Pets: The Complete Guide. Independently Published.

※ McConnell, Patricia B. (2005). The Other End of the Leash: Why We

Do What We Do Around Dogs. Ballantine Books.

- Miles, Pamela. (2008). Reiki: A Comprehensive Guide. Penguin Random House.

- Morag, Nayana. (2011). Essential Oils for Animals: Your Complete Guide to Using Aromatherapy for Natural Animal Health and Management. OfftheLeash Press.

- Price, S., & Price, L. (2008). Aromatherapy for Health Professionals. Elsevier.

- Quest, Penelope, & Roberts, Kathy. (2011). The Reiki Manual: A Training Guide for Reiki Students, Practitioners, and Masters. Hay House.

- Rowland, Amy Z. (2008). The Complete Book of Traditional Reiki. Inner Traditions.

- Schnaubelt, Kurt. (1998). Advanced Aromatherapy: The Science of Essential Oil Therapy. Healing Arts Press.

- Sife, Wallace. (2014). The Loss of a Pet: A Guide to Coping with the Grieving Process When a Pet Dies. Howell Book House.

- Tisserand, R., & Young, R. (2014). Essential Oil Safety: A Guide for Health Care Professionals. 2nd Edition. Elsevier.

3 Web Sources

- AHVMA. "Aromatherapy for Animals: Benefits and Risks." Retrieved from ahvma.org.

- Animal Reiki Source. Retrieved from animalreikisource.com.

- Animal Wellness Magazine. "The Healing Power of Aromatherapy for Dogs and Cats." Retrieved from animalwellnessmagazine.com.

- ASPCA. "Essential Oils and Pets." Retrieved from aspca.org.

- Hepper. "Aromatherapy for Dogs: Does It Really Help?" Retrieved from hepper.com.

- International Center for Reiki Training. Retrieved from reiki.org.

- International Federation of Professional Aromatherapists (IFPA). Retrieved from ifparoma.org.

- National Center for Complementary and Integrative Health (NCCIH). Retrieved from nccih.nih.gov.

- Pet Poison Helpline. "Essential Oils and Pets." Retrieved from petpoisonhelpline.com.

- Petworks. "The Essence of Pet Aromatherapy." Retrieved from petworks.com.

- Psychology Today. "Reiki for Animals: The Power of Peace to Heal." Retrieved from psychologytoday.com.

- Reiki.org. Retrieved from reiki.org.

♣ Wikipedia. "Mikao Usui." Retrieved from en.wikipedia.org/wiki/Mikao_Usui.

반려동물과 함께하는 향기와 에너지 치유

1판 1쇄 발행 2025년 04월 29일

지은이 장윤정

편집 김다인　**마케팅·지원** 김혜지

펴낸곳 (주)하움출판사　**펴낸이** 문현광

이메일 haum1000@naver.com　**홈페이지** haum.kr
블로그 blog.naver.com/haum1000　**인스타그램** @haum1007

ISBN 979-11-7374-025-1(13590)

좋은 책을 만들겠습니다.
하움출판사는 독자 여러분의 의견에 항상 귀 기울이고 있습니다.
파본은 구입처에서 교환해 드립니다.

이 책은 저작권법에 따라 보호받는 저작물이므로 무단전재와 무단복제를 금지하며,
이 책 내용의 전부 또는 일부를 이용하려면 반드시 저작권자의 서면동의를 받아야 합니다.